28

ESTUDIOS LITERARIOS

COLECCIÓN AUSTRAL
N.º 28

RAMÓN MENÉNDEZ PIDAL

ESTUDIOS
LITERARIOS

NOVENA EDICIÓN

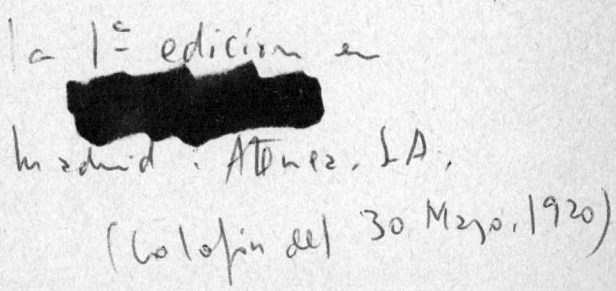

ESPASA-CALPE, S. A.
MADRID

Ediciones especialmente autorizadas por el autor para la
COLECCIÓN AUSTRAL

Primera edición: 25 - II - 1938
Segunda edición: 10 - IV - 1939
Tercera edición: 5 - VI - 1942
Cuarta edición: 12 - V - 1943
Quinta edición: 27 - III - 1944
Sexta edición: 7 - III - 1946
Séptima edición: 15 - VI - 1952
Octava edición: 3 - V - 1957
Novena edición: 17 - IV - 1968

© *Ramón Menéndez Pidal, 1938*
Espasa-Calpe, S. A., Madrid,

—

Depósito legal: M. 5.267—1968

Printed in Spain

Acabado de imprimir el día 17 de abril de 1968

*Talleres tipográficos de la Editorial Espasa-Calpe, S. A.
Ríos Rosas, 26, Madrid*

ÍNDICE

	Páginas
El condenado por desconfiado	9
Sobre los orígenes de *El convidado de piedra*	67
Las leyendas moriscas en su relación con las cristianas	89
Tres poesías inéditas de fray Luis de León en el cartapacio de Francisco Morán de la Estrella	103
La *Crónica General de España* que mandó componer Alfonso el Sabio	111
La primitiva poesía lírica española	157

EL CONDENADO POR DESCONFIADO

DE TIRSO DE MOLINA

Se reúnen aquí dos trabajos. Uno fue publicado por primera vez en los *Discursos leídos ante la Real Academia Española en la recepción pública de don Ramón Menéndez Pidal, el día 19 de octubre de 1902,* Madrid, 1902; aparece aquí completado en su parte bibliográfica. El otro, complementario del anterior, se publicó en el *Bulletin Hispanique,* VI, Bordeaux, 1904; a éste hago adiciones importantes

Todo el que lee *El condenado por desconfiado* siente una duradera impresión de extrañeza difícil de precisar. Para unos, como Ticknor, quien ciertamente estaba lejos de tener el don crítico de penetrarse de las creencias y gustos ajenos, refleja una idea moral repugnante aquel ermitaño Paulo que pierde el favor de Dios por sólo carecer de confianza en Él, mientras que Enrico, ladrón y asesino, consigue aquel mismo favor por haber desplegado la fe más viva, la confianza más ciega hasta el fin de su vida manchada con los crímenes más espantosos. Ésta es la impresión superficial y común que produce el drama.

Una persona que lo leía con Jorge Sand profundizaba algo más en el pecado de Paulo y encontraba hermosura en la obra, pero siempre al servicio de un dogma odioso: el ermitaño es condenado por querer saber su suerte, el fin de su vida; toda virtud, todo sacrificio le es inútil; mientras el que cree ciegamente puede cometer toda clase de maldades; un acto de fe en su última hora le salvará. Tampoco aquí se penetra en la perversidad secreta de Paulo ni en la virtud de Enrico.

Por primera vez, don Agustín Durán tuvo serenidad de juicio para examinar el drama desde el verdadero punto de vista en que fue escrito y sondear toda su profundidad teológica, ciñéndose a las «creencias que el pueblo y los sabios de aquella época profesaban y profesa aún todo buen católico». Para ello analiza las ideas teológicas y morales que inspiraron a Tirso su concepción terrible y sublime a la par que dulce y consoladora; y explica por qué Dios retira la gracia eficaz (y perdonen los teólogos a Durán este adjetivo impropio) a Paulo, que de ella desconfía y que intenta arrancarle sus secretos; por esta orgullosa curiosidad el ermitaño se ve sumergido en un piélago de dudas que le hacen titubear en la fe, perder la esperanza y abominar de la caridad, mientras Enrico, símbolo de la pobreza humana, que confía en su Creador y alimenta un poco de virtud sobre la que podrán caer algún día los tesoros de la gracia, logra, arrepentido, obtener misericordia.

Pero el drama no deja huella profunda sólo en el alma religiosa. Jorge Sand no podía creer que Tirso se hubiera propuesto, al concebir su admirable obra, popularizar el dogma de la gracia; en la época del inspirado fraile, dice, muchos atrevimientos se solían ocultar bajo piadosos pretextos; cierto que al ver el arrepentimiento tardío y la confesión forzada del criminal Enrico se puede deducir esta conclusión: aunque seas un santo, una hora de duda te perderá; mas aunque obres como una bestia, si crees como una bestia, Dios te tiende los brazos, porque la Iglesia te absuelve. Pero bajo esta moralidad oficial de la obra, dispuesta expresamente por el poeta para la censura inquisitorial, continúa Jorge Sand, no puedo menos de ver un pensamiento más amplio, más filosófico, que despedaza la casulla de plomo del fraile, y he aquí el pensamiento secreto, este grito del genio: la vida del anacoreta es egoísta y cobarde; el hombre que cree purificarse haciéndose eunuco es un sandio a quien la continua contemplación del infierno vuelve feroz; este tal soñará en vano con un paraíso de delicias: no logrará más que hacer mal sobre la tierra, será un sabio exorcista o un inquisidor canonizado, y no llegará a la muerte sino envilecido; el que obedece a sus instintos vale cien veces más, pues esos instintos son buenos y malos, y puede llegar momento en que su corazón conmovido le tornará más grande, más generoso que el supuesto santo en su celda.

A estas y otras tan contrarias apreciaciones se presta *El condenado,* que en tal sentido es muy semejante al *Hamlet;* hay quien ve en éste un simple mentecato, otros un hombre superior; hay para quien el drama inglés carece de orden y concierto, para otros encierra profundidades admirables. *El condenado* no es, como alguien ha dicho, un sencillo auto, una parábola evangélica; más bien que la soñolienta canturía sagrada, nos parece oír en él la complicada armonía del órgano que eleva el alma a vagos arrobamientos. En *El condenado* la mirada del genio se dirige sobre la religiosidad, sobre la vieja duda de la justicia divina que nubla el alma cuando más enamorada está del bien, y nos ofrece una visión profunda de la voluntad humana, encarnada en dos tipos opuestos, con toda la complejidad con que se manifiesta la vida, misterio eterno entregado por Dios a las cavilaciones de los hombres.

Olvidando la trivial apreciación de Ticknor, y sin permitirme libertades semejantes a las de la interpretación romántica de Jorge Sand, creo que el drama no puede analizarse sino conforme a un doble criterio teológico y tradicional. La interpretación teológica planteada por Durán es, sin duda, auténtica; lejos de mí creer que Tirso era un mártir del hábito monástico, un librepensador de sotana, que hablaba de gracia y contrición agobiado por la mirada mortecina y amenazadora del Santo Oficio; pero también creo que el aspecto dogmático no es el único, y que el drama encierra un valor humano general, independiente del catolicismo. Los grandes dramas no son de la exclusiva invención de sus autores, y *El condenado* se funda en una leyenda antiquísima, nacida en Oriente, que hunde sus raíces por tierras y siglos muy apartados hasta llegar al extremo Occidente, donde brotó su más espléndido retoño en el teatro español; nada más natural me parece que no admirar sólo esa última florescencia como producto artificial y aislado, sino considerarla unida a las ramas, tronco y raíces que la hicieron brotar y le dieron el jugo. Y será interesante ver cómo una de las más admirables producciones del teatro cristiano, que parece creada de un solo golpe en la mente de un teólogo católico, la que más en concreto parece encarnar la exaltación piadosa de la España del siglo XVII, tiene su antecesor remoto en un cuento indio, tan penetrado como el drama español de reconditeces dogmáticas no tocantes a la gracia y a la esperanza, sino a la transmigración de las almas y a las castas brahmánicas; pero que aparte de esa técnica religiosa, por su sencillez y su suave sentido moral, recreó e instruyó también a judíos, musulmanes y cristianos.

He aquí lo que se cuenta en un descomunal episodio del viejísimo poema indio *Mahabharata.*

Un ilustre brahmán llamado Kauçika, que estudiaba los libros sagrados y hacía penitencias fuertes, estaba una vez recitando los Vedas al pie de un árbol en cuya copa tenía su nido una grulla; ésta manchó con su estiércol al brahmán, el cual, enojado, la maldijo, y al punto cayó muerta. Muy pesaroso el brahmán de su cólera injusta, se apartó de allí y fuese a recoger limosna a la aldea. En una casa la dueña le mandó aguardar un poco, mientras ella limpiaba el cacharro para darle comida; pero he aquí que en esto llegó el amo, cansado, muerto de hambre; y la dueña, olvidándose del brahmán, sirvió al marido, disponiéndole el baño de pies, el enjuague, alargándole la silla, presentándole los manjares...; la mujer de los ojos negros adoraba a su marido como a un dios, y no cesaba de ir y venir, atendiéndole en lo que necesitaba, ensimismada, sin pensar en otra cosa. Al fin reparó de nuevo en el brahmán y corrió a darle una limosna. Él le preguntó: «¿Por qué me has hecho aguardar y no me has despedido?» Y la buena mujer, como le viera encenderse en cólera, le respondió halagüeña: «Perdóname, maestro; mi esposo es mi más alta deidad, acaba de llegar fatigado, y le he servido.» El mendigante no se calmaba: «Tú no has honrado al brahmán como debías, pues has preferido a tu marido; el mismo Indra venera a los brahmanes, ¿cuánto más no debe hacerlo un mortal? ¡Ah loca!, ¿no has oído de los viejos que los brahmanes son iguales al dios del fuego y pueden hasta abrasar la tierra?» La mujer respondió: «No te irrites, santo penitente; ¿qué castigo me envías con ese mirar airado? Jamás he despreciado a los sabios brahmanes, cuyo poder conozco: las ondas del mar fueron secadas por su ira, y aún dura el fuego que su indignación encendió en la selva de Dandaka. Pero yo me he consagrado al culto de mi esposo; éste es de todos los dioses mi más alto dios, y antepongo mis deberes para con él a todos los otros. Bien sé que la grulla ha sido abrasada por el fuego de tu ira; la ira es el peor de los enemigos del hombre, y quien ha domado el amor y la cólera, quien estima a todos los hombres como a sí mismo, a éste reconocen los dioses por verdadero brahmán. Tú, aunque venerable, puro, ejercitado en el bien y consagrado al estudio, me parece que aún no conoces la virtud, en su verdadera esencia. Si conoces la más elevada virtud, vete a la ciudad de Mithila y busca al santo cazador Dharmavyadha; éste, respetuoso servidor de sus padres, dueño de sus sentidos, te hará conocer los sagrados deberes. Y perdona mi osadía en hablarte así, pues el que se esfuerza en la bondad respeta a la mujer.» El brahmán se humilló: «Tu reprensión ha curado mi enojo; bendita seas; iré donde me ordenas.» Y dando crédito al mandato por la prodigiosa revelación del caso de la grulla, y cautivado por el dulce hablar de la buena esposa, se dirigió a Mithila, atravesando bosques, ríos y pueblos. Cuando llegó a la espléndida ciudad, tomó entre los brahmanes informes del cazador Dharmavyadha, le buscó y hallóle en el matadero vendiendo caza y carne de búfalo. El cazador, al ver al brahmán que se había puesto separado de los compradores, fue a él y le saludó: «Bien venido seas, venerable; soy un cazador, ¿en qué puedo servirte? Ya sé que te dijo la casta esposa: ¡Ve a Mithila!; sé toda la causa de tu viaje.» Y el brahmán quedóse asombrado de este segundo prodigio, parejo con el saber la mujer la muerte de la grulla. El cazador halló la estancia en el matadero indecorosa para el brahmán, y le llevó a su casa. Allí, después de tomar asiento, habló el brahmán sobre el oficio de cazador, que, pues consiste en hacer daño a seres vivientes, es considerado en India como pecaminoso: «¡Qué ocupación la tuya!, me duelo muchísimo del espantoso oficio que tienes.» El cazador respondió: «Esta profesión viene en mi familia de mi abuelo a mi padre, y no me enoja proseguir en el oficio heredado; cumpliendo con el género de vida que ha dispuesto el Creador, sirvo respetuosamente a mis viejos padres, no abrigo rencores, doy la limosna que puedo, amparo al huésped y al sirviente, vivo yo con lo que me sobra, no desprecio a nadie ni murmuro de los poderosos. Lo que hago en esta encarnación es resultado de lo que hice en las anteriores. Repara que el mundo necesita igualmente las artes manuales, que son patrimonio de la casta de los çudras; la agricultura, que pertenece a la casta de los vaiçyas; la guerra, propia de los caballeros; la penitencia, los Vedas y la verdad que cultivan los brahmanes.» Luego se entabla un largo coloquio acerca de la perfección moral entre el brahmán que interroga y el cazador que contesta; el cazador expone los misterios de la transmigración, del bien y del mal obrar, del alma del mundo y del alma individual; al fin el diálogo torna al asunto primero: «Mi oficio es, sin duda, horrible, pero es difícil escapar a la fuerza del destino, y el que cumple sus deberes hace desaparecer lo espantoso que éstos puedan llevar en sí mismos; yo cumplo mi deber sirviendo a todos la carne que necesitan para su alimento; hasta a los ermitaños se les permite comer carne; y además, ¿cuántos seres vivientes no aplasta el hombre con su pie al andar?» El brahmán, admirado de toda su doctrina, exclama: «¡Tu ciencia es celestial, nada hay de los deberes que tú no conozcas!» El cazador le interrumpe: «Mira, ¡oh gran brahmán!, cuál es el deber a que yo debo tanta perfección; levanta y entra en lo interior de mi casa.» El brahmán entra y ve una vivienda encantadora, llena de perfumes, lujosamente adornada; parecía el alcázar de los dioses.

Allí estaban los padres del cazador sentados en hermosas sillas, envueltos en blancas vestiduras. El cazador al entrar se arrodilló ante ellos, y los dos ancianos le bendecían: «Levanta, alza tú, el que mejor conoces los santos deberes; tu sumisa obediencia no nos falta nunca. ¡Dios te dé larga vida y la sabiduría más alta!» Luego el cazador dijo al brahmán: «Estos mis padres son para mí la más grande divinidad; como los treinta y tres dioses a cuyo frente está Indra merecen la veneración de todo el Universo, así merecen la mía estos dos ancianos a quienes dedico, como a los dioses, flores, frutos y otras ofrendas; ellos son para mí el fuego sagrado, el holocausto, los cuatro Vedas. Yo mismo lavo y seco sus pies, yo mismo les sirvo el alimento; hablo lo que a ellos contenta, evito lo que les disgusta; hasta lo prohibido hago si les agrada. Gracias al poder de la virtud, he alcanzado la mirada de vidente, y sé toda tu vida. Pues bien: yo deseo tu salud, ¡oh brahmán!, y te la quiero mostrar. Tú abandonaste a tu padre y a tu madre, dejaste la casa sin su licencia, para recitar los Vedas, y en esto has obrado mal; tus padres han cegado con la amargura que sienten por tu causa. Vuelve a recobrar su amor. Eres virtuoso, grande de alma, y el deber siempre es un gozo para ti; pero todo esto te es inútil. Mira que te aconsejo lo que es tu salvación. Ve sin tardanza a tu padre y a tu madre, sírvelos y venéralos; no conozco virtud más alta que ésta.» El brahmán arrepentido dijo: «Honraré, según dices, a mis padres. He sido salvado por ti cuando iba derecho al infierno. Dios te bendiga, que pocos hay que enseñan la virtud como tú. Pero esta superioridad tuya me hace creer que no eres un çudra como otro cualquiera de esta vil casta.» El virtuoso cazador le refirió entonces que el cuerpo que en la anterior existencia había revestido era un docto brahmán, y cierto día andando a caza había herido por mala desgracia a un vidente, y éste le maldijo y le condenó a que renaciera del vientre de una mujer çudra y fuera un cruel cazador; pero aunque çudra, sería conocedor del deber, veneraría a sus padres, y por esta virtud lograría la perfección, poseería el recuerdo de las encarnaciones anteriores, alcanzaría el paraíso, y en otra existencia posterior volvería a ser brahmán. Al oír tan estupendo caso, el brahmán peregrino consolaba al cazador: «Tú tienes un oficio horrible, pero luego llegarás a ser brahmán; el brahmán malo que merece el infierno es igual a un çudra, mientras el çudra que se afana por domar los sentidos debe ser considerado como un brahmán, pues lo es por sus obras.» El cazador le manifiesta que no necesita ningún consuelo, pues vive tranquilo; ambos se despidieron, y el brahmán mostró en adelante respetuosa obediencia a sus padres.

Este cuento, bastante divulgado por la India, como lo prueba el hallarse no sólo en el Mahabharata, sino también en la colección llamada Çukasaptati, debió de servir originariamente para la predicación budista, que tanto uso hizo de los ejemplos morales; cualquier día puede ser descubierta esa primitiva forma cuando se conozca mejor la literatura búdica. Ésta, por la belleza incomparable de sus cuentos, por el espíritu ascético y la moral elevada que los informa, tuvo gran difusión no sólo en Asia, sino también entre los pueblos cristianos, y ella hubo de ser la que transmitió a Europa la historia del brahmán y el cazador.

Los primeros pasos de este relato en su viaje del centro de Asia al Occidente son desconocidos. Pero si las huellas de un cuento que peregrina solo pudieron borrarse, no así las de importantes colecciones que a modo de largas caravanas dejaron bien trillado el camino que siguieron. Este camino, según la ciencia descubre, es el mismo, tanto para libros ascéticos cual la vida de Buda, que vino a edificar a los cristianos convertida en la vida de un supuesto San Josafat, cuanto para libros de entretenimiento como las fábulas de Calila y Dimna. El punto de partida de nuestro cuento es el mismo que el de estos y otros conocidos libros:

la India. El punto de llegada es el mismo para todos, esto es, las tres grandes literaturas cristiana, árabe y hebrea. El camino, pues, pudo ser también el mismo, a través de un intermediario común: la literatura pelvi, la literatura persa sasánida. Los budistas transportarían el cuento del brahmán y el cazador al Imperio sasánida, donde durante varios siglos floreció el budismo bastriano y chino en lucha con el zoroastrismo oficial; después, cuando el cristianismo llegó a aquel Imperio a terciar en la lucha de Zoroastro y Buda, un cristiano adaptaría a su religión la versión pelvi del cuento, y de esta lengua, por intermedio de la siriaca, llegaría a oídos de los cristianos griegos, entre los cuales hallamos diversas variantes en el siglo IV; por otra parte, cuando en 641 los musulmanes destruyeron el Imperio sasánida, se aprovecharon a su vez de lo mucho que la literatura pelvi había tomado de la india, y así como tradujeron la vida de Buda y el Calila, se apropiarían la historia del brahmán y el cazador, y de los árabes la hubieron de recibir los judíos que habitaban territorios musulmanes.

En esta larga peregrinación el cuento sufrió ciertas mudanzas, que es preciso explicar para que más fácilmente se descubra la identidad del relato en su punto de partida, la literatura india, y en sus tres puntos de llegada, que son las versiones cristianas, árabes y judías, de que luego quiero hablar. Primeramente, claro es que la lentitud narrativa y la prolijidad sermoneadora del Mahabharata no cabían en un cuento popular, el cual sólo debía hacer resaltar el precepto principal de honrar a los padres, como virtud oscura que sobrepuja a las veneradas y famosas prácticas ascéticas; gracias a esta carencia de particularidades dogmáticas especiales, el cuento pudo emigrar a pueblos de distintas religiones. Además, la doble humillación del brahmán, primero por la mujer que se consagra al culto de su marido y después por el cazador que venera a sus padres, se debía simplificar; por esto se olvidó el episodio, incidental en las dos relaciones indías conocidas, de la muerte de la grulla, y por eso también la santa mujer que indica al brahmán la existencia del cazador desapareció para dejar lugar a una simple revelación divina: el sabio que cree habrá muy pocos virtuosos como él, oye de boca de Dios mismo que hay un hombre humilde que posee tanta o más virtud. Pero este hombre en los cuentos derivados no es un cazador; tal oficio, como fuera de India no tenía nada de horrendo, ni siquiera de despreciable, y convenía que hubiera algo de uno y de otro para sustancia del cuento, que es la humillación del hombre religioso, se trocó en otro oficio análogo, el de carnicero, tenido más generalmente por vil; el trueque nació de la misma narración primitiva: se recordará que en el Mahabharata el brahmán halla al cazador vendiendo carne en el matadero, y el Çukasaptati, encariñado con esta escena, nos lo pinta en medio de las reses, con los ojos bermejos como el dios de la muerte. Además, pues que el oficio de cazador era en India un pecado, se supuso en las versiones extranjeras que el carnicero tenía fama de gran pecador, para mejor reflejar así el espíritu del cuento original.

Con estas explicaciones se comprenderá bien el lazo de filiación que une al relato indio el cuento árabe que extracto a continuación, según lo refiere tardíamente un morisco español. Sirviendo Moisés a Alah en el monte Sinaí, le rogaba: «Señor y caudillo, muéstrame aquel que ha de ser mi compañero en el Paraíso, para que le vea y conozca en este mundo.» Alah le contestó por un ángel: «Ve a la ciudad de Motazaj, en Siria, allí vive un carnicero llamado Jacob; ése será tu aparcero en el Paraíso.» Aquella misma noche emprendió Moisés su camino, y cuando amaneció, ya entraba en la ciudad preguntando: «¿Dónde vive Jacob, el carnicero?» Pero chicos y grandes le respondían: «¿Y cómo no hallas en toda la ciudad por quién preguntar sino por ese hombre malo, que es de los del fuego del infierno?» Al fin dio con Jacob, y saludándole le dijo: «¡Acógeme esta noche en tu casa, así te acoja Alah!»

El carnicero, hallándose indigno (como el cazador del Mahabharata halla desdorosa para el brahmán la estancia en el matadero), respondió: «¿Cómo no has hallado a quien dijeses esto sino a mí? No hay nadie en la ciudad que no me tenga por malo, de los del fuego del infierno.» Moisés insiste en hospedarse, y observó todo lo que hacía el carnicero. Éste, al vender las reses, apartó en una cestilla los meollos y el mejor bocado y más gordo; y después de despachar a su parroquia, entró en casa, puso dos ollas al fuego con los meollos y la carne, las sazonó con especias, hizo migas, escudilló el caldo sobre ellas y entró el manjar en una cámara en que había dos lechos. En el uno estaba el padre del carnicero, tan viejo que era vuelto a estado de niño; lo desnudó, lo lavó, vistióle ropas frescas, y tomando la escudilla le daba de comer como el ave a sus polluelos, y le decía: «Padre, todos los de Israel dicen que soy del fuego del infierno y me desahucian de la piedad de Alah; pero yo tengo esperanza en su misericordia y en tu oración.» El viejo, después de orar, le respondió: «Hijo mío, tengo fe en la piedad de Alah que será tu compañero en el Paraíso Moisés, el hijo de Imram.» El carnicero sirvió igualmente a su madre, y Moisés al oírles hablar lloraba. Jacob salió luego disculpando su demora, y el profeta se descubrió: «Sabe que yo soy Moisés, hijo de Imram, y que tú serás mi compañero en el Paraíso.» Al saber la nueva, tal fue el gozo de los dos ancianos padres, que el ángel de la muerte recibió sus almas. Así Jacob, el pobre carnicero, por el amor filial alcanzó de Alah tanta gloria como el caudillo de Israel.

Enteramente igual a esta leyenda árabe es la hebrea, salvo que los judíos al apropiarse el relato árabe no lo refieren a Moisés, sino al sabio Rabí Josua ben Illén y al carnicero Nannas. Cuéntase entre los judíos de muchas naciones, entre los de España también.

El cuento árabe y judío es sustancialmente el mismo que el del Mahabharata y el del Çukasaptati; en todos se ofrece el contraste entre un hombre ilustre por su santa vida con un matador de reses que tiene como principal virtud el amor filial. Pero aquel cazador indio, que muy poseído de su alto mérito se pone a sí propio por modelo de bien entendida virtud, pues por ella alcanza secretos de su religión y la ciencia de vidente, no es inferior en orgullo al brahmán, y ganó mucho en delicadeza moral convirtiéndose en el cuento árabe y judío en un carnicero que todo lo ignora, que se ignora a sí mismo, que nada sabe de su mérito, que se tiene por despreciable; así contrasta mejor con el sabio varón que tan ufano está de la ciencia sagrada y de la perfección que posee.

Esta mudanza influyó mucho en la suerte ulterior del cuento, pues trajo para él un importante cambio de moralidad. El relato del Mahabharata y del Çukasaptati se complace sin duda en la humillación del brahmán que se cree superior, pues le hace ver cómo le sobrepuja en mérito un hombre de casta ínfima; pero siempre esta moralidad queda relegada a una importancia muy secundaria, para ensalzar en primer término la reverencia a los padres: el brahmán los abandona para buscar la ciencia sagrada, y no la domina; el cazador, que permanece fiel a su deber filial y a su humilde oficio heredado, logra la perfección religiosa. El Mahabharata, al principio de la historia, resume esta idea con hermosa valentía: «No por los sacrificios y ofrendas, no por el culto de los manes ni por los ayunos se gana el Paraíso, sino por la veneración debida a los padres.» Pero en las versiones árabe y judía esta fuerza se debilita bastante, pues no se tacha a Moisés ni a Rabí Josua de anteponer el estudio de los libros sagrados y las prácticas religiosas al cumplimiento de los deberes naturales, sino que se declara tan sólo que el que cumple el precepto de honrar padre y madre puede alcanzar en el Paraíso igual lugar que un profeta o un docto rabí. Y al fin había de parecer esta moralidad elemental y pobre, hallándose más fina e intencionada la que hasta ahora era secundaria: la humillación del religioso que se tiene por superior. Así se trocó la importancia de los dos personajes del cuento. Hasta aquí se buscó la lección moral en el cazador indio, en el carnicero árabe y judío; desde ahora se buscará en el santo varón pagado de su mérito, y las virtudes del carnicero de vida despreciable quedarán como muy secundarias, salvo su humildad, que ya se hace resaltar en el cuento árabe y judío.

No sé dónde ni cuándo se realizó este feliz cambio de orientación. Se ajustan a este nuevo molde todas las versiones cristianas, que son anteriores en fecha al cuento árabe y judío, aunque éste representa un tipo más arcaico. Pero no sólo aparece el cambio entre los cristianos, pues la variante de nueva moraleja circuló también entre los judíos, y con algún rasgo más fiel a la forma primitiva que en las redacciones cristianas. Una segunda versión hebrea se conserva en la obra titulada *Hibbur Yafé Mehayeschua*, de un rabí Nisim, que según unos es el que vivía en el África musulmana en el siglo XI, o según otros, otro Nisim del siglo XIII. En esta obra, que recoge viejas tradiciones judaicas, se cuenta que un muy piadoso y sabio varón pidió una vez a Dios le diese a conocer su compañero en el Paraíso. En un sueño recibió la respuesta: «Lo será tal y tal carnicero.» Cuando el piadoso varón despertó, se afligía sobremanera de que un hombre tan vulgar e indocto hubiese de ser su compañero en la vida futura, y ayunando todo el día rogó de nuevo a Dios. Pero sólo recibió la misma respuesta que le dejó sumido en un mar de lágrimas. Una voz del cielo le reprendió: «¡En verdad que si no fueses tan piadoso, gran castigo merecías! ¿Por qué te acongoja que hayas de compartir el Paraíso con ese carnicero? ¿Le conoces acaso? ¿Sabes si ha hecho tales obras que no todos pueden hacer?» Muy de mañana marchóse el docto varón a la barraca del carnicero; éste saludóle lleno de respeto, y como aún no había parroquianos en la tienda, sentáronse ambos, y el docto religioso preguntó por su vida al vendedor. «Señor, ya sabes cuál es mi oficio; mi ganancia la divido entre los pobres y la gente de mi casa.» «Bueno, sí —interrumpióle el santo varón—; mucha gente practica aún mayor caridad. Dime si has hecho alguna cosa que no todos los hombres sean capaces de hacer.» El carnicero calló un rato, y al fin dijo: «Señor, ahora me haces recordar algo que he hecho mucho tiempo ha»; y le contó que una vez, viendo pasar un ejército extranjero que llevaba una turba de cautivos y entre éstos quejarse desesperadamente una jovencilla, la redimió a costa de gran esfuerzo de dinero, la crió y la amó tanto que decidió casarla con su hijo único; arregló el matrimonio, dotó a los novios y dispuso la boda, convidando a toda la ciudad; en medio de la comida y del buen humor, vio un forastero lloroso, y al averiguar que lloraba porque la novia era su prometida desde la niñez, y que la andaba buscando desde el día que fue cautivada por los enemigos hasta aquel momento en que la encuentra a punto de casarse con otro, el buen carnicero mandó a su hijo renunciar a la novia, la cual entregó a su antiguo prometido; comunicó a los convidados el trueque de novio, y la fiesta, interrumpida sólo un momento, acabó felizmente. Al oír este relato, el piadoso sabio exclamó: «¡Verdaderamente eres un hombre de Dios!» Añadiendo para sí: «Feliz yo que tendré tal compañero en el Paraíso.»

Claras están en este cuento las consecuencias de su cambio de moralidad. Como lo que se trata de predicar no es la virtud del carnicero, sino la humillación del piadoso sabio, se insiste mucho en el desconsuelo de éste al oír la revelación divina que le compara a un hombre vulgar; y la virtud del carnicero, como no es ya nada importante, salvo su humildad, se cambió sin reparo, sustituyéndose su amor filial, un tanto soso, por una acción más novelesca y conmovedora, procedente de otro cuento distinto.

Mudanzas parecidas en este segundo personaje hallaremos en todas las variantes cristianas, pues todas están informadas por el cambio de moralidad, según dijimos. En cambio, el brahmán permanece sin alteración exterior, representado, como en otros cuentos de origen indio, por un monje cristiano. En Egipto, la cuna del monacato, es donde la leyenda sufrió su elaboración más activa; la semilla, que no sabemos cuándo se depositó en esta tierra, brotó por todas partes vigorosa.

El terreno no podía ser más a propósito. En los desiertos de Egipto la lucha por la virtud y por el vencimiento de las perversas pasiones tenía algo del estruendo de la batalla. Un monje, sintiéndose débil contra furiosas tentaciones, va a visitar al abad Isidoro; éste le sube al terrado de su celda, y el vacilante se sobrecoge al ver con sus propios ojos una hueste de demonios que avanza por Occidente al ataque; pero el abad extiende su brazo hacia Oriente y le muestra otro ejército mayor de ángeles que vienen en su ayuda. Rebosando este entusiasmo épico, el corazón de cada solitario era un campo de asombrosas hazañas; no hay trance alguno de la lucha interior que no revista forma poética: un monje obedecía ciegamente las palabras de su abad hasta entrar en un horno ardiendo, o hasta pasarse tres años regando un palo seco; otro guardaba silencio, trayendo de continuo una piedra en la boca; otro carbonizaba su mano a la llama de la candileja para resistir la tentación de una ramera que le había pedido hospitalidad. En suma, la virtud reinaba allí no mansa y pacífica, sino violenta y guerrera, exponiendo a sus soldados al orgullo de la victoria. ¿Qué tentación podía dañar a aquellos santos, que vencían las más brutales y pujantes, sino la más sutil y cautelosa del orgullo? A ellos, que no sólo cumplían los preceptos, sino que habían dejado todo por seguir a Cristo, les había ofrecido éste en su Evangelio un trono en la vida eterna; fácilmente les asaltaba el vano deleitamiento en considerar la alta gloria que merecían, y entonces el solitario se humillaba recordando con fruto la leyenda venida en buen hora del Oriente. Esto nos explica la multitud de variantes que corrían de boca en boca entre los monjes y han llegado a nosotros recogidas por autores griegos mal conocidos y por viajeros que de todo el Imperio romano iban a Egipto, curiosos de admirar por sus ojos aquellos prodigios de santidad.

Hállanse reunidas en la colección titulada *Vitae Patrum*, y una dice así: Estando el beato Antonio en oración oyó una voz del cielo: «Antonio, aún no has llegado a los méritos de tal curtidor que vive en Alejandría.» Muy de mañana el santo anciano coge su cayado, se dirige a la ciudad y entra en la casa del curtidor. Éste, como Dharmavyadha y como Jacob, se pasma al ver junto a sí tan santo varón. El anciano le dice: «Cuéntame tus obras y tu vida, que sólo por ti he dejado mi desierto.» «Jamás, padre —responde el curtidor—; jamás recuerdo haber hecho nada bueno, y por eso cada día, al ver rayar el sol sobre esta gran ciudad, pienso que todos sus moradores, del mayor al menor, entrarán en el cielo por sus bondades, menos yo, que por mis pecados merezco el infierno; el mismo sobresalto me contrista al irme a acostar, y cada vez con más vehemencia.» El ermitaño le dijo: «En verdad, hijo mío, que tú dentro de tu casa, como buen operario, te has ganado descansadamente el reino de Dios, y yo, como indiscreto, gastando todos mis días en la soledad, aún no he llegado a tu altura.»

He aquí la forma que me parece más antigua y menos alterada del cuento entre los anacoretas de Egipto, y nótese que está referida al más antiguo ermitaño, al fundador de la vida eremítica. El cambio del carnicero en curtidor me parece bien fácil, y ya se ha explicado a propósito del segundo cuento judío el olvido del amor filial como efecto del cambio de moralidad. El humilde corazón del carnicero encantó a la imaginación cristiana; el «soy siervo inútil» pareció la lección más saludable que se podía dar a la jactancia del religioso; honrar a los padres u otra virtud cualquiera nada significaba al lado de la humildad. Por eso el cuento del curtidor y San Antonio suprime la mención de ninguna otra virtud, ofreciéndonos así la forma más sencilla y esquemática. Sin contar además con que el amor filial equiparado a las virtudes del solitario tenía que desagradar a los padres del desierto; éstos tenían siempre en la memoria el dicho evangélico: «Quien viene a mí y no odia a su padre y a su madre y hasta su vida, no puede ser mi discípulo», dicho que acataban con una exaltación increíble; los hermanos Anub y Pastor cerraron la puerta del cenobio al ver a su madre llegar a visitarlos, preguntándola al oírle afuera llorar: «¿Quieres vernos en este mundo o en el otro?», y ella se volvió resignada sin verlos, creyéndose un estorbo para la salvación de sus hijos; por acatar aquel dicho, el solitario Maquetes, al recibir cartas de sus padres que vivían en el Ponto, las arrojó al fuego sin abrirlas, para no padecer alegría ni tristeza con las ansiadas noticias que tenía entre sus manos. ¿No se comprende bien que en el cuento de San Antonio y en todas las otras variantes egipcias se haya suprimido la pintura del amor filial del carnicero?

Excluida esta virtud tradicional, nuevas invenciones acudieron a llenar el puesto vacío, y la imaginación de aquellos solitarios, ensimismada en continua meditación, no se cansaba de idear variantes; y ora se aplicó el cuento del brahmán a San Pioterio comparado con una monja simple para el mundo y sabia para Dios, que pasa por tonta y endemoniada; ora al abad Macario comparado con dos hermanas que jamás rompieron la paz mutua ni con sus maridos; ora a dos padres comparados con Eucaristo y María, matrimonio casto y limosnero. Fuera de las Vidas de los Padres, otra graciosa variante apunta el autor de la vida de San Gregorio: un ermitaño ruega a Dios le muestre con quién compartirá la vida futura, y al oír que con el papa Gregorio, comenzó a llorar lo poco que le aprovechaba la pobreza voluntaria, ya que tendría en la gloria igual puesto que un Pontífice opulento; a la noche siguiente el Señor le dijo: «¿Por qué osas comparar tu pobreza a las riquezas de Gregorio, si tienes tú más apego a la única cosa que posees, a esa gata cuyo lomo acaricias todo el día, que Gregorio a todo el esplendor de su papado?»

Así las variantes fueron muchas con sólo mudar la calidad de la persona cuya vida compensaba todas las prácticas del ermitaño, único centro fijo del cuento según su nueva moralidad; el carnicero, el curtidor era sólo una herencia inútil de las creencias indias, y desapareció como vemos en las redacciones más meditadas y originales. El personaje que le sustituyó en las variantes cristianas citadas hasta ahora lleva vida santa y ordenada en medio de los quehaceres mundanales, para contrastar con el aspecto antisocial de la vida ermitaña; pero también se idearon contrastes más atrevidos, como el que se da en la variante del gran prosista español de la Edad Media, don Juan Manuel, nacida del choque de las ideas caballerescas con las monásticas. Don Juan compara los méritos del ermitaño a los del rey Ricardo de Inglaterra, rey guerrero que había muerto, robado y desheredado mucha gente y que parecía muy alejado del camino de salvación; pero que en un lance apurado de la Cruzada, con un salto heroico había decidido la suerte de un desembarco y ganado más para la cristiandad que el ermitaño con sus penitencias.

Pero la variante que mejor reflejó el contraste original entre el brahmán y el çudra, entre el santo varón y el hombre de vida despreciable, fue la que sustituyó el oficio de cazador, pecaminoso en India, por otro pecaminoso en todas partes, y sin más rodeos escogió el de ladrón. Esta variante que nos lleva ya de lleno al drama de Tirso, se la contaron hacia el año 372 de Cristo a los ilustres viajeros Rufino de Aquilea y Melania romana al visitar el monasterio de San Pafnucio en la Tebaida. Llevando Pafnucio vida angelical, un día rogó a Dios le mostrase a cuál de los santos era semejante; un ángel le respondió que era semejante a cierto músico que en la aldea se ganaba el pan tañendo. El santo, asombrado con tal respuesta, corre a la aldea, busca al tañedor y le pregunta ansioso por su vida y hechos. El tañedor le contesta llanamente que es un malvado, borracho, disoluto, y que no hacía mucho tiempo que había dejado la vida de ladrón, que antes llevaba, para acogerse al miserable oficio de que comía. Pafnucio le estrecha más, para que haga memoria si entre sus latrocinios no había practicado obras piadosas. «De nada bueno me acuerdo —dijo el tañedor—, si acaso no es que cuando yo andaba entre ladrones acogimos un día una doncella consagrada a Dios, y como mis compañeros la rodearan codiciosos, me arrojé entre ellos, la arrebaté a su brutalidad, y por la noche la llevé sana y salva hasta su casa.» También otra vez hallé una hermosa mujer errante en el desierto, y preguntéle cómo andaba por tales sitios. «¿Qué te puede importar de esta desdichada? Si me quieres por sierva llévame donde te plazca; mi marido, por una deuda al Erario, yace en prisiones y es atormentado cruelmente; ya nos han encarcelado tres hijos que teníamos, y a mí me espera igual suerte; por huirla me escondo en estas soledades, donde hace tres días que perezco de hambre.» «Yo entonces —prosiguió el tañedor— me la llevé a la cueva, le devolví sus ánimos agotados por el hambre, le puse en la mano 300 sueldos y la acompañé a la ciudad, donde redimió a su marido e hijos de la servidumbre y de los tormentos.» Al oír esto, el anacoreta exclamó: «¡En verdad que nunca he hecho yo otro tanto! Sin duda que habrás oído hablar de Pafnucio, cuyo nombre es famoso entre los monjes; pues sábete que soy yo ése, y que después de haber trabajado no poco por hacer mi vida grata al cielo, me ha sido revelado que ante sus ojos no tienes tú menor mérito que yo. Y hermano mío, ya ves que Dios te aprecia, no descuides temerariamente tu alma.» Entonces el tañedor, arrojando las flautas que llevaba, se fue tras el anacoreta al yermo, y sirvió allí a Dios con salmos y cantos espirituales, como antes había servido al demonio con la música mundanal, y después de tres años de vida santa, fue transportado entre los coros angélicos. Cuando a su vez Pafnucio llegó a la hora de la muerte, el ángel se le apareció de nuevo a declararle que su puesto en el cielo sería entre los profetas; pero que tan grande gloria no le había sido revelada antes para que la propia satisfacción no le dañara. Pafnucio, no obstante, murió humillándose, y decía: «A nadie en este mundo se le debe despreciar, ora sea ladrón, ora comediante, ora labre la tierra, o sea mercader, o viva ligado en matrimonio; en todos los estados de la vida hay almas agradables a Dios que tienen virtudes escondidas en que Él se deleita.»

Esta versión, que en los actos virtuosos del hombre humilde recuerda a la de Rabí Nissim, tiene un especial interés por ser más cruda que las demás de las Vidas de los Padres: amonesta al varón que se cree justo, no sólo para que se humille al descubrir las virtudes ocultas del que se le compara en mérito, sino para que no se escandalice aunque vea en el mismo todos los delitos de un bandolero; en el reino de Dios muchos postreros serán primeros, y muchos primeros, últimos; el hijo pródigo puede hallar tanta gracia como el siempre fiel, y los trabajadores que llegan a la viña al caer la tarde, pueden recibir tanto jornal como los que soportaron todo el peso del día y del calor.

Así el cuento de Pafnucio nos ofrece ya la anécdota del Mahabharata, preñada de toda la virtud dramática que había de producir *El condenado*. Pafnucio, comparado a un ladrón borracho y libertino, sugirió a Tirso la comparación del ermitaño Paulo con el rufián Enrico. Esta humillación tienta demasiado la conformidad del anacoreta, quien en vez de acatar los juicios de Dios puede escandalizarse, poniéndose así en camino de la apostasía y la condenación. Para esto era preciso suponer en él una soberbia rebelde, y aunque la leyenda en general no pone tacha ninguna a la santidad del asceta, cierta soberbia presunción se halla implícita en todas las versiones; algunas la dramatizan, aunque sea fugazmente: la de Rabí Nissim insiste en la aflicción y disgusto que en el santo produce la deseada revelación; el cuento de Pafnucio habla del asombro del monje; en la vida de San Gregorio, el ermitaño llora y se desconsuela; en fin, don Juan Manuel, que tan sutilmente sabía ahondar en los asuntos que trataba, nos hace entrever la pregunta dirigida al cielo por el ermitaño envuelta en desconfianza y en orgulloso espíritu escudriñador de los juicios divinos. Según don Juan, el ermitaño alcanza primero de Dios la promesa y la seguridad de la gloria, y, siendo ya de esto seguro, pregunta quién será su compañero en el Paraíso; Nuestro Señor le envía a decir repetidas veces por su ángel que no hacía bien en preguntarle tal cosa; pero el ermitaño se ahínca tanto en su petición, que al fin Dios le responde. Sabido es que los admirables cuentos de don Juan fueron saboreados por nuestros poetas dramáticos, y parece que esta pregunta insistente y la seguridad de la salvación, de que habla don Juan, inspiraron a Tirso el tipo del desconfiado que pinta en la primera escena del drama que voy a analizar rápidamente.

Paulo hace diez años que abandonó la deliciosa Nápoles por una selva donde lleva vida solitaria. Pero el fondo de su virtud lo amarga una gota de soberbia; al contemplar el cielo azul le domina un deseo loco de rasgar aquel luminoso velo y de ver a Dios cara a cara. Preocupado con este afán se retira a su cueva, pero no logra orar, pues le vence el sueño, durante el cual se le figura que la muerte le tira golpes certeros con guadaña y flecha, y que su alma ve al fin a Dios; pero ¡cuánto más le valiera no verle! Le ve como juez airado que le condena a los eternos espantos. Este sueño esparce sobre Paulo la «noche oscura» del desconsuelo, de la sequedad espiritual. Paulo no soporta la prueba que Dios hace de sus servidores, y lleno de terror, dudando de su destino, quiere arrancar del cielo una revelación. Una, dos, cinco, seis veces pregunta a Dios si después de tantas penitencias se salvará o no. Entonces el demonio, que hacía diez años perseguía inútilmente al siervo de Dios, hallándole en este momento de desconfianza y soberbia, caer sobre él, y tomando figura de ángel se le aparece: «Dios, Paulo, te ha escuchado; ve a Nápoles, y entrando por la Puerta del Mar, hallarás un Enrico, hijo de Anareto; observa sus acciones y palabras, porque el fin que aquel tuviere, ese fin tendrás tú.» El indiscreto temor de Paulo se cambia en indiscreto gozo; no duda que el tal Enrico será todo un santo, y sin perder momento se dirige a Nápoles. Mientras aguarda a Enrico junto a la Puerta del Mar, aparecen varios galanes con sus amigas que se disponen a merendar en la playa, lastimando con su desvergonzada charla los oídos del solitario que allí espera oculto. En su algazara, aquella gente alegre abre un certamen, cuyo laurel se llevará quien pueda ostentar más robos, salteamientos, cuchilladas, muertes y otras hazañas de este jaez; cada uno hace su lista, como en el *Tenorio* de Zorrilla, y a todos vence un Enrico espadachín, matón sacrílego, que ha llegado ya al refinamiento de hacer mal por gusto y de jurar de continuo para más ofender al cielo. En vano Paulo no quiere oír las soeces conversaciones de aquellos desalmados; el nombre de Enrico sonaba en ellas frecuentemente, y esto le hacía desear con mayor impaciencia la llegada de su Enrico, de Enrico el virtuoso, que le librase del tormento de escuchar más. Pero Enrico el santo tardaba, y el otro Enrico no cesaba de relatar sus fechorías, cifra y compendio de toda la rufianesca. Verdad es que, en medio de todo, aquel Enrico tenía corazón, y al hacer alarde de los crímenes deja oír que sustenta con cariño a su tullido padre Anareto con el dinero que quita a la amiga Celia. Al oír al que habla llamarse Enrico, hijo de Anareto, los dos mismos nombres que el ángel había dicho, Paulo rompe a llorar desconsolado.

Hasta aquí, Tirso no hizo más que dramatizar el cuento de San Pafnucio, mezclándole algunos toques del de don Juan Manuel. En todos las versiones cristianas anteriores hallamos sólo una apacible historia de edificación moral; en todas aparecen ermitaños celosos de su aprovechamiento en la virtud, humillados por una revelación celeste que al fin acatan sumisos. Pero, ahora, Tirso aparece a nuestros ojos derribando con mano inspirada los seculares mojones de la leyenda y ensanchando desmesuradamente su alcance moral, su grandeza poética. Al agregarle su desenlace diferente, al prolongar la malsana curiosidad del ermitaño en desconfianza, en rebeldía inquieta y en desesperación final, dio al asunto una fuerza terriblemente trágica, y le hizo capaz de recibir en sí profundidades teológicas convertidas por maravillosa manera en elementos poéticos. Paulo no se humilla como el brahmán, como el rabí, como el ermitaño tradicional. Al ver que Enrico, al cual Dios le compara, lleva malvada vida, no duda que ambos bajarán a los tormentos infernales, no repara que en la desvergonzada relación que de sus hazañas hace aquel perverso se descubre una virtud que hubiera satisfecho a un San Pafnucio, a un San Antonio. Paulo no concibe que Enrico pueda salvarse, y, creyéndose unido a él en igual destino, se juzga reprobado desde la eternidad; aborrece las inútiles penitencias, no piensa sino en la apostasía, y aunque todavía pide de ella perdón al recto juez que le condena, decide vengarse del cielo igualando en maldades a Enrico.

La segunda jornada del drama nos presenta a Enrico, que se dispone a cumplir su oficio de matón y despachar una muerte que ya tenía cobrada por adelantado. Pero mientras llega la hora va a asistir a su padre, en presencia del cual el perverso rufián pierde toda su ferocidad. Con amoroso cuidado reanima la vida que se apaga en aquel anciano tullido; tráele en el lenzuelo la comida que compró con dinero quitado a su amante, reservado del juego o robado en peligrosos escalos; pónele la mesa y le ayuda a acercarse, arropándole con esmero femenino; escucha embelesado los consejos del viejo Anareto; procura ocultarle sus fechorías, para que no reciba por ellas el menor disgusto de tantos como con sus crímenes causa; hasta ofrece casarse por no desobedecerle. Esta escena de Enrico y su padre, ideada con una delicadeza a la par que con una desenvoltura y atrevimiento extremos, esta escena que tentó la imitación de Moreto, Rosete Niño y Jorge Sand, ¿no recuerda la del cuento morisco entre Jacob el carnicero y sus impedidos padres, más tosca y pobre, pero esencialmente igual? He aquí un rasgo conservado con una exactitud pasmosa: el cazador Dharmavyadha, el carnicero Jacob y Enrico sirven por sí mismos de comer a sus decrépitos padres, y éstos bendicen al buen hijo. Ya dije que los ermitaños de Egipto olvidaron en el cuento el amor filial como mortificante para la vida ascética; pero Tirso no rehuyó este contraste: en un arranque genial restituyó la leyenda a su estado primitivo, y el anacoreta indio que abandonaba a sus padres por recitar los libros sagrados volvió ahora entre los cristianos a ser humillado por el buen hijo. Claro que esta feliz restauración no pudo ser casual, y por este rasgo, así como por otro muy importante de que luego hablaré, creo evidente que Tirso conoció la leyenda morisca u otra cualquiera redacción muy parecida que corriese entonces por España.

Pero sigamos recorriendo la serie de incidentes con que en Tirso aparece enriquecida la leyenda hasta llegar a un desenlace enteramente nuevo. Enrico, por respeto a su padre, deja de cometer la muerte que ya tenía cobrada. Sobre esto se levanta pendencia con el pagador, a quien Enrico mata, y de las garras de la justicia escapa por mar, nadando, hasta que le salvan de las ondas unos bandidos de la cuadrilla de Paulo. Paulo, poseído de una sed insaciable de pecar, se había hecho bandolero en la selva antes testigo de sus penitencias. Un pastorcillo se le presenta tejiendo una corona para la perdida oveja que busca con amor en aquellos valles, cantando un divino romance:

> No desconfíe ninguno,
> aunque grande pecador,
> de aquella misericordia
> de que más se precia Dios.

Pero Paulo, que tan fácilmente se dejó arrastrar por las palabras del demonio, resiste tenaz los impulsos de la gracia; se conmueve al escuchar al pastorcillo, pero descamina su aviso, deseando averiguar si Enrico, a cuya suerte se cree ligado, tiene intención de arrepentirse o no. Y entonces mismo le traen sus bandoleros a

Enrico, que acaban de salvar del agua. Paulo, queriendo probarle, le manda atar a un árbol para que le asaeten, y mientras los bandidos se preparan a hacerlo, viste Paulo su sayal religioso y predica contrición al sentenciado. Inútilmente. Enrico le despacha con brusquedad y pide cuanto antes la muerte, sin dar oídos a las ansiosas exhortaciones del ermitaño. La desesperación de Paulo es ya completa. Manda desatar a Enrico y le cuenta la revelación que une la suerte de ambos. Enrico le replica: «Las palabras que Dios dice por un ángel encierran cosas que el hombre no alcanza: yo no hubiera dejado la vida que tú seguías, pues dejarla ha sido desesperación, venganza y rebeldía al poder celeste. *Yo soy el hombre más malo* que ha producido la naturaleza,

> mas siempre tengo esperanza
> en que tengo de salvarme,
> puesto que *no va fundada
> mi esperanza en obras mías,*
> sino en saber que se humana
> Dios con el más pecador
> y con su piedad le salva.»

Iguales palabras dice Jacob, según la leyenda morisca, que sin duda, por sí misma o por alguna variante, influyó en Tirso para poner en el bandolero del cuento de San Pafnucio este profundo sentimiento de esperanza absoluta en Dios y desprecio de sí mismo. Jacob dice a Moisés iguales palabras que Enrico a Paulo: «*Yo soy de los del fuego del infierno,* pero tengo confianza (*feuza,* dice el texto aljamiado) en el perdón y la piedad de mi Señor, *no por mi ayuno, ni por mi oración, ni por mi limosna,* empero por la piedad de mi Señor.»

Enrico se entiende pronto con Paulo, y añade: «Pero ya que has hecho el desatino de dejar tus penitencias, vivamos alegres en esta montaña mientras llega la muerte.» El ermitaño y el rufián, que de tan opuesto camino venían, se encuentran al fin de su vida, para luego volverse a separar. Uno y otro son ya bandoleros; ¡pero cuán diferente es el impulso que les arrastra al crimen!

El que vivía en santidad, por la orgullosa estima de sus méritos y la desconfianza de Dios, desecha todas las virtudes sin guardar siquiera un rastro de ellas, se cierra todo camino de redención lanzando al cielo sus delitos para desafiar el castigo. El que creció en el libertinaje, aunque se halla ya casi imposibilitado para el bien, por el humilde desprecio de sí y la esperanza en un auxilio superior a sus fuerzas, hace fructífero el ejercicio de una sola virtud que conserva, y redime su alma. Le salva su amor filial.

Al decidirse a vivir como forajido con Paulo, se acuerda Enrico de su padre abandonado, y para traerlo consigo vuelve temerariamente a Nápoles, de donde venía huyendo. Pero la buena estrella que le ayudaba en sus crímenes no le ayudó en su arranque supremo de amor; al entrar en la ciudad cae en manos de la justicia y es sentenciado a muerte. Ya en la cárcel, se disputan el corazón de aquel malvado el cielo y el infierno, el demonio abre un portillo en el muro del calabozo para que huya el criminal, pero éste, al salir, oye una voz:

> Detente, engañado Enrico,
> no huyas de la prisión;
> pues morirás si salieres,
> y si te estuvieres, no.

Y dócil a este aviso de la gracia, desprecia la libertad. Está muy lejos el reo de darse cuenta de aquel impulso a que obedece sin saber por qué; la idea de la horca le enfurece y rechaza colérico el arrepentimiento de la confesión. ¿Qué memoria puede hacer él de sus innumerables delitos? «Dios es grande —dice— y su misericordia me puede salvar si quiere.» Y le salvan esta confianza en Dios y aquella única virtud de su vida. Cuando más lejos estaba de su arrepentimiento y más cerca del cadalso, el viejo Anareto salta de la cama, y apoyado en sus muletas llega a despedirse del hijo. A las severas exhortaciones del padre para que no desafíe la bondad divina, el criminal, que poco antes se batía con los eslabones de su cadena contra los esbirros y amenazaba a los que le hablaban de penitencia, pierde toda su diabólica pujanza para trocarla en ternura, y guiado por su padre marcha a reconciliarse con Dios y al patíbulo, sintiendo ya muerta dentro de sí su alma fiera y dura.

> —Vamos, hijo. —¡A morir voy!,
> ¡todo el valor he perdido!...
> —Dios te dé favor. —Si hará,
> que es mar de misericordia,
> aunque yo voy muerto ya.

Así Enrico alcanza la gloria por la mediación de Anareto, como Jacob, en el cuento morisco, por la bendición de sus padres.

Muy distinto era el ánimo de Paulo. Desde que vio la impenitencia de Enrico atado al árbol, cae en los tormentos de un condenado en vida. El pastorcillo que antes le había hablado de misericordia, quiere sacarle de este infierno anticipado y se le presenta de nuevo continuando su mística parábola: todavía anda, los pies sangrientos, buscando la mejor oveja que está perdida, llamándola con silbos; y viendo que no acude, deshoja la corona que antes tejía para ella, y esparce por tierra sus flores mezcladas con lágrimas. Ni las dulcísimas palabras de este pastorcillo, ni la visión del alma de Enrico que del patíbulo es recogida por los ángeles, sacan a Paulo de su triste desconfianza. Acosado por un escuadrón de villanos, que anda persiguiendo a los bandidos del monte, es herido, e incrédulo de la salvación de Enrico y seguro de que la suerte de ambos será fatalmente igual, muere en desesperación, sin querer acogerse a la misericordia divina, de la que se cree desheredado. Los villanos buscan su cadáver entre las matas y le hallan en visión infernal: «¡Si a Paulo buscáis, aquí tenéis a Paulo ceñido de fuego y de culebras; pequé desconfiando de la piedad de Cristo, y acabo de oír de su boca la eterna condenación: ¡Baja, maldito de mi Padre, a los abismos espantosos!»

Este desenlace trágico dado a la leyenda del *ermitaño comparado a un ladrón* procede de habérsele asociado otra del *ermitaño que apostata al ver salvarse un ladrón*. De ella encuentro variantes en ejemplarios de la Edad Media muy leídos todavía en tiempo de Tirso.

Un ladrón rogó muy arrepentido a cierto ermitaño le recibiese en su compañía para hacer penitencia; pero el ermitaño le despreció y despidióle sin consuelo. Mas el ladrón, perseverando en su propósito, quiso hacerse una ermita, y al cortar para ello un árbol, le aplastó el tronco; y así murió en vehemente contrición de corazón. En el mismo momento vio el ermitaño descender santos ángeles que recibieron el alma del ladrón y la llevaron al cielo; turbado por lo cual, decía: «¿Qué hago yo aquí en el yermo? Ese hombre fue toda su vida un malvado ladrón, y ahora, sólo por su buena voluntad, sube a los cielos. ¡Cuántos años hace que yo habito la soledad y no he alcanzado otro tanto! Iré, gozaré del mundo, me haré ladrón y después al fin también me salvaré como éste.» Y entregándose a la vida de bandido, le persiguieron los guardias de la ciudad, y cayó muerto, llevándose los demonios su alma al infierno.

En otra variante el ladrón no va a hacer penitencia, sino que, como Enrico, acepta la muerte que le dan sus perseguidores, diciéndoles: «Yo os ruego que venguéis a Dios de mí»; *vénguese en mí el justo cielo*, dice también Enrico, atado al árbol para ser asaeteado.

Este cuento inspiró a Tirso la segunda mitad del drama: la secularización de Paulo, su vida de ladrón, el alma de Enrico llevada por los ángeles con escándalo del ermitaño, y la desastrada muerte de éste herido en una batida.

Así tenemos reconstruido a grandes rasgos el cauce por que corrió el pensamiento a través de las edades hasta llegar a la concepción del maestro Tirso.

El ejemplo del *ermitaño apóstata* entró casi intacto en el drama. Y escogido como desenlace, hubo de influir hondamente en el otro cuento del *ermitaño compa-*

rado a un hombre despreciable. En éste, a su vez, la armazón legendaria, el aspecto exterior permanece, podemos decir que sin alteración a través de los siglos; mas el pensamiento se revolvió dentro a sus anchas, según la mudanza de los tiempos y los pueblos. El cazador indio, muy virtuoso y resignado con su triste suerte, pero muy preciado de sus virtudes, fue entre árabes y hebreos carnicero de fama vil que tiene la sola virtud del amor a sus padres y la esperanza humilde. Su humildad, ajena al relato indio, se hizo esencial en todas las versiones derivadas, y engendró entre los cristianos el tipo encantador del pobre de espíritu que compensa con su modestia todas las prácticas del monje. Esta humildad brilla aún en la variante más atrevida, la que mejor reflejó el tipo del çudra de oficio abominable, la variante de San Pafnucio; pero el ladrón comparado a este anacoreta está ideado de modo superficial, pues iguala todos los méritos ascéticos con sólo dos hazañas generosas en medio de sus latrocinios, sin suponerse en él la práctica constante de una virtud que dulcifique la vida depravada. Esta virtud se la dictó a Tirso la tradición española, que conocemos en la leyenda morisca; el poeta, reuniendo en uno el ladrón comparado a San Pafnucio y el carnicero morisco honrador de sus padres y confiado en Alah, ideó su Enrico, depravado pero de arranques generosos y lleno de amor filial, malvado y virtuoso a la vez, sacrílego y dócil a las inspiraciones del cielo feroz y tierno, altivo y humilde; su alma es campo donde riñen batalla el mal que sobrepuja y el bien que apenas respira; pero en el fondo de tan lóbrega conciencia luce siempre, aunque oscurecida, la estrella de la esperanza en Dios, el albor que anuncia la mañana.

Evolución más radical sufrió el alma del otro personaje del cuento. Aquel brahmán indio era tipo moral bastante burdo; muy docto en los Vedas, pero mal hijo, orgulloso y colérico hasta lo brutal. En las variantes derivadas se acendró mucho: primero se olvidó del pecado contra sus padres, y en las versiones cristianas llegó a ser un perfecto santo, del cual hasta se disculpa u olvida el momento de curiosidad temeraria y de orgullo que envuelve su pregunta sobre el compañero en el paraíso, pues él borra todo con su humillación posterior. Una variante española, la del príncipe don Juan Manuel, hace notar cómo el ermitaño peca contra el abandono que debemos de nuestras cosas en manos de Dios, y así este religioso varón, después de haber subido la pendiente de la perfección moral eliminando sus faltas más groseras, cayó en otras más sutiles, más espirituales y rodó otra pendiente opuesta. El ermitaño de Tirso aparece rico en todas las virtudes del ascetismo, pero falto de la serena calma del santo. Indiscreto en su celo, recorre un siniestro proceso moral: parte de la prudente duda de su perseverancia en el bien, pero turbado por anhelos inquietos pierde toda confianza en Dios; el ansia de una expresa revelación de su destino y el orgulloso desprecio del pecador le arrastran a la más infernal desesperación; y atormentado por ella, desafía los impenetrables juicios de Dios, quiere vengarse del cielo y nivelar con espantosas maldades la divina balanza, que él acusa de infiel y fraudulenta. Tirso, creando esta arrogancia sacrílega, interpretando con esta originalidad y vigor la leyenda de la comparación de los méritos que en sus múltiples formas cristianas se resolvía en la santa humildad del ermitaño, unió el nombre de Paulo a la legión de los rebeldes contra el cielo, a la triste procesión de los reprobados después de parecer elegidos, como el rey Saúl, como el apóstol Judas, y encarnó así en el drama los más pavorosos misterios de la muerte y de la predestinación, de la «vida óptima seguida de fin pésimo». El abultado libro del jesuita Teófilo Raynaudo sobre este asunto nos muestra hasta dónde preocupaba entonces a los ánimos religiosos el problema del buen ladrón y del mal apóstol.

Tiempo hacía que la abrumadora idea de la predestinación había logrado cierta popularidad. Todo el mundo católico se apasionó vivamente en la polémica de los catedráticos de Coimbra y Salamanca, Molina y Báñez, polémica que por sutil que fuese, tenía un interés general y humano, pues abarcaba totalmente la concepción de la voluntad y libertad humanas, y de la justicia y misericordia divinas; por esto se explica, aparte odios personales, que en la disputa de los dos teólogos españoles comprometieran las dos órdenes más importantes, las de los jesuitas y dominicos, todas sus fuerzas, su honor y su amor propio, que la contienda absorbiese la atención de tres pontificados, exigiese la creación de una Congregación romana sólo para su examen, hiciese terciar a los reyes de Francia y España, y que después de apaciguada aquí se recrudeciese allá en su forma de jansenismo. El vulgo se interesaba también en la disputa, tanto que la decisión final, o mejor dicho, la indecisión de la Congregación de Auxilio, se celebró por los jesuitas con festejos públicos, iluminaciones, músicas y corridas de toros. ¿Tiene algo de particular que el teatro, que entonces abarcaba toda la vida nacional, tomara parte en tales fiestas?

El condenado es fruto de la resonancia, de estas cuestiones en el arte. Para rebatir por medio de Paulo la idea rígida de la predestinación que sostenían los dominicos, Tirso alteró la leyenda de la comparación de méritos con dos graves mudanzas: supuso que la pregunta que dirige al cielo el ermitaño era, no sobre los merecimientos, de los cuales no duda, sino sobre el decreto eterno que fija su destino: pregunta sólo si, en el caso de perseverar en la virtud hasta el fin, se salvará o no, y en esto Tirso parece recordar las primeras palabras del cuento de don Juan Manuel. Además, esta mudanza le obligó a otra, y supuso que a esta pregunta respondía el demonio, pues la respuesta sobre una predestinación no subordinada a los méritos pasados y futuros del ermitaño, en la cual no creía Tirso, no podía ser dada por Dios como en la leyenda. Verdad es que el ángel que responde a Pafnucio le engaña también, aunque benévolamente; pero el cruel engaño que había de sufrir

Paulo en sus ideas sobre la predestinación no podía ser obra del cielo.

Paulo, así engañado, reniega de un Dios que no ama a sus criaturas, que sacrifica la humanidad como masa de perdición para hacer brillar en ella el rayo de su justicia; víctima de esta idea, salva de un paso la sima que separa la virtud de la perversidad; su muerte arranca un grito de horror contra la doctrina neo-agustiniana de la predestinación, y pone de manifiesto el peligroso desaliento y la desesperación a que en la práctica podía llegar el alma aterrorizada por la creencia en el decreto divino que la elige o la rechaza sin tener en cuenta sus obras. Por el contrario, Enrico bendice al Dios paternal, al Dios de Molina, al buen Pastor que se afana tras la oveja perdida, a la gracia que solicita hacia el bien el libre albedrío del pecador.

Estos llamamientos de la gracia los dramatiza el poeta en la encantadora parábola del pastorcillo y en las visiones que iluminan a Paulo y Enrico cuando se les acerca la muerte; todo añadido por Tirso a los cuentos tradicionales, menos la visión del alma del bandido, que sabemos formaba parte del cuento del ermitaño apóstata. En todo se trasluce claramente la doctrina que el poeta admitía sobre la gracia: Paulo y Enrico no reciben (como recibirían, a seguir la doctrina de Báñez) auxilios divinos intrínsecamente diversos, aquél una *gracia suficiente* decretada inútil, éste una *gracia eficaz* necesariamente salvadora; sino que, según Molina, ambos reciben la *gracia suficiente*, los dos por igual, sin atención a sus méritos, pero dejando al libre albedrío de Paulo el poder de resistir a esa gracia e inutilizarla, y al de Enrico el poder de cooperar a ella para que en vista de su asentimiento se convierta en *eficaz* y salvadora.

Hoy nos hace sonreír la idea de un gran poeta que halla inspiración dramática en la polémica sobre la *predeterminación física* de Báñez y la *ciencia media* de Molina; pero una edad más despierta a la abstracción que la nuestra, que no se cansaba de producir generaciones de teólogos y heresiarcas, una edad que había creado el admirable teatro religioso español, podía muy bien ofrecernos el extraño fenómeno de que la abstrusa teoría de la predestinación halagara a un genio dramático y le inspirara una concepción llena por todas partes de sentido teológico, que a ser expuesto al por menor exigiría un completo comentario doctrinal. Y lo más admirable es que toda esta riqueza técnica no es algo postizo que se sobrepone a la poesía, sino algo consustancial con ella. «De la rara conjunción —dice el señor Menéndez Pelayo— de un gran teólogo y de un gran poeta en la misma persona pudo nacer este drama único, en que ni la libertad poética empece a la severa precisión dogmática, ni el rigor de la doctrina produce aridez y corta las alas a la inspiración; sino que el concepto dramático y el concepto trascendental parece que se funden en uno solo, de tal modo que ni queda nada en la doctrina que no se transforme en poesía, ni queda nada en la poesía que no esté orgánicamente informado por la doctrina.»

Concluyamos. En *El condenado* quiso Tirso contrariar, por medio de una concepción artística, cierta idea sobre la predestinación que le parecía propia para el desaliento y la desmoralización del creyente. La suave esperanza en Dios, que tanto resalta en la leyenda morisca de *Jacob el carnicero;* la salvación del gran pecador, que ofrecen así ésta como la variante cristiana de *San Pafnucio,* parecieron al poeta expresión de todo lo dulce y consolador que hay en la doctrina molinista, la doctrina del libre albedrío enteramente dueño de los destinos del hombre. Con ambas variantes de la leyenda oriental tejió la trama de su comedia, y la agrandó con el desenlace que le dictaba un segundo ejemplo piadoso: el del *ermitaño apóstata,* que le sugirió la figura del desconfiado en natural contraste con las ideas del primer cuento.

Aquí repetiré lo que he dicho al empezar: un drama, así nacido al calor de una idea legendaria y de otra teológica, no puede ser comprendido sin tener en cuenta uno y otro aspecto. Los críticos que hasta ahora han estudiado mejor *El condenado* creyeron que en él había sólo un drama de tesis, le miraron nada más que desde el punto de vista teológico (y éste mal escogido, a mi ver), y no descubrieron en él sino un argumento propuesto contra el protestantismo (1). Por esto creo que es preciso llamar la atención sobre el aspecto tradicional; la tradición dio la trama entera de la obra, la teología añadió en ella algunos pormenores, y así el drama tiene, por cima del aspecto dogmático ortodoxo o de tal o cual escuela, un valor moral universal lastimosamente olvidado por los críticos. Ya la idea de la esperanza, que es la capital del drama, es más bien moral que propiamente teológica; sabemos que está formulada en un cuento morisco. Por eso, sin que desconozca yo (que

---

(1) Durán supuso que el drama era «quizá un producto de reacción necesaria contra la fatal y desconsoladora rigidez del protestantismo», y Revilla insistió mucho sobre igual opinión, suponiendo que *El condenado* tiende a probar contra los protestantes que no sólo la fe justifica y salva, sino también las obras (por cierto que extraña manera de probarlo tiene el criminal Enrico, el cual no quiere presentar las obras como dueñas del destino del hombre, sino sólo la confianza en Dios y el libre albedrío en la voluntaria adhesión a la gracia divina). Yo no acierto a descubrir en el drama una idea antiprotestante. Sus dos pensamientos teológicos capitales son: en primer término, el loor de la esperanza, que no podía tener menos aplicación contra los reformistas, ya que éstos, en general, creían que el verdadero cristiano debe tener la certidumbre de su salvación y de la misericordia divina, sin esperar nada de las propias obras, que no valen más que los pecados, por donde Enrico salvado podía pasar, en cierto modo, como apología del luteranismo y calvinismo. En segundo lugar, el drama muestra que la predestinación no es gratuita, sino relativa al libre bien obrar del hombre, y en esto lo mismo podía contradecir el poeta a los protestantes, según quiere Revilla, que a los dominicos; pero no es razonable suponer que el poeta se molestase en contradecir a los reformistas, cuyas doctrinas importaban muy poco al pueblo; aun a los teólogos de profesión que defendían Roma la opinión de Báñez les tenía tan sin cuidado el protestantismo, que Belarmino podía decirles que coincidían en muchos puntos con los herejes, porque no conocían las doctrinas que éstos sostenían sobre la predestinación. El hecho de que los últimos versos del drama citen a Belarmino, y el haber escrito este autor tanto contra los protestantes, despistó a Durán y a Revilla; pero Belarmino puede ser citado con igual oportunidad por un impugnador de los dominicos, ya que este Cardenal, que formó parte de la Congregación de Auxilios, no temió disgustar al Pontífice con su firme simpatía por la causa de Molina.

sería insensatez) la mucha importancia del elemento doctrinal en el drama, creo exagerada la apreciación de Durán cuando consideraba *El condenado* cual obra simbolicodogmática imposible de saborear en una época de escepticismo como la moderna, sino mediante un comento teológico, único que puede darle algún sentido. Pero tan lejos está el sentido teológico de ser el único que dé valor al drama, que un librepensador como Jorge Sand pudo creer que la parte dogmática era sólo un velo y que tras él bullían las ideas de humanidad y altruismo, el horror a la hipocresía, la burla de las maceraciones, el sentimiento de la vida, la victoria atribuida a los buenos instintos y no a las estrechas prácticas. Aún más radical que la opinión de Durán es la de Revilla; de tal modo no veía en el drama sino la teología, que llegó a decir que Paulo era, «más que un carácter real, una personificación rígida y abstracta», ideada por Tirso para combatir el protestantismo. Pero ya de sobra hemos podido ver que Paulo es algo más que un argumento personificado; ni siquiera es un símbolo de la desesperación, al estilo del Manfredo de lord Byron: es una creación altamente dramática, una figura real y viviente en todas las edades, no inventada por una abstracción individual, sino producto lento del contacto de razas y civilizaciones, de la emigración, de la lucha por la vida; hija, en fin, de una secular generación legendaria con cuya antigüedad se ennoblece.

Cierto es que la leyenda de la comparación de méritos siempre vivió al servicio de una idea religiosa determinada; pero gracias a su valor universal sirvió igualmente al budismo que a la religión brahmánica, a la musulmana y hebrea lo mismo que a la cristiana, es decir, a todas las religiones de la humanidad civilizada, a pesar de los progresos de educación y de cultura que supone el transcurso de una veintena de siglos; gracias al delicado sentido moral de la leyenda, la imaginación de los pueblos no se cansó de contemplar esa centellita que la cautivaba con su brillo y la elevaba a regiones más esclarecidas y serenas. No es la doctrina de la transmigración y de las castas la que dio su valor esencial a la historia de Dharmavyadha, sino la moralidad que envuelve: la humillación del hombre que se ve elevado sobre el nivel común, y que debe inclinarse al amor de los que le parecen pequeños, ya que éstos, lo mismo que los grandes, trabajan en la misteriosa obra de la vida, sin que sea siempre fácil discernir qué orden de actividad será más fecundo y beneficioso.

No es la doctrina de la justificación y de la gracia la que infunde sublimidad a la interpretación que Tirso nos dio de los dos viejos cuentos; y ese Paulo, víctima de ambiciones morales no santificadas por el bálsamo de la caridad, del humilde sentir de sí propio, primero indiscretas, luego desesperadas y satánicas, que le condenan a la perversidad y al envilecimiento; ese ermitaño devorador por ansiedades del alma, escudriñador de los secretos divinos, que interroga a un cielo mudo e impenetrable, por cuyo abrumador peso es aplastado, conservará eternamente su grandeza y su interés, aun después de muerto nuestro teatro religioso.

NOTA BIBLIOGRÁFICA

I. Ediciones de *El condenado por desconfiado*. Las antiguas que conozco son tres.

a) *Segunda parte de las comedias del maestro Tirso de Molina: recogidas por su sobrino don Francisco Lucas de Ávila*, Madrid, 1627 (edición dudosa; niégala Cotarelo). Ídem, Madrid, 1635.

b) Figura también como quinta comedia, atribuido a Tirso, en un tomo de doce comedias de varios autores que poseía Schäffer, impreso, según cree éste, hacia 1640. (Véase Schäffer, *Ocho comedias desconocidas*, Leipzig, 1887, pág. VIII, n.)

c) Edición suelta de los siglos XVII-XVIII: *Núm. 232. Comedia famosa, El condenado por desconfiado, del maestro Tirso de Molina*, sin lugar ni año, 14 hojas, signatura *A-D*. En la Biblioteca Nacional existen tres ejemplares. Edición que me parece tomada de la segunda parte de Tirso y mutilada en muchos versos. En atajos y olvidos de versos coincide con ésta la *Comedia famosa*, etc.: «hallaráse en la imprenta de Francisco Sanz, en la calle de la Paz», mediados del siglo XVIII. A una de estas ediciones sueltas se atienen las dos copias manuscritas que hay en la Biblioteca Municipal de Madrid; fueron del teatro de la Cruz y expresan el reparto de personajes para una representación en 1824.

Las ediciones hoy usuales son las dos de Hartzenbusch en el *Teatro escogido de Fray Gabriel Téllez*, 1839-1842, volumen II, y en la Biblioteca de Autores Españoles, tomo V.

II. Adaptación al teatro moderno. *El condenado por desconfiado, drama fantástico-religioso del maestro Tirso de Molina. Refundición de Manuel de la Revilla*. Con este epígrafe se conservan dos arreglos autógrafos de Revilla, titulados *Primera refundición* y *Segunda refundición*, en la biblioteca santanderina del señor **Menéndez Pelayo**. Difieren poco la una de la otra. El primer monólogo está atajado en ambas en los versos 21-24, que me parecen importantes. Suprímese en ambas el hecho de que Paulo se haga pisotear por Pedrisco (acto I, escena II), cuyo valor comprendió Jorge Sand conservándolo. Quitan también las frases de perdón que pronuncia Paulo horrorizándose de su apostasía (fin del acto I; acto II, escena IX). Suprime las apariciones de la cárcel (acto III, escenas VI a XVIII). La segunda refundición quita también las palabras de Enrico «yo soy el hombre más malo... no va fundada mi esperanza en obras mías» (fin del acto II), que son tradicionales.

III. Traducción. Con el título *Le damné par manque de foi* lo traduce Alphonse Royer. *Théatre de Tirso de Molina*, París, 1863.

IV. Imitaciones. Pedro Rosete Niño, en su comedia *Sólo en Dios la confianza*, refunde desmañadamente la acción de *El condenado*, continuándola con la de *La buena guarda*, de Lope. Jorge Sand, con el título de *Lupo Liverani*, publicó otra extraña imitación, en la *Revue des Deux Mondes*, 1 de diciembre de 1969.—Imitaciones parciales hay en Moreto, *El lego del Carmen* (la piedad que el malvado siente hacia su padre y la temeraria visita que le hace evadido), y en Hartzenbusch, *El mal apóstol y el buen ladrón*, 1860 (el ocultar sus crímenes Dimas a Betsabé y el creer Judas ligado su fin al de Dimas. Véase, sobre todo, acto II, escenas X y XIII, y acto V, escena III).

V. Estudios. Don Agustín Durán, en la *Talía española o colección de dramas del antiguo teatro español*, tomo I (único), 1834; publicó su estudio sobre *El condenado*, y fue reimpreso en la Biblioteca de Autores Españoles (t. V, págs. 720-724).—Don Manuel de la Revilla, *El condenado por desconfiado ¿es de Tirso de Molina?*, en la *Ilustración Española y Americana*, 1878, junio, reimpreso y corregido en las «obras de don M. de la Revilla», Madrid, 1883, pág. 349.—Insiste sobre la cuestión del autor del drama don Emilio Cotarelo y Mori, *Tirso de Molina, Investigaciones biobibliográficas*, Madrid, 1893, página 102; y en las *Comedias de Tirso*, t. I, pág. LX (Nueva Biblioteca de Autores Españoles), la obra es de Tirso, pero con retoques de otra mano.—También sobre el autor, a propósito del libro del señor Cotarelo, y rechazando la idea de los retoques de mano ajena, se habla en los *Estudios de crítica literaria,* por el doctor don M. Menéndez Pelayo, segunda serie, Madrid, 1895, pág. 176, etc.—S. G. Morley, en su estudio de la forma métrica de Tirso, deja a éste en la posesión de *El condenado,* en *Bulletin Hispanique,* VI, págs. 406-407.

A propósito de este discurso mío, se escribieron nuevos juicios más o menos extensos sobre el drama de Tirso, y la leyenda en cuestión.

G. Paris, en el *Journal des Savants,* janvier 1903, págs. 69-70, manifiesta su impresión acerca del drama.

Fray N. del Prado, O. P., profesor de Teología dogmática en la Universidad de Friburgo, *El condenado por desconfiado, estudio crítico-teológico del drama.* Vergara, 1907; erudita disquisición teológica contra el molinismo, y en gran parte ajena al drama. El detalle fundamental con que Tirso alteró la tradición, la pregunta de Paulo si, a pesar de su perseverancia final, se salvará o no, queda sin comentario en este estudio. Asimismo queda sin comentario el que Paulo crea que si Enrico se salvó él se salvará también, independientemente de su voluntad, por virtud del decreto divino que une los destinos de ambos. En cambio se afirma en este estudio que Paulo y Enrico no reciben por igual una gracia suficiente, sino que Enrico recibe un auxilio especialísimo que no fue otorgado a Paulo, «aunque no es fácil pintar en un drama la diferencia de esos dos llamamientos, ni determinados por señales exteriores en que el poeta haya pretendido simbolizarlos». Esta salvedad es hija de las dificultades con que tropieza el docto profesor de Teología para ajustar a su doctrina el drama; pero por lo demás es una salvedad incomprensible: si Tirso hubiese querido decir al público que Enrico recibió una gracia eficaz o infaliblemente salvadora, hubiera salvado al bandolero mediante una conversión fulminante, a lo San Pablo, de esas que tanto abundan en obras medievales y en nuestro teatro religioso; pero, muy lejos de ello, nos presenta una conversión laboriosa, y dramatiza de la manera más clara la decisión de Enrico, meditada y libre, entre los llamamientos del cielo y del infierno que solicitan de un lado y de otro su consentimiento; y como si todo esto fuera poco, el poeta hace más palpable su idea poniendo el arrepentimiento del malvado no inmediatamente después de los llamamientos de la voz celeste, sino en inmediata dependencia de la virtud filial, única buena obra que tenía en su vida de bandolero. El P. Prado hace hincapié en la cita de Belarmino puesta al terminar el drama, pero no se hace cargo de lo que digo en la pág. 55, nota, y pág. 68. No necesito advertir que al juzgar el drama de Tirso no está en mi ánimo para nada el juzgar a Báñez ni a Molina.

Gordon Hall Gerould, *The hermit and the saint* (en las *Publications of the Modern Languaje Association of America*, XX, Baltimore, 1905, págs. 529-545). Añade a mi trabajo algunas variantes de diversos temas, especialmente de los que comparan el asceta a un rey o a una persona mundana que lleva vida piadosa; comp. el cuento del Gulistan y el de Lafontaine que menciono abajo, pág. 67. En la bibliografía que aquí doy citaré estas adiciones.

VI. Variantes del cuento de la comparación de méritos.

a) La narración del *Mahabharata* (13652-14115) y la del *Çukasaptati* (véase atrás, págs. 14 y 18), analizan en el artículo de Th. Benfey, *Zum Guten Gerhard*, publicado en la *Germania* de Pfeiffer, t. XII, págs. 310-318.

b) El Corán, XVIII, 59, habla de un viaje de Moisés y Josué en busca de la unión de los dos mares, llevando por señal un pez. Esta aventura se aclara en una leyenda musulmana en que alabándose Moisés de su sabiduría con Josué, le dijo Dios: «Ve donde el mar de los griegos se une al de los persas, y allá encontrarás uno de mis servidores que te excede en sabiduría», y le da por señal el pez de que habla el Corán (en la *Troisième Encyclopédie Théologique*, p. p. l'Abbé Migne, t. XXIV; *Diction. des apocryphes*, II, col. 627, tomado del doctor G. H. Weil, *Biblische Legenden der Muselmänner*, Frankfurt a. M., 1845, pág. 126, etc.). Esta variante aparece fragmentaria, como prólogo del conocido cuento del Ángel y el Ermitaño.— El cuento de Moisés y Jacob publícalo F. Guillén Robles, *Leyendas moriscas*, Madrid, 1885, t. I, págs. 315-322 (donde pongo «me desahucian de la piedad de Alah», léase en el texto: *desfigúzanme*), y lo analiza M. Grünbaum, *Neue Beiträge zur Semitischen Sagenkunde*, Leiden, E. J. Brill, 1893, pág. 291.— ¿Influyó acaso el Éxodo, XXXIII, 11, 12, 19, para que se atribuyera a Moisés la pregunta del compañero en el paraíso? También entre los árabes se atribuyó a David el deseo de conocer antes de la muerte su compañero en el paraíso. (Véase la obra citada de Weil, *Bibl. Legend. der Muselm.*, pág. 220).— Por referirse esta leyenda a un personaje bíblico, pudiera creerse que los musulmanes la tomaron de los judíos, como otras tantas. Pero los judíos no la aplican a Moisés; y el origen indio de la misma hace más natural la idea de Benfey; que el cuento judío no está tomado directamente de fuente india, sino por intermedio de una redacción árabe o persa.—El relato que Algazel trae, del «malvado de los hijos de Israel» superior a los de Alah al «devoto de los hijos de Israel», en una variante de la parábola del fariseo y el publicano, acaso influida por nuestro cuento; véase M. Asín, *Algazel,* Zaragoza, 1901, pág. 602, n.

c) La variante judía más vieja, la de *Rabí Josua y el carnicero Nannas* (véase atrás), cítase por Reinhold Köhler, *Kleinere Schriften,* erster Band. herausg, von Johannes Bolte, Weimar, 1898, págs. 37-38; la redacción española en M. Grünbaum, *Jüdisch-spanische Chrestomathie,* Frankfurt a. M., 1896, páginas 92-94.—La variante judía posterior, la de Rabí Nissim (véase atrás), publicóla A. M. Tendlau, *Fellmeiers Abende; Märchen und Geschichten aus grauer Vorzeit,* Frankfurt a. M., 1856, págs. 110-116 y fue estudiada en su carácter de fuente de la poesía de Rudolf von Ems, titulada «El buen Gerardo» (siglo XIII), por R. Köhler, *Kleinere Schriften,* t. I, pág. 32, y por Gaster en la *Germania* de Pfeiffer, t. XXV, 1880, págs. 274-294. Gaster cree que Rudolf von Ems pudo conocer el cuento de Rabí Nissim, ora por medio de un cuento español desconocido, ora por medio de un *fabliau* francés.—La curiosa variante que publica el profesor Giuseppe Levi da Vercelli, *Cristiani ed Ebrei nel medio evo, quadro di costumi con un appendici di ricordi e leggende giudaiche della medesima epoca,* Firenze, 1866, págs. 388-397, huele toda a moderna en sus pormenores y estilo; me parece un arreglo libérrimo de la variante de Rabí Nissim, en el que se supuso que el compañero del paraíso renuncia a su propia novia y no a la de su hijo; pero no están en Rabí Nissim el tener mala fama el compañero ni su esperanza en la misericordia divina, dos rasgos tradicionales de la versión de G. Levi.—En el *Sahasuim* del Rabí Josef Sabra (siglo XII) aparece muy alterada la leyenda; un religioso varón tenido por santo muere y se averigua entonces que era en secreto un idólatra, mientras en el entierro de un carnicero malo e impío hace Dios un prodigio, y se averigua entonces que cuidaba esmeradamente a su padre, le daba manjares gustosos con meollos de los mejores carneros que degollaba, le compraba del mejor vino, etc.

d) Las variedades de las Vidas de los Padres pueden verse en la edición *Vitae Patrum...* opera et studio Heriberti Rosweydi, Antuerpiae, 1615.—El beato Antonio y el curtidor (véase atrás), lib. III, cap. CXXX, y lib. VII, cap. XV, núm. (cópianla, entre otros, Herolt, *Promptuarium exemplorum,* H. 4, y el *Magnum Speculum exemplor.,* s. v. *Humilitas,* núm. 7).—San Pioterio y la monja (véase atrás), lib. V, libell. 18, núm. 19 (véase sobre este cuento a Köhler, *Klein. Schriften,* t. II, 1900, págs. 389-393).—Macario y las dos hermanas, lib. VI, libell. 3, cap. XVII (cópianlo el *Libro de los ensemplos,* núm. 145; Herolt, *Prompt. exempl.,* M. 11).—William de Wadington, siglo XIII (véase Gerould, *Publ. Mod. Lang. Assoc.* XX, página 538).—Dos padres comparados a Eucaristo y María, lib. VI, libell. 3, cap. III (cópianlo Herolt, *Prompt. exempl.,* M. 7; *Magnum Specul. exempl.,* s. v. *Castitas,* núm. 2; en un sermón de San Vicente Ferrer, véase *Rev. de Archivos,* t. VII, pág. 422; véase Gerould, *Publ. Mod. Lang. Assoc.,* XX, pág. 538).—San Pafnucio y el tañedor (véase atrás), lib. II, cap. XVI, y con iguales palabras en el lib. VIII, cap. LXIII, pero llamándose el tañedor a sí mismo «libertino y borracho» (repiten esta anécdota, entre otros, Vinc. Bellovac., *Speculum historiale,* lib. XIV, núm. 78; Herolt, *Prompt. exempl.,* M. 9; Joannes Aegidius, *Scala meli,* cap. *de misericordia,* ed. de 1480, fol. 126. En Santo Tomás de Aquino, *Summa theol.,* secunda secundae, quaest. 168, art. 3.º, se recuerda la anécdota para probar que los juegos vanos y diversiones no son pecado. Al fin del *Viridario* de fray Jacobo de Benavente se halla «el cuento de cómo ganó el ladrón el rreyno de Dios por obra de piedat e cómo vino a penitençia por amonestamiento del padre santo hermitaño que auia nombre Passmissio e asy lo dice en el libro de los padres santos». Bibl. Escur., *h-iij-*3, fol. 99, etc.). El mismo Pafnucio, según las *Vitae Patrum,* repitió otras dos veces la pregunta sobre su semejante en méritos, y fue comparado la segunda vez al preboste de la ciudad (argumento del *fabliau* francés Le Prevôt d'Aquilée, Méon, *Nouveau recueil de fabliaux,* II, 187; véase Köhler, *Klein, Schrift.,* II, 442; para los relatos de Jean Mielot, siglo XV, y una homilía inglesa del siglo XIV, *The Hermit and saint Oswald,* véanse Gerould, *Publ. Mod. Lang. Assoc.,* XX, págs. 539-543), y la tercera a un mercader.—En las mismas *Vitae Patrum,* al fin de la historia de Barlaam y Josafat, se repite el tema de la comparación de méritos; a Josafat se le revela que tendrá igual gloria que su padre, pero él cree merecer más, y Barlaam se le aparece a reprenderle por tal soberbia.

c) Fuera de las *Vitae Patrum,* la variante del ermitaño y el papa Gregorio (véase atrás), Herolt, *Prompt. exempl.,* t. IX, *Magnum Specul. exempl.,* s. v. *Judicium temerarium,* núm. 10, «in vita S. Gregori Papae, lib. II, cap. LIX»; *Lib. de los enxem-*

plos, núm. 51. Anécdota semejante referida del obispo Severino de Francia, véase Gerould en *Publ. Mod. Lang. Assoc.,* XX, 539-540; comp. *Rev. de Archivos,* t. VI, pág. 166.—La variante de don Juan Manuel (véase atrás), hállase en *El conde Lucanor,* enx. 3 (véase especialmente la edición de Knust, Leipzig, 1900, pág. 306).

VII. Variantes del cuento del Ermitaño Apóstata.—El ladrón aplastado por un árbol y el apóstata que se hace bandido (véase atrás), hállase en Herolt, *Sermones Discipuli,* Ser. 151 al fin. Lo reimprimo aquí, según la edición de Nuremberg, 1496.

«Quidam latro, multum dolens de peccatis suis et habens voluntatem bonam se emendandi, rogauit quedam heremitam vt eum in suam societatem acciperet, quia proponeret suam vitam emendare et Deo semper seruire. Et heremita noluit, et despexit, eum in corde suo, et dimisit eum inconsolatum ab eo recedere. Sed cum latro sibiipsi heremitorium facere voluit, arbos pr[a]ecisa statim corruit et eundem latronem oppressit, et sic in vehementi cordis contritione obiit. Tunc ille heremita vidit quod sancti angeli venerunt, et animan illius latronis ad celum deferenbant; et heremita commotus ait: hic in heremo moram traho?, ille homo malus latro fuit et propter bonam suam voluntatem iam ad celos ascendit, et ego tandiu vixi in heremo et nunquam celum intrare potui. Et in illa imotione, dixit: vadam et latro efficiar, et postmodum in fine bene saluabor, sicu ille latro saluatus est. Et dum exponeret se ad latrocinum perpetrandum, in secutus est a stipe[n]-d[i]ariis ciuitatis, qui fugiens vehementer cecidit et expirauit, et diaboli venerunt animam suam ad infernum deduxerunt.»

El ladrón muerto por sus perseguidores y el apóstata caído del puente (véase atrás) está en el *Magnum Speculum exemplorum excerptum ab Anonymo quodam, qui circiter annum Domini 1480 vixisse deprehenditur... illustratum studi R. P. Joannis Majoris, S. J.,* Coloniae Agripanae, 1684, pág. 577, s. v. *Poenitentia,* núm. 10, tomado del libro *De Septem donis,* de Nicolaus Dinclespule (autor del siglo xv, que no he logrado ver). Helo aquí:

«Legitur in libro de septem donis, quod quidam latro cum fugaretur ab hostibus suis, et videret, se manibus eorum evadere non posse, prostravit se in modum crucis super terram dicens: quod bene mortem meruit, quia Deum multipliciter offendit, et flens confitebatur se peccatorem, rogans eos instantissimè, ut Deum de ipso vindicarent, singula membra sua martyrio exponendo. Quidam autem solitarius in vicino ibi morabatur, qui multis annis in abstinentia magna vixit et poenitentia. Cui revelatum est quod Angeli cum laudibus animam illius latronis in coelum deportarent. Qui non egit Deo gratias, sed indignatus, est, apud se: Postquam etiam me omnibus mundi delitijs exposuero et voluptatibus, in fine similiter poenitebo, et sic fiet mihi ut latroni. Cum autem rediret miser ad saeculum servire diabolo, contingit eum per aquam transire, et cadens de ponte submergitur, et à daemonibus projicitur ad infernum.»

Encuéntrase también en Herolt, *Promptuarium exemplorum*, M. 25, Nuremberg, 1946; revela igual fuente que el *Magnum Speculum*, y lo publico también para que se completen mutuamente.

«Fuit quidam latro, qui dum fugaretur ab aduersariis suis videns quod non posset euadere, posuit se in crucem dicens: "bene mortem merui quia Deum offendi; rogo vt Deum de me vindicetis; ecce membra mea in quibus Christum in suis persecutus sum". Et sic occiderunt eum. Quidam autem heremita erat prope, qui multis annis penitentiam egerat, cui reuelatum est quod angeli cum laudibus animan illius patronis in celum deportarent, qui nec deo egit gratias de salute proximi; sed indignatus, apud se dixit: "postquam me exposuero omnibus flagitiis, similiter potero penitere in fine, et sic fiet mihi sicut latroni!" Et cum ad seculum rediisset, transiens per aquam et cadens de ponte, submergitur; et a demonibus ad infernum deducitur.»

La edición Venecia, 1606, varía algo en la redacción.

La antigüedad de este cuento es mucho mayor que la de estos ejemplarios; hállase contado en verso en la vieja literatura francesa: *de l'ermite qui se desespera* (Méon, *Nouveau recueil de Fabliaux et contes*, II, París, 1823, pág. 202); en él el ladrón muere entregándose a sus perseguidores, y el ermitaño al apostatar se mata de una caída, pero el asunto está ampliado y variado en pormenores. El comienzo del cuento: «Il avint jadis en Egypte en un bois avoit un hermite...» no indica que el poeta tomase su asunto de alguna versión de las *Vitae Patrum*. Méon, al principio del tomo I de su *Recueil*, dice que halló en un manuscrito latino este cuento, sirviendo de introducción al del Ángel y el Ermitaño: un ermitaño que vivía cerca de un ladrón, habiendo visto en visión el alma de éste llevada por ángeles, murmuraba de los juicios de Dios, un ángel le apareció y dijo: ven conmigo y te probaré que los juicios de Dios son justos..., etcétera. Por desgracia, según me informa el señor G. Paris, este manuscrito latino está hoy desconocido, y A. Achönbach, en su excelente Memoria sobre la leyenda del Ángel y el Ermitaño (*Sitzungsberichte d. Wiener Akademie*, t. CXLIII, número 12, 1901), cita varias introducciones de este cuento, pero no la de que habla Méon. En la *Vie des anciens pères* se señalan dos cuentos con el título de *Le renieur*, núms. 4 y 48 de la lista que se da en la *Romania*, XIII, 240, n.—Análogo a los cuentos anteriores, por ofrecer la «pena y gloria trocadas» (éste es el segundo título del drama de Tirso), es el del ermitaño, que en su agonía tiene un momento de jactancia, despreciando a un ladrón, y se condena, mientras el ladrón se salva; *Magnum Specul. exempl.*, s. v. *Superbia*, núm. 5: «refert frater Wilhelmus Lugdunensis episcopus», autor del siglo XIII; también en Herolt, *Sermones Discipuli*, Ser. 72 al fin.—Asimismo ofrece esta pena y gloria trocadas el cuento del poeta persa Sadi, en su *Gulistan:* un Dervis vio un día en sueños a un rey en el paraíso y a un religioso en el infierno, y como preguntase admirado la causa de ese trueque, se le respondió que el rey había ido al cielo porque confiaba en los religiosos, y que el religioso estaba en el infierno por confiarse en los reyes. Este cuento fue imitado por Lafontaine, Fab. XI, 4, *Le songe d'un habitant du Mogol* (véase la edición de la *Coll. des Grands écrivains de la France*, III, 1885, págs. 117-118).—Un ladrón que se salva por aceptar resignado la muerte y un ermitaño que vio a los ángeles recibir el alma del ladrón, figura en Herolt, *Sermones Discipuli*, Ser. 49, R. Se ve cuán generalizado estuvo este tema.

VIII. No trato de las fuentes parciales del drama de Tirso, pero no dejaré de notar que la extravagante maldad de Enrico, que se complace en ofender al cielo, es un lugar común de nuestro teatro religioso (baste recordar la sed de pecar de Leonido en la *Fianza satisfecha*, o de Julia en la tercera jornada de *La devoción de la Cruz*), y se parece a la de aquel gran mercader de Salamanca de quien cuenta el P. Engelgrave que, de jugador perdidoso, perdió de tal modo toda piedad y cobró tal odio a Dios, que buscaba de intento ocasiones para ofenderle; llegó a comprar una Suma de Moral, y en ella estudiaba los casos de pecado, para ejecutarlos todos. (Fray Juan Laguna, *Casos raros de vicios y virtudes*, Madrid, 1804, pág. 34.)

Sobre estos materiales he fundado mi disquisición acerca de las fuentes de *El condenado*. Todo mi razonamiento está hecho prescindiendo de que al fin del mismo drama se expresan sus fuentes:

> y porque es éste tan arduo
> y difícil de creer,
> siendo verdadero el caso,
> vaya el que fuere curioso
> (porque sin ser escribano
> dé fe de ello) a *Belarmino;*
> y si no, más dilatado
> en la *Vida de los Padres*
> podrá fácilmente hallarlo.

La indicación de fuentes al fin de nuestras antiguas comedias suele ser segura; pero las citas de *El condenado* me parecen hechas sólo para abrumar el ánimo con el peso de los nombres citados. Si bien el drama está inspirado en las Vidas de los Padres (en el cuento de San Pafnucio), sin embargo, el caso «difícil de creer», esto es la condenación del ermitaño y la salvación del ladrón, no lo he hallado en dichas Vidas (2); y tampoco era cosa de citar a *Belarmino* como escribano que diese fe de caso tan arduo, sólo porque el poeta haya podido apoyar su doctrina de la predestinación y de la gracia en las obras de ese teólogo; en ellas, por lo demás, no he podido hallar tal cuento, ni aun en las ediciones que algunas de esas obras sufrieron al ser traducidas al español.

Acaso será de esperar que alguien, con más erudición y fortuna que yo, descubra la veracidad de las dos citas finales del drama. Pero si recordamos ahora que el mismo Tirso cita también en falso a Ludovico Blosio al final de *La Ninfa del Cielo,* no vacilaremos en calificar de falsas las citas de *El condenado,* y de tener estas autoridades de relumbrón un desenfado habitual de Tirso (3).

---

(2) He buscado el cuento en la edición de Rosweyde y en dos de los otros tipos de ediciones que señala Rosweyde (Nuremberg, 1478, y varias de sus muchas reproducciones, Colonia, 1547); pero no he podido ver el tercer tipo o más antiguo (incunable sin lugar ni año). Tampoco he podido dar con la traducción castellana, impresa en Salamanca, 1498, desconocida de Rosweyde, y citada por Salvá, *Catálogo,* núm. 4.039.

(3) Véase *La serrana de la Vera,* de Vélez de Guevara, publicada por R. Menéndez Pidal y María Goyri, en el *Teatro antiguo español,* I, 1916, pág. 149,

ADICIÓN A LAS FUENTES DE
EL CONDENADO POR DESCONFIADO

Cuando en octubre de 1902 publiqué un trabajo sobre las fuentes de *El condenado por desconfiado,* no conocía variantes modernas populares del cuento de la comparación de méritos que sirve de base a ese drama religioso.

He aquí ahora una, publicada en el *Calendario* de la revista catalana *Lo Gay Saber* (4):

Y veuse aquí que n'era un hermitá que feya aspra penitencia.

Un dia va arribar a sas orellas una nova que'l posá en desig de eixir de sa soletat.

Fou eixa nova que, en un poblet llunyadá, hi había un altre home tan virtuós, com que la gent per l'home mes samt del món lo tenía.

L'hermitá s'en aná al poble del hom aqueix, pus ell trobava estrany que altre en la terra fes mes santa vida la que'll feya.

Arriba al poble. Truca á la casa del que le diuhen ser l'home aquell. Era un ferrer.

Conversan, se fan amichs, l'hermitá se queda a casa'l ferrer.

Maravella y no xica fou la del hermitá al veure que aquell home tan virtuós y sant feya una vida tan regalada, y mes encara quan sabé que fins poch ab los preceptes de la esglesia complía. Quasi li'n agafá escrúpol de ser á casa d'ell.

---

(4) *Calendari catalá del any 1869,* pág. 22; sin firma, y, por tanto, redactado por Francisco Pelay Briz, que figura como autor del *Calendario.* Se copia, sin decir su procedencia, en *Cuentos vells y baralles noves recullits d'asi y d'alla,* por Joseph F. Sanmartín y Aguirre, Valencia, 1876, pág. 38.

Lo ferrer reya, jujava, fins feya brometas y festas a las noyas del vehinat.

Arribá l'hora de sopar.

La taula abundosa, lo servey cumplert. Una criada va repostejar al ferrer y, llavors fou l'escandol del hermitá, aquelle plé de rabia etjegá una mala paraula.

Creus se feya l'ermitá, y no poch rumiava sobre'l dir de la gent.

Fineix de sopar. Lo ferrer pren un fanalet y surt de sa casa. L'hermitá d'amagat lo segueix. ¿Qué fará?

Lo ferrer entra dins d'una bauma, y l'hermitá darrera.

A la claror del fanal aquest véu a un home vell estés a terra, que ab las llágrimas als ulls pren un cistell plé de viandas que'l ferrer li allarga.

Aquest se gira llavors y al veure al hermitá:

—Germá, li diu ¿per qué m'haveu seguit?

—Jo'us diré, li respon l'hermitá. Jo feya vida santa en un desert; un jorn va arribar a más orellas una nova que'em posá end esig de eixir de ma soletat. Fou eixa nova que, en un poblet llunyadá, hi havía un altre home tan virtuós, com que la gent per l'home mes sant del món lo tenía. Jo he anat al poble del home mes sant del món lo tenía. Jo he anat al poble del home aquest, pus estrany trobava que altre en la terra fes mes santa vida de la que io feya. He arribat al poble. He trucat a la casa del home aquel. Erau vos. Vos he conegut y, dit sia clar y net, res en vostre modo de viure he trobat que sia digne de tanta llohansa.

Lo ferrer respon:

—T'han enganyat, bon hermitá. Jo no faig vida santa. Jo passo'l dia com veus, com los altres, y als vespres vinch a donar menjar a n'aquest pobre home que fa molts anys mantinch amagat de la gent.

—¿Qui es aquest home?

—Un que está condempnat a mort.

—¿Quin crim ha comés?

—Fa quinze anys que va matá'l meu pare.

L'hermitá llavors caigué á sos póus tot exclamant:

—Tú ets lo sant home que dihuen, y jo no só mes que un vanidós penident.

Esta narración está radicalmente estropeada con una grosera falta de lógica. Si el herrero hace vida vulgar como cualquier otro y su única virtud es oculta, ¿por qué la fama le alaba y la gente le tiene por el hombre más santo del mundo?

El sentido íntimo del cuento está oscurecido y sólo se comprende bien comparándolo con los demás relatos tradicionales a cuya familia pertenece. Todos los cuentos hermanos están conformes en suponer que el ermitaño ora para obtener una revelación sobre quién será su compañero en el Paraíso (o, en versiones posteriores, a qué persona es semejante en méritos); Dios le revela que esa persona es un hombre de fama despreciable. En el cuento catalán la revelación divina se sustituye absurdamente con la fama humana que señala a un herrero como la persona más santa del mundo; y no se sabe por qué, pues ese herrero manifiestamente es un hombre vulgar que lleva vida regalada y apenas cumple con los deberes religiosos.

Fuera de esto, además, el herrero no tiene en sí nada de despreciable, ni menos de criminal, ofreciendo así un contraste flojo con el ermitaño, mientras este contraste es más vivo en las versiones viejas, donde el ermitaño se ve comparado a un hombre a quien todos reputan por malo, o que en realidad lleva vida criminal.

Sospechando que estos defectos de la versión catalana fuesen, no tradicionales, sino debidos a un mal recitador o un inhábil redactor, procuré buscar la tradición en otro punto (5), en Valencia; acudí a don Roque Chabás, tan profundo conocedor de aquella tierra, y el resultado ha sido satisfactorio; la versión valenciana es una restitución de la catalana a su forma original. Según me comunica el señor Chabás, el cuento es en Valencia bastante común. El herrero se convierte allí en carnicero; carnicero es también en las variantes más viejas. Es, además, un malhablado; pormenor diluido por el cuento catalán en las bromitas que el herrero gasta con las

---

(5) En Cataluña fue inútil mi pesquisa; don Rosendo Serra y Pagés, docto y entusiasta cultivador del folklore de aquella región, preguntado por mí sobre el cuento del *Calendari catalá*, me responde: «No conozco otra versión, ni sé de nadie que lo sepa, a pesar de haberlo preguntado mucho y con verdadero interés.»

mozas de la vecindad y en la mala palabra que dirige a su criada. En fin, el ermitaño lo busca en virtud de una revelación; como en todas las demás versiones, y no por la fama pública, que le reputa hombre mundano.

Deseando yo conocer por extenso esta versión valenciana inédita, obtuve de nuevo, gracias a la bondad del señor Chabás, la siguiente, que, con la frescura, desenfado y rapidez del tono popular, se ha servido redactar para mí el distinguido escritor don José María Puig y Torralba.

El hermitá y el carnicer

Pos senyor: diu qu'era un sant hermitá que en una aspra montanya tenía una cova ahon fea de nit y de día dura penitencia para guanyarse el cel. Un día se li presenta Nostre Senyor y ell di diu: «Senyor ¿haurá algú en este món que vos done més gust que yo? Vos ho dich pera que'm digau qui es y yo puga dependre d'ell á fer més de lo que sé pera complaurevos.» —«Si qui ni ha u», li respongué el Senyor. —«Digaume qui es», afegí el penitent. —«El carnicer de tal poblet», contestá Nostre Senyor, y desparagué. Tot seguit el bon hermitá agafá el gayato y mamprengué el camí, camina que caminarás.

Al cap de uns díes entra en el poblet y se dirigí a casa el carnicer a qui l'hermitá consideraua con un gran sant, y quedá escandalisat de oirli els oucables que soltaua per la seua boca despajant a les donnes. —«Tu pusa de focle», li día a una «ja estás así de sobra». —«Repunyecla», li día a un atra «¿no estás contenta?» —«Ves y ticat la... clavellinera» li retrucaua a una tercera, y aixina continuá casi tot el matí. El pobre hermitá se quedá atonit ouint aixó y se día pera ell: —«Senyor ¿m'hauré equivocat? ¿Cóm es posible que esta llengua d'tstral vos puga alabar y complaure més que yo?

Al remat el carnicer despajá al ultim parroquiá y se posá a guardar els atifells del seu ofici; mes reparant en el hermitá y dolsificant el tó, li preguntá si volía alguna cosa. —«Fervos una pregunta», li contesta el penitent. —«Podeu férmela», retruca el carnicer.

—«Yo soch un pobre hermitá que pasa el temps dins de una cova en continua oració y penitencia, pera guanyar la gloria eterna. Un día se-m apareguá Nostre Senyor y yo li preguí que-m diguera si havía un altre home en lo món que-l complaguera més que yo, y que si-l havía que-m ho diguera per poder dependre yo d'ell a fer més merits devant sos ulls divins, y el Senyor me va respondre que sí, y que eixe home sou vos; aixi es, que vos demane humildement y de tot cor que-m digau que es lo que feu que tan agradós li sou a Deu.»

Les paraules del hermitá sorprengueren al carnicer, mes este fentlo pujar dalt la cambra obrigué una porta y li ensenyá, dins de un aseat cuartet, un vell en tota la barba blanca asentat en una cadira. Després dirigintse al hermitá li digué: —«Este home matá á mon pare, y fugint de la justicia se ficá en ma casa, yo l'amaguí así, y de ensá yo el mantinch, yo el vist, yo el llave, y yo en fi fas en all lo que faría por mon pare.»

El hermitá se quedá atónit de lo que oía y encarantse en lo carnicer le digué: —«Aném, germá, si que feu més de lo que yo fas! Verdaderament als ulls de Deu es més meritoria la vostra obra que la meua.»

Posteriormente he podido comprobar que el cuento de *El ermitaño y el carnicero* está bastante arraigado en la tradición castellana. En 1905, un viejecito pordiosero de Burgondo (Ávila) me lo refirió con estas curiosas variantes:

Érase el tiempo en que el Señor andaba pidiendo por la tierra, y San Pedro siempre se tenía por el mejor amigo suyo. —«Señor Maestro —díjole un día—; ¿habrá en el mundo alguno que le quiera a usted más que yo?» —«Sí hay, Pedro.» —«Maestro, el creerlo se me hace duro, y perdóneme que quisiera verlo para creerlo.» —«Si quieres ver a quien me quiere más que tú, vete mañana al pueblo Tal, y a la entrada verás un hombre rodeado de muchas mujeres; acércate a él y pídele limosna, porque ése es el que deseas ver.»

Anda que te andas, más que de prisa, llegó San Pedro al pueblo, y al entrar vio arremolinarse muchas mujeres en una tienda; era la carnicería. El carnicero estaba despachándolas, y como San Pedro se adelantó a pedirle una limosna, el carnicero, sin mirarle, le despidió con mal humor y con peores palabras. No será éste, pensó San Pedro, el que me decía el Maestro; pero mirando toda la entrada del pueblo, no vio más mujeres que allí. Y ¡Dios mío!, ¡cómo las trataba el carnicero al despacharlas!, a la que menos la llamaba de tía zorra para abajo; ¡qué boca más escandalosa!

Cuando remató de vender, San Pedro le pidió otra vez limosna. —«Vente conmigo a casa» —le dijo el carnicero, y le llevó del brazo. —«Mujer, aquí te traigo un pobre a almorzar.» —«Sea enhorabuena» —dijo ella; y les puso la comida. San Pedro no quería arrimarse a la mesa; pero el carnicero, echando ajos y pésetes, le hizo sentarse, porque en su casa había que hacer lo que él mandase. Ya que almorzaron, el carnicero le dijo a San Pedro: «Con usted, buen hombre, no tengo que guardar secreto»; y entró en un cuarto donde había un viejo de Dios sabe cuántos años; lo lavó, lo aseó, le mudó la ropa, y sentándolo en sus rodillas le daba de comer. «Será su padre», pensaba San Pedro; y viendo su cara de curiosidad le dijo el carnicero: —«Este hombre mató a mi padre y le buscaban para ajusticiarlo, pero yo me lo traje a casa para tenerlo en lugar del padre a quien ya no podía recobrar.» San Pedro, aturdido con todo lo que había visto, se despidió, cogió la limosna y se volvió a Jesús. —«Señor, he visto a un hombre muy malo y muy bueno.» Pero Jesús le respondió: —«No la lengua; el corazón del hombre es lo que mira Dios.» Y pensando en lo que había de pasar con Malco, le dijo: —«Tú, Pedro, si vieras que otro me mataba le acuchillarías; ese carnicero me sirve mejor.»

Este cuento de *El ermitaño y el carnicero* concuerda en lo esencial con los más próximos al relato indio, de donde todos arrancan; apenas se aparta, sino en su desenlace. La virtud oculta que tiene el hombre despreciable, con la que ante los ojos de Dios compensa todas las penitencias del ermitaño, es, en las versiones primitivas del cuento, el amor filial; el ermitaño que abandona a sus padres por hacer vida ascética aprende que el buen hijo tiene tanto mérito como él. Pero esta comparación molestó en lo más hondo del alma a los monjes cristianos, y la desecharon por completo al repetir el cuento, sustituyendo la virtud filial por otra cualquiera: el desprecio de sí mismo, la concordia familiar, la limosna, la castidad, etc. Sólo las versiones orientales árabe y hebrea mantienen la forma primitiva, y con ellas se relaciona íntimamente el cuento moderno arriba copiado; según las versiones orientales, el carnicero, después de despachar a su parroquia, entra en casa y lava, viste y da de comer a su anciano padre, haciendo otro tanto con su madre. Este amor filial tiene algo de delicado que pareció soso, y la imaginación moderna dio un quiebro: el carnicero lava, viste y alimenta a un anciano, le trata con todo el cariño de un buen hijo, pero aquel anciano no es su padre, sino el que mató a su padre. Puede notarse también que nuestro cuento español, en su versión valenciana, presenta al anciano en un aseado cuarto y sentado en una silla (no tirado en una cueva, como hace la catalana); los cuentos orientales hacen resaltar igualmente el esmero y limpieza con que el hijo mantiene a sus padres en hermosas sillas o en cómodos lechos.

Otro pormenor viene a confirmar el carácter primitivo del cuento español moderno. En el cuento indio el buen hijo es un cazador, a quien el ermitaño halla en el matadero vendiendo carne de búfalo; esta escena hizo que las versiones árabe y hebrea le trocasen por un carnicero, oficio primitivo que se olvidó de todas las versiones cristianas para sustituirlo por el de curtidor, mercader, alcalde, ladrón, etc. Ahora bien, como ninguna versión cristiana, aun las más antiguas, recuerdan ni el carnicero ni su amor filial, y ambos pormenores se revelan en el cuento moderno que ahora publico, es seguro que éste no se deriva de fuente cristiana, sino de la árabe o la hebrea, que afortunadamente se conservan redactadas en castellano por los moriscos y los judíos españoles; la morisca publicada por F. Guillén Robles, *Leyendas moriscas sacadas de varios manuscritos,* t. I, Madrid, 1885, pág. 315; la judío-española, por M. Grünbaum, *Jüdich-spanische Chrestomathie,* Frankfurt a. M., 1896, pág. 92. El cuento español moderno entronca, pues, muy cerca de la raíz en el árbol tradicional que tantos renuevos ha echado.

Acabo de decir que ninguna versión cristiana recuerda el amor filial; pero forma una excepción *El condenado por desconfiado.* Era extraño que este drama apareciese sólo entre las versiones occidentales con la escena del hijo que cuida y sirve de comer a su anciano padre; y el cuento de *El ermitaño y el carnicero* aparece ahora como un anillo de unión entre la versión árabe-judía y el drama español. Antes me era natural suponer que el autor de *El condenado* había escrito su escena de amor filial inspirándose acaso en la leyenda morisca; cosa un poco violenta. Ahora podemos suponer que la misma escena se debe hallar en una versión tradicional española de *el carnicero que cuida a su padre,* la cual, naturalmente, tiene que existir o haber existido, enteramente igual a la judío-morisca, antes de haberse transformado en la variante moderna de *el carnicero que cuida al matador de su padre.*

Esperemos que cualquier día se descubra esa forma primitiva del cuento español, en la cual, más naturalmente que en la leyenda morisca, debió inspirarse el autor de *El condenado por desconfiado.*

Y aún es más: acaso puede esperarse que aparezca en la tradición de hoy alguna variante que reúna ya en sí, como el drama de Tirso, la leyenda de la comparación de méritos con la del bandolero salvado. Mi difunto amigo don Rafael García Plata, interrogado por mí en 1905, recogió, de boca de Petra Carvajal, de treinta y cinco años, vecina de Alcuéscar (Cáceres), un cuento que la narradora titulaba *El solitario condenado.*

Éste era un solitario que vivía en lo más áspero de un monte, la barba hasta la cintura y vestido de pieles. Todas las tardes, al ponerse el sol, cuando las zorras guarrean y los lobos aúllan, el solitario se disciplinaba las espaldas y se quejaba como alma en pena; los campesinos se metían en sus casas, asustados, creyendo que cada quejido salía de la boca de un demonio, arrojado a disciplinazos del cuerpo del santo varón... Pregunta al Señor si en el mundo hay alguien que haga mejor penitencia que él, y una voz le dice que sí hay, y que es María la Viuda, que vive en la ciudad... Va allá y pregunta a un clérigo dónde vive la Viuda. Ésta le recibe conmovida: «Soy una pobre pecadora, mi casa es la del pecado y Dios no querrá que tengas esta posada, pues en la ciudad palacios donde estés con más honor...» El religioso se entristece al ver lujo en la casa, pinturas de mujeres descotadas y de caballeros y damas, sin ninguna de santos; en la despensa, mucho vino y jamones. La Viuda dice al solitario: «Con vos, que sois tan bueno, no debo guardar mi secreto, pues no me descubriréis. Voy a dar de comer a un pobre que padece persecución por la justicia. Hace veinte años que lo escondo en mi casa y es el matador de mi único hijo...» «En verdad, mujer, que tu sacrificio es más que humano; yo no hice nunca tanto como tú.»

A pesar de este final, con la resignación humilde del solitario, conforme con la tradición literaria conocida, las varias personas que en Alcuéscar sabían este cuento decían que su argumento era cómo «un solitario se condenó por tener el orgullo de creerse el más santo de todos los hombres»; algunas recordaban que había otra versión de *El ermitaño y el bandolero;* una mujer de Miajadas había oído «el cuento de un ermitaño y de su hermano, que era bandolero». Estos vagos informes nos indican que en la imaginación popular hay algo de la fusión de los dos temas que vemos en el drama de Tirso. Si se trata de una fusión antigua o moderna, son cosas que sólo un estudio hondo y extenso de la tradición podría decidir.

SOBRE LOS ORÍGENES DE
EL CONVIDADO DE PIEDRA

Este artículo fue primeramente publicado en la revista *Cultura Española*, Madrid, mayo 1906. Incorporo ahora en él los complementos que publiqué en la misma revista en febrero y en agosto de igual año 1906

Lo que se sabe acerca de las fuentes de *El burlador de Sevilla* y *El convidado de piedra* se halla reunido en los trabajos del insigne hispanista A. Farinelli, titulados *Don Giovanni* (1) y *Cuatro palabras sobre don Juan* (2), y en el de J. Bolte, *Ueber den Ursprung der don Juan-Sage* (3), avalorado por la sin igual erudición que en puntos de literatura comparada despliega en todos sus escritos este autor.

El final dramático de la leyenda de don Juan, el convite hecho a un difunto, es tema abundante en el folklore.

La forma corriente que reviste es la del convite hecho a una calavera por un burlón que la encuentra rodando en el suelo. El desenlace es muy diverso. En cuentos daneses y alemanes el difunto lleva a su escarnecedor convidado al otro mundo, y al cabo de dos o tres siglos lo vuelve a la tierra. En cuentos bretones y franceses el protagonista paga con la vida la burla hecha a la calavera. Según un cuento picardo, el vivo, al asistir al convite del muerto, se halla en un subterráneo en medio de

---

(1) En el *Giornale storico della letteratura italiana*, vol. XXVII, 1896, págs. 1-77 y 254-326.
(2) En el *Homenaje a Menéndez y Pelayo*, 1899, I, 205.
(3) En la *Zeitschrift für vergleichende Litteraturgeschichte*, herausg. v. doctor Maz Koch, neue Folge, Band XIII, Berlín, 1899, págs. 374-398.—Después, V. Said Armesto repitió el asunto en un libro, *La leyenda de Don Juan*, Madrid, 1908. Del primer pliego de este libro forma parte integrante la portada, que lleva la fecha 1908, lo cual no se aviene con lo que el autor dice en sus páginas 300, 190 n. y 15 n.; comp. 33 n.—*La leyenda de Don Juan*, de G. G. de Bévotte, París, 1906, es de segunda mano en cuanto a los orígenes legendarios del drama.

una reunión de alegres fantasmas, donde se banquetea y se baila hasta el canto del gallo. En cuentos gascones y portugueses el vivo asiste al convite del muerto; pero se libra de él por consejos o por vestiduras que le da el sacerdote, o por reliquias que lleva sobre sí, y escapa sólo con una amonestación. En un cuento tirolés y otro irlandés, la mujer o la novia del que escarnece la calavera es quien libra al temerario de la venganza del difunto.

Una variante de esta historia, pero ya desenvuelta y dramatizada, apareció repetidas veces en los escenarios de los colegios de jesuitas alemanes en los siglos XVII y XVIII, desde que por primera vez fue representada por los colegiales de Ingolstadt, en otoño de 1615, es decir, quince años antes que apareciese la primera edición conocida de *El burlador*. He aquí su argumento: Un conde Leoncio, pervertido por las doctrinas de Maquiavelo y que no cree en la vida eterna, al pasar por un cementerio halla una calavera; por burla le da un puntapié, diciéndole: si después de la muerte aún me entiendes, vente a mi cena con los demás convidados. Al sentarse Leoncio a cenar alegremente con sus amigos, se presenta a las puertas un monstruo huesudo, que rechazado en vano, se sienta a la mesa, asegurando ser convidado también. Entre el espanto de todos, el esqueleto dice que es el abuelo del conde Leoncio que viene a mostrar a su nieto la inmortalidad del alma, y se lo lleva consigo despedazado.

Esta versión es casi seguramente de origen italiano. Modernamente se imprime en Florencia, Milán, etc., un pliego de cordel en verso con el título *Leonzio, ovvero la terribile vendetta di un morto,* u otro por el estilo; y las variantes de esta poesía popular parecen indicar que no procede del drama jesuítico: no figura como corruptor Maquiavelo, tan combatido por los jesuitas; el pecado que más se hace resaltar en Leoncio no es la incredulidad, sino el desprecio de los sacerdotes y mendigos, a los cuales maltrata el protagonista, mientras se entretiene en criar ratas cebonas; cuando el muerto, que es

tío de Leoncio, se aparece en su palacio y le lleva a los
infiernos, toda su hacienda es comida de las ratas; en
fin, la moraleja es:

> Fratelli, amate i poveri con desio,
> fate- la carità, temete Iddio.

Análoga historia de Leoncio se ha recogido de la tradición oral, entre los cantos populares de Sicilia, de Ferrara, de Rovigno, y en un cuento en prosa de Venecia (aunque en éste se perdió el nombre del héroe).

De la antigüedad de esta tradición italiana parece que nos asegura el jesuita alemán Paul Zehentner, pues, recordando el asunto del drama de los colegiales de Ingolstadt, dice en 1643: «audio italico rem idiomate conscriptam esse»; palabras que sin duda se refieren a alguna forma de la tradición hoy tan difundida, y vienen a ser como una declaración de fuente italiana respecto del drama jesuítico alemán (4).

¿Y en qué relación se halla éste con *El burlador?* Bolte nota que uno y otro drama desarrollaron el sencillo tema tradicional. El muerto que se venga de quien turba su reposo fue, según los dos poetas, un instrumento de Dios, que arrastra al infierno al pecador cuando éste llena la medida de sus delitos. Ambos desarrollaron ampliamente la vida depravada del héroe y pusieron en íntima relación con él el muerto vengador: Leoncio convida, aunque sin saberlo, a su propio abuelo o tío, y don Juan convida a la estatua del comendador; que él mismo ha matado.

Bolte reconoce también las grandes diferencias que hay entre Leoncio y don Juan. Aquél, extraviado por las enseñanzas de Maquiavelo, llega al ateísmo y al desprecio sistemático de toda ley moral; éste desprecia la otra vida sólo porque cree lejana la muerte, se

---

(4) No creo aventurada esta interpretación de las palabras del padre Zehentner, aunque Bolte *(Zeit, für vergl. Litt.,* XIII, pág. 379) las cita sólo de pasada. El asunto de Leoncio no figura entre los dramas jesuíticos españoles que reseña Gayangos en sus adiciones a la *Historia de la literatura española,* de Ticknor, II, pág. 545.

mueve por insaciable sed de goce sensual y atropella bravío cuanto se le opone. Leoncio llega al colmo de su insolencia maltratando una calavera y negando atrevidamente la inmortalidad del alma; don Juan, escarneciendo la estatua de un viejo muerto por él. En la pieza alemana el desenlace es más rápido: el muerto no convida a su vez al escarnecedor, sino que, al ir a casa de éste, lo arrebata consigo al infierno.

Cierto que estas diferencias pudieran ser efecto del distinto genio poético de los dos autores; y Bolte llega a decir que, si bien el poeta español revela mayor poder creador que el jesuita de Ingolstadt, probablemente se inspiró también en una versión impresa de la leyenda de Leoncio (5).

Pero esta suposición no cuenta con que en España existe muy arraigada la tradición del convite al difunto. No sólo hay cuentos portugueses, sino también gallegos y castellanos, y no sólo hay cuentos, como en los demás países, sino romances.

Entre las muchas narraciones populares que cuentan convites a difuntos, recogidas en Dinamarca, Alemania, Francia o Portugal, y mencionadas por Farinelli y Bolte (6), se destaca un grupo homogéneo formado por las de Gascuña y Portugal, a las que se le añaden otras posteriormente halladas en Galicia y Castilla. Gascuña forma así con España un área legendaria de cierta unidad. Cualquiera de estas narraciones puede servir de muestra; por ejemplo, la portuguesa, que se refiere a Villanova de Gaya: Uno halla junto a la iglesia de Santa Marinha una calavera y le da un puntapié,

---

(5) No da Bolte por muy seguro este su parecer, ya que, poco después de formularlo, termina así su estudio: «Am Schlusse dieser Betrachtungen müssen wir freilich bekennen, dass sie uns noch nicht zu einem festen, greifbaren Ergebnis über die vom spanischen Dichter benutzten Quellen geführt haben; allein die allgemeine Richtung, in der man diese suchen muss, ist veilleicht doch deutlicher als bisher hervorgetreten.»

(6) *Giornale storico*, XXVII, pág. 23 etc.; y *Zeit, für vergl. Litt.*, XIII, págs. 389-396.

invitándola a cenar; el difunto convidado a la cena va, e invita a su vez para el día siguiente; el escarnecedor ora y se provee de reliquias antes de ir a la fúnebre cita; en el cementerio le espera una fosa abierta; pero el difunto le dice que le salvan las oraciones; no obstante, el escarnecedor muere de espanto a los pocos días. Una narración semejante que oí yo en Sepúlveda (provincia de Segovia, septiembre de 1905) tenía un pormenor más que falta en el romance: el escarnecedor de la calavera le sirve la cena al difunto, y éste, a cada plato, decía: «esto para mí ya pasó»; a su vez, el vivo decía a cada manjar que le sirven en el cementerio: «esto para mí no llegó» (7).

Directa e íntimamente relacionado con este cuento hispano-gascón aparece un romance castellano, cuya primera versión recogida lo fue por mi hermano Juan en el pueblecito de Curueña, provincia de León, rayano con Asturias:

> Pa misa diba un galán,
> caminito de la iglesia;
> no diba por oír misa
> ni pa estar atento a ella,
> que diba por ver las damas
> las que van guapas y frescas.
> En el medio del camino
> encontró una calavera;
> mirándola muy mirada,
> y un gran puntapié le diera:
> arrengañaba los dientes
> como si ella se riera.

---

(7) Cuatro cuentos gallegos análogos pueden verse en Said Armesto, *Leyenda de Don Juan*, págs. 45-53. En el cuento segundo y tercero el joven se salva con reliquias, vestiduras sagradas y consejos del cura. En el primer cuento salva al joven una limosna dada al ir al convite, y en el cuarto, el haber bautizado a dos recién nacidos. Este último detalle es contaminación con otro cuento análogo de que nos da muestra la variante bretona titulada *Le pendu*, en que el protagonista se libra del convite del ahorcado gracias a la intervención de un niño a quien había hecho la caridad de apadrinar. El cuento chileno, publicado por Vicuña Cifuentes, *Romances de la tradición oral chilena*, pág. 116, presenta también esta intervención del niño, pero ya ininteligible, y mezclada con la intervención del cura.

—Calavera, yo te brindo
esta noche a la mi fiesta.
—No hagas burla, caballero;
mi palabra doy por prenda.

El galán, todo aturdido,
para casa se volviera;
todo el día anduvo triste,
hasta que la noche llega.
De que la noche llegó,
mandó disponer la cena.
Aun no comiera un bocado,
cuando pican a la puerta;
manda un paje de los suyos
que saliese a ver quién era.
—Dile, criado, a tu amo
que si del dicho se acuerda.
—Díle que sí, mi criado,
que entre pa'cá norabuena.

Pusiérale silla de oro,
su cuerpo sentara en ella;
pone de muchas comidas
y de ninguna comiera.
—No vengo por verte a ti,
ni por comer de tu cena;
vengo a que vayas conmigo
a media noche a la iglesia.

A las doce de la noche
cantan los gallos a fuera,
a las doce de la noche
van camino de la iglesia.

En la iglesia hay en el medio
una sepultura abierta.
—Entra, entra, el caballero,
entra sin recelo 'n ella;
dormirás aquí conmigo,
comerás de la mi cena.
—Yo aquí no me meteré,
no me ha dado Dios licencia.
—Si no fuera porque hay Dios,
y el nombre de Dios apelas,
y por ese relicario
que sobre tu pecho cuelga,
aquí habías de entrar vivo,
quisieras o no quisieras.
Vuélvete para tu casa,
villano y de mala tierra;
yotravez que encuentres otra,
hácele la reverencia,
y rézale un pater noster

y échala pa la huesera;
así querrás que a ti te hagan
cuando vayas de esta tierra (8).

De este curioso romance se conocen cinco versiones impresas; yo tengo, además, nueve inéditas. Una de estas catorce variantes es del centro de Asturias, nueve son del noroeste de León, dos del oeste de Zamora y otra de Orense. Como se ve, todas se localizan en una zona, al occidente del antiguo reino leonés. Desligada de este grupo, sólo apareció una versión en Chile, en la provincia de Aconcagua (9), y es tan igual a las leonesas en contenido y en lenguaje que debió, sin duda, ser llevada allá directamente por un emigrante leonés o asturiano. Por lo demás, todas estas versiones, tan unidas en su repartición geográfica, están también muy próximas en cuanto a su texto, no valiendo la pena para nuestro objeto el notar sus diferencias. Alguna diversidad que pudiera notarse halla su correspondencia en los cuentos; así, en dos versiones leonesas (una de ellas la de Curueña, arriba estampada), en vez de ser el convite «yo te brindo a la mi cena», como en la generalidad, es «a la mi fiesta», y qué fiesta puede ser ésa nos lo dice un cuento de Algarbe, donde un rapaz que quiere celebrar con mucha gente su cumpleaños, al volver de hacer las invitaciones halla junto al cementerio un amigo; después de invitarlo a la fiesta, ve junto a la pared un esqueleto aún no del todo descarnado, y burlando le dice: «Si quieres venir también al banquete de mi cumpleaños...» «Allá iré», responde el esqueleto (10).

---

(8) Publicado por primera vez en la *Antología de líricos*, de Menéndez Pelayo, X, 1900; pero E. Cotarelo, en su *Tirso de Molina*, Madrid, 1893, pág. 117 n., anticipó un resumen en prosa de dicho romance.
(9) Esta variante chilena fue publicada por mí en *Cultura Española*, febrero de 1906, y repetida por don J. Vicuña Cifuentes en los *Romances populares recogidos de la tradición chilena*, Santiago, 1912, págs. 113-116, añadiendo la ya aludida variante del cuento del convite a la calavera recogido en Santiago de Chile.
(10) Th. Braga, *A lenda de Dom João* (en *Positivismo, Revista philosophica*, Porto, IV, pág. 339).

Por lo demás, es bien de notar que en el romance el que convida no es sólo un joven alocado, como en la generalidad de los cuentos (un burlón; uno que va a convidar gentes a su boda; uno que coge la calavera para asustar con ella, colocándole dentro una luz; un borracho, etc.), sino un galán que va a la iglesia, irreverentemente, para ver a las damas «guapas y frescas», lo cual nos recuerda en seguida el tipo de don Juan Tenorio (11). En tres versiones leonesas la calavera, cuando contesta al insolente convite, da al galán otro aspecto tenoriesco, llamándole «mozo (o majo) alabancioso».

Y fácil es observar que el romance tiene en otros puntos analogías mucho más estrechas con *El burlador de Sevilla* que las que tiene la leyenda de Leoncio en que se fija Bolte. Todo lo que la leyenda de Leoncio pudiera explicar del drama, salvo el final trágico, que tal naturalmente se podía ocurrir a un poeta dramático, lo explicaría mejor el romance, con la especialísima ventaja de contener el segundo convite hecho por el difunto al vivo, complemento esencial en la tradición y que falta en la leyenda de Leoncio. En el romance, como en el drama, este segundo convite se celebra ante una sepultura, en la cual el muerto quiere meter al vivo («aquí te voy a enterrar, para condenar tu ofensa», dice la versión asturiana).

Mas con todo esto, el romance, lo mismo que la leyenda de Leoncio y los cuentos mencionados hasta ahora, difieren de *El burlador* en un rasgo que, aunque no esencial, es de importancia: el convite se hace a una calavera y no a una estatua sepulcral. Bolte su-

---

(11) Ya hubo de reparar en esto Farinelli, pues comienza así el resumen del romance: «un libertino (perchè proprio un libertino?) trova, camin facendo, una testa di morto». Farinelli conocía el romance sólo por el resumen en prosa que de él anticipó Cotarelo. La palabra *libertino* es demasiado para traducir *galán*.

pone que Tirso había sustituido la calavera por la estatua del Comendador, copiando este poderoso recurso teatral de una escena semejante de la comedia de Lope *Dineros son calidad*.

Pero esta suposición sólo sería aceptable desconociendo en absoluto formas de la leyenda que en vez del convite a la calavera cuenten el convite a una estatua; y estas formas existen, aunque hasta ahora sean muy raras.

El mismo Bolte recuerda dos anécdotas clásicas de estatuas que vengan ultrajes: una que refieren Aristóteles y Plutarco de la estatua de Mitys de Argos, que durante una fiesta pública cae, matando al asesino de Mitys; y la que cuenta Dion Crisóstomo de un enemigo de Theagenes de Thasos que, muerto éste, azota a su estatua, pero ella salta del pedestal y mata a golpes al insolente. Desconozco si tiene algún arraigo tradicional la leyenda de Becquer titulada *El beso*, recordada por Farinelli: un capitán, enamorado de una estatua orante de una mujer, injuria la del marido, que está al lado, arrojándole una copa de vino a la cara; pero al acercarse a dar un beso a la mujer, el marido alza la mano y derriba de un bofetón a su ofensor. Añádase, en fin, la narración medieval del que coloca su anillo en el dedo de una estatua de Venus (o de la Virgen); la estatua dobla el dedo, negándose a devolver la prenda, y luego se interpone entre el dueño de ésta y su esposa, exigiendo la fe prometida con el anillo (12).

Las analogías con el *Don Juan* son mayores en la comedia de Lope *Dineros son calidad;* aquí Octavio

---

(12) A. Graf, *Roma nella memoria e nelle immaginazioni del Medio Evo*, 1883, II, págs. 388-402. Hay formas de esta leyenda bien conocidas en la literatura, por ejemplo: «De celui qui espousa l'ymage de pierre.» Méon, *Nouveau recueil de Fabliaux*, París, 1823, pág. 293.—«Dit du Varlet qui se maria à Nostre Dame.» Barbazan et Méon, *Fabliaux*, París, 1808, II.—*Cantigas de Santa María*, de don Alfonso el Sabio, Madrid, 1889, I, pág. xxv.—Prosper Mérimée, *La Vénus d'Ille*.—También la ópera cómica, libreto de Mélesville, música de Hérold, titulada *Zampa ou la Fiancée de Marbre*, estrenada en París el 3 de mayo de 1831.

acuchilla y reta a la estatua del rey Enrique, la cual acude al desafío, y probando el valor de Octavio, le restituye un tesoro que el rey en vida le tenía confiscado.

Pero el convite, esencial en el elemento fantástico del *Don Juan,* no aparece en ninguno de estos casos (13). Y, sin embargo, es tradicional. Existe, aunque no es conocida por los que tratan de los orígenes del *Don Juan,* una tradición popular de la estatua convidada. La hallé en forma poética, en un romance popular que oí en septiembre de 1905 en Riaza (provincia de Segovia). Helo aquí:

> Un día muy señalado
> fue un caballero a la iglesia,
> y se vino a arrodillar
> junto a un difunto de piedra.
> Tirándole de la barba,
> estas palabras dijera:
> —¡Oh buen viejo venerable,
> quién algún día os dijera
> que con estas mismas manos (14)
> tentara a tu barba mengua!
> Para la noche que viene
> yo te convido a una cena.
> Pero me dirás que no,
> que la barriga está llena (15);
> la tienes angosta y larga,
> no te cabe nada en ella.
> Va el caballero a su casa,
> sin que nada discurriera
> de lo que pudo ocurrir

---

(13) Ni convite, ni estatua siquiera, aparece en otro caso de lucha de un difunto con su matador, algo análogo al de don Juan, que cuenta Céspedes y Meneses, *Soldado Píndaro* (y dos comedias, v. *Obras de Lope,* XII, pág. LXXXVIII). En *La constante cordobesa,* del mismo autor, un difunto levanta la losa de su sepulcro, hollada irreverentemente por el galán que persigue la inocencia de la hija del muerto.

(14) Restitución conjetural; los varios recitadores a quienes oí este romance, decían: «que en estas divinas manos», o «que con mis divinas manos».

(15) Restitución arbitraria; los recitadores decían: «que la barriga refiera», «que la barriga refriega», «que la barriga os refriega».

con aquella grande ofensa (16).
A eso del anochecer,
llama el difunto a la puerta.
Pregunta: —¿Quién es quien llama?
—Quien algo se le ofreciera;
anda, paje, y dile a tu amo,
dile que si no se acuerda
del convidado que tiene
para esta noche a la cena.
Se lo dicen al señor
y al momento se le hiela
la sangre del corazón,
palpitea cedo y tiembla.
—¡Anda, pues, dile que suba,
que suba muy norabuena! (17).
Le alumbraron con dos hachas,
al subir de la escalera,
le arrastraron una silla
para que se siente en ella.
—Cena, si quieres cenar,
que ya está la cena puesta.
—Yo no vengo por cenar;
vengo por ver cómo cenas;
vengo por ver si cumplías
la palabra que tiés puesta.
Para la noche que viene
yo te convido a otra cena.
Él, con su grande cuidado,
al'manecer se dispierta.
Ha montado en su caballo
y a San Francisco se fuera;
ha estado con el guardián
y en confesión se lo cuenta;
le ha dado un escapulario
que sirva pa su defensa.
A eso del anochecer,
fue el caballero a la iglesia;
viera pala y azadón
y una sepultura abierta.
Entre las ocho y las nueve,
salía el difunto fuera.

---

(16) Este verso y el anterior lo decía sólo una recitadora, que en otros pormenores mostraba inventiva propia.
(17) En lugar de este verso y de los dos anteriores decía la recitadora, que mostraba inventiva particular en otros pasajes: «Se lo dicen al señor, y él desmayado se queda; ha mandado preparar candelabros que allí hubiera.»

—Caballero, entra a cenar,
que ya está la cena puesta;
cena de muchos manjares,
a mi gusto bien dispuesta.
....
....
Agradece que has comido
pan de beatos sustento (18),
que si no, habías de entrar,
aunque fuera a pesar vuestro (19),
para que otra vez no hagas
burla de los que están muertos.
Rezarlos y encomendarlos
y rogar a Dios por ellos;
esto se debe de hacer,
y te sirve de escarmiento.

Don Narciso Alonso Cortés me comunicó otra versión de este mismo romance recogida por él en Revilla Vallejera (Burgos) (20). He aquí sus versos interesantes:

En la corte de Madrid
va un caballero a la iglesia;
mas por ver a su dama
que no por ver las completas.
Se ha arrimado allí a un difunto
que está fundado de piedra;
cógele barba y cabello,
le dice de esta manera:
—¿Te acuerdas, gran capitán,
cuando estabas en la guerra
fundando nuevas batallas
y banderillas de guerra?
¡Y ahora te ves aquí
en este bulto de piedra!
Yo te convido esta noche
a cenar a la mi mesa...

Cuando el difunto asiste a la cita, se da a sí mismo el nombre de la comedia, sin duda tradicional en Cas-

---

(18) Corrección en vez de «pan de beate sustento», o «pan de beata el sustento», como decían los recitadores.
(19) La recitadora que inventaba decía «en este triste aposento».
(20) La publiqué íntegra en *Cultura Española*, agosto de 1906, y después la incluyó el señor Alonso Cortés en sus *Romances populares de Castilla*, 1906, pág. 35.

tilla, pues también lo oí en un cuento de Sepúlveda, que luego mencionaré:

> —Criadillo, dile a tu amo
> que el convidado de piedra,
> que convidó en San Francisco,
> viene a cumplir la promesa.

El final no cambia de asonancia como en las versiones de Riaza:

> Vio dos luces encendidas
> y una sepultura abierta.
> —Arrímate, caballero,
> arrímate acá, no temas.
> Tengo licencia de Dios
> de hacer de ti lo que quiera.
> Si no es por el relicario
> que te traes en tu defensa,
> la tajada que quedara
> había de ser la oreja (21),
> porque otra vez no te burles
> de los santos (22) de la iglesia.

Este romance, que sólo conocemos en versiones de Riaza y Revilla, tiene el mismo asonante que el más divulgado de *El galán y la calavera*. Además, ambos tienen versos muy parecidos: *Dile que si no se acuerda*, en el romance de *El galán* es: Que si del dicho se acuerda; —*Que suba muy norabuena:* Que entre pacá norabuena; —*Yo no vengo por cenar:* No vengo por verte a ti, ni por comer de tu cena; —*Y una sepultura abierta:* Una sepultura abierta. Y así otros varios que existen en las versiones no publicadas. Hay, pues, evidente parentesco entre ambos romances.

En vista de estas versiones de Riaza y Revilla, únicas que me son conocidas del romance de *El convidado*

---

(21) Expresión muy común en el siglo XVII. Lope de Vega pondera el ensañamiento del pueblo de Fuenteovejuna con el cadáver del comendador:

> «que las mayores tajadas
> las orejas a ser vienen».

(22) El pueblo llama *santo* a cualquier imagen pintada o esculpida, aunque no sea de un santo.

de piedra, creo muy difícil decidir si él es el más antiguo o lo es el de la *Calavera.* Se trata, por último, de un mismo romance que vive en forma algo diversa en dos regiones diferentes de España. Todas las versiones de *El galán y la calavera* hemos visto que pertenecen al oeste del antiguo reino de León; ahora hallamos que las versiones de *El convidado de piedra* pertenecen a dos provincias contiguas de Castilla. Y dado el papel preponderante de Castilla en la vida del romancero, parece muy probable que el romance castellano, en su forma especialmente castellana de *El convidado de piedra,* sea originario, mientras que el leonés, el de *El galán y la calavera,* representará una contaminación del mismo con el cuento de la calavera convidada, tan esparcido por Europa y muy arraigado también en Galicia y otras partes de España.

Pero aunque sea éste el más antiguo y aquél el influido, se puede afirmar que los dos responden a tradiciones diversas, existentes también en forma de cuento. El convite a una estatua lo oí referir en Sepúlveda. En este pueblo, distante unas cuatro horas de Riaza, es desconocido el romance del convite al «difunto de piedra»; pero oí contar un caso semejante, si bien en forma embrionaria:

Pasando unos arrieros por una iglesia, dijeron a un santo de piedra: «Hola, amigo; te convidamos a cenar con nosotros en la posada; no nos hagas desprecio, que te esperamos.» Se pusieron a cenar, olvidados de la ocurrencia; pero a media cena se les presentó el convidado: «Aquí tenéis al convidado de piedra.» Y les costó la vida. El narrador no recordaba pormenores, y un oyente añadía que este caso había ocurrido con el Santiago de bulto que hay en Sepúlveda sobre la puerta de la iglesia de igual nombre.

Más desenvuelta aparece la historia en un cuento portugués: «A estatua que come» (23), donde un pobre

---

(23) Th. Braga, *Contos tradicionaes do povo portuguez,* 1883, I, pág. 204.

hombre, burlándose de una estatua que tiene la boca abierta, la convida a comer; cuando la estatua acude al convite, el pobre no tiene nada que darle, y ella le aplaza hasta que se enriquezca; pero entonces ella le convida a su vez, y cayéndole encima le mata.

A esta clase de tradiciones responde, pues, el romance de Riaza, que ya tantas semejanzas ofrece con *El burlador*. Tantas presenta, que pudiera dudarse, dado que el romance no es sin duda de los viejos (24), si será posterior a la comedia e influido por ella. Pero esta última suposición me parece absolutamente rechazable. A haber influido la comedia, no era posible que sus pormenores más salientes no hubieran dejado rastro en el romance; el popularísimo nombre de don Juan; el que éste convide a la estatua de su víctima, burlándose del epitafio que lee debajo:

> Aquí aguarda del Señor
> el más leal caballero
> la venganza de un traidor;

la serenidad de don Juan al abrir la puerta al Comendador, que se le presenta en estatua:

> —Soy el caballero honrado
> que a cenar has convidado.
> —Cena habrá para los dos;

y, en fin, todo el desenlace, con la muerte de don Juan en el terrible apretón de manos de su convidado, y la consagrada exclamación:

> —¡Que me quemo, que me abraso! (25).

---

(24) Said Armesto sospecha que el romance de *El galán y la calavera* pudo andar impreso en algún pliego gótico, y da por cierto que Tirso, de cualquier modo, lo conoció (*La leyenda de Don Juan*, págs. 58-70, etc.). Claro es que el romance en cuestión no tiene trazas de haber andado nunca en pliego gótico, ni es la fuente de Tirso.

(25) Lope de Vega pone también en la escena del rey don Pedro con la Sombra del clérigo difunto, en el *Infanzón de Illescas*: «¡Que me abraso, que me quemo!»; y en la escena de Octavio con la Estatua del rey Enrique, en *Dineros son calidad*: «¡Que me abra-

Estos pormenores están, naturalmente, representados en un romance hecho sobre la comedia, y titulado *El burlador de Sevilla y convidado de piedra* (26).

> Y pasando disfrazado
> una noche temerosa,
> por el templo donde estaba
> la bóveda suntuosa
> que el cadáver ocultaba
> de don Gonzalo de Ulloa,
> reparó que en el padrón
> de piedra estaba su copia,
> y en la lápida un letrero
> que decía la traidora
> muerte que le dio un villano
> al hombre de mayor honra,
> y que aguardaba que Dios
> tomase tan lastimosa
> muerte a su cargo, vengando
> agravios con que provoca.
> ....
> —Yo soy aquel caballero
> que con acción valerosa
> convidasteis a cenar,
> respondió la triste forma.
> Dice Tenorio: —Pues vamos,
> que nada me desazona,
> pues para todos habrá.

De un romance vulgar, por estilo de éste, se hubiera derivado el popular en Riaza y en Revilla, a proceder de la comedia (27).

---

sas, suelta, suelta!» Véase Menéndez Pelayo, *Obras de Lope de Vega,* IX, pág. CLIX.

(26) El ejemplar que tengo carece de pie de imprenta; probablemente será: Córdoba. Imprenta de D. Rafael García Rodríguez, calle de la Librería. Principios de siglo XIX.—Cuando verdaderamente existe la influencia de los dramas donjuanescos sobre el folklore, es muy fácil de reconocer; tal sucede en los cuentos populares que se citan en Florencia y Roma, donde se cuenta la condenación del llamado Don Giovanni.

(27) El romance popular tampoco revela la menor influencia de la ya citada comedia *Dineros son calidad,* aunque en ésta las escenas de la Estatua están asonantadas en *-e-a,* como el romance (Bibl. Aut. Esp., t. XLI, págs. 71 y 72):

> Porque otra vez a los bultos
> soberanos no te atrevas...

Pero aunque el romance popular de *El convidado* prueba desconocer la comedia, tiene, sin embargo, otro curioso pormenor común con ella: el insolente ultraje a la estatua mesándole las barbas:

Don Juan.   ¿De mí os habéis de vengar,
            buen viejo, barbas de piedra?
Catalinón. ¡No se las podrás pelar,
            que en barbas muy fuerte medra!

También parece que el romance supone, como la comedia, cierta relación en vida entre el escarnecedor y el difunto, a juzgar por las palabras *quien, algún día, os dijera...*, o bien: *¿Te acuerdas, gran capitán...?*

El romance de Riaza y de Revilla es, pues, preciosa muestra de una tradición española de *El convidado de piedra*. Digo española sin pensar en su origen remoto; que éste sólo como pura hipótesis se puede conjeturar en la mayoría de los temas tradicionales, y ni aun una hipótesis es permitida tratándose de formas tan escasamente documentadas como la que ahora estudiamos (28).

Es de esperar que aparezcan en España y fuera otras formas de este tema, hoy tan escasamente documentado.

Se quiere hallar una tradición extremeña de un Almaraz, que hacia el siglo xv fue llamado en Plasencia *el Convidado de Piedra;* y como el autor de *El burlador* residió en Extremadura, se conjeturó razonable-

---

Sácame de estos rigores,
redímeme de estas penas.
—¿Tales son? —Dame esa mano
porque compasión me tengas.
—¡Ay, ay! ¡Válgame Dios, ay!
¡Que me abrasas: suelta, suelta!

(28) A pesar de la suficiente vaguedad de expresión, no se puede decir con Farinelli de la leyenda de *El burlador:* «Che penetrata in Ispagna probabilmente dal Settentrione, come quella di *Roberto,* vi si trasformò man mano nei racconti orali, v'assunse, anche per influenza del clero, forma particolare, certo quale colorito spagnuolo che fece poi suporre da tutti erroneamente esser essa originaria dalla Spagna, anzi di Siviglia».—(Said Armesto razona en su libro insistentemente contra esta afirmación de Farinelli.)

mente que allí pudo el poeta recoger parte del asunto de la comedia (29).

Tal dato, a ser cierto, sería de grande importancia, por suponer una forma relativamente antigua de la leyenda de *El convidado*. Pero se funda únicamente en una ligereza cometida por el autor del *Aparato para la historia de Extremadura*, V. Barrantes. Hojeando éste la obra de Alejandro Matías Gil, titulada *Las siete centurias de la ciudad de Alfonso VIII* (Plasencia, 1877), tropezó con un pasaje en que hablando de la varonil hazaña de doña María de Monroy *la Brava*, que vivía a principios del siglo xv, dice (pág. 99): «Todavía cuando en nuestros juveniles años residíamos en Salamanca oíamos reminiscencias del hecho consumado por esta placentina, hija de Isabel de Almaraz y nieta de nuestro *Convidado de piedra*.» Nada más necesitó Vicente Barrantes para creer hallar aquí una curiosidad notable y señalarla en su *Aparato para la historia de Extremadura* (III, 45) con estas palabras: «Las indicaciones del señor Gil sobre las cortes de amor en los siglos xv y xvi, y sobre un fulano de Almaraz, abuelo de doña María *la Brava*, a quien llamaron en Plasencia, por el mismo tiempo, *Convidado de piedra*, quizá encierren un tesoro de noticias interesantísimo para la historia del teatro español.» Y esta observación fue aprovechada por los que trataron de *El burlador*.

Pero todo es inexacto; este *Convidado de piedra* nunca fue llamado así en Plasencia «por el mismo tiempo» de las cortes de amor de los siglos xv y xvi. Barrantes no se tomó la molestia de buscar en el mismo libro de Matías Gil quién era ese fulano de Almaraz; si lo hubiera buscado habría hallado que después de contar la historia que sirve de argumento a la comedia de *Los Vandos de Plasencia o Monroyes y Almaraces*, hablando Matías Gil del sepulcro del matador de Fer-

---

(29) E. Cotarelo y Mori, *Tirso de Molina,* Madrid, 1893, páginas 115-117 n. Farinelli se limita a citar a Cotarelo, como ya había hecho Menéndez Pelayo en sus *Estudios de crítica literaria,* 2.ª serie, 1895, pág. 189.

nán Pérez de Monroy, don Diego Gómez de Almaraz, que estaba en la parroquia de San Juan en Plasencia, dice: «El hundimiento de la parroquia, hace pocos años, vino a despertar al señor de Belvis, Almaraz y Deleitosa, de cuya estatua hecha pedazos hemos visto algunos trozos en el taller de un ebanista. *El convidado de piedra,* como los muchachos le llamábamos, fue turbado en su helado reposo antes que su víctima, que permanece inalterable en el sitio en que fue colocada.»

He aquí cómo una broma de unos chicuelos de Plasencia llevaba trazas de incorporarse, cual dato cronológico interesante, en el estudio de los orígenes del don Juan (30).

En conclusión: *El burlador,* como tantos otros grandes caracteres literarios, se desarrolló de un germen tradicional fecundado por la inventiva del poeta que se lo apropió.

Ese origen tradicional de *El burlador* no hay que buscarlo en la leyenda de Leoncio, que difiere del drama español más que el romance del *Convite a la calavera* y otros cuentos de igual tipo. Tampoco hay que buscarlo en este romance o en estos cuentos, sino en el otro romance de la *Estatua convidada* o en los cuentos análogos.

La verdadera fuente próxima de *El burlador* pudo ser una leyenda referente a Sevilla, que fijase ya los nombres de don Juan Tenorio y del comendador don Gonzalo de Ulloa. No sería difícil que apareciesen rastros de esta leyenda en la tradición andaluza debidamente explorada, o en algún archivo olvidado. Pero también Tirso pudo servirse de una vaga tradición oral, representada, sea por el romance castellano, sea por un cuento semejante, a la cual el poeta revistiese de

---

(30) Todavía Said Armesto en su libro *La leyenda de Don Juan,* 1908, pág. 209, pretende vanamente mantener algún interés en la noticia de Barrantes.

circunstancias concretas de lugar y de tiempo, como hizo en el caso de *El condenado por desconfiado*.

A este germen tradicional, cualquiera que fuese, pertenecen sobre todo las escenas finales de *El convidado de piedra;* pero la leyenda hubo de ser notablemente ensanchada por Tirso (también como en el caso de *El condenado*) con los episodios que forman el tipo del burlador de mujeres; este tipo, si apuntaba ya en el germen tradicional, sería de un modo embrionario, como se ve, por ejemplo, en algunas variantes del romance popular.

LAS LEYENDAS MORISCAS
EN SU RELACIÓN CON LAS CRISTIANAS

Publicóse este estudio por primera vez en los *Studies in honor of A. Marshail Elliott*. Baltimore, 1911, t. II, págs. 257-266

Lo que la literatura religiosa musulmana debe a la Biblia y al judaísmo ha sido ya bastante estudiado; no así lo que debe a las narraciones ascéticas cristianas (1). No sé que se haya señalado, por ejemplo, la relación que existe entre los relatos que entraron a formar la antigua y famosa colección llamada *Vitae Patrum*, o Historia eremítica de los monjes de Oriente, y la literatura musulmana; y, sin embargo, la relación es íntima, a juzgar por algunas muestras que aduciré aquí, sacadas de las leyendas moriscas, última y tardía manifestación de la literatura arábiga en España.

Los que han tratado de las leyendas moriscas, sea con propósitos bibliográficos, sea literarios, mencionan los tres relatos que aquí voy a analizar, y no les señalan fuente alguna; mas, como veremos, la tienen en las ya citadas *Vitae Patrum*. Pero es que tan olvidado está este libro entre los eruditos arabistas, que a pesar de estar hecha la edición del mismo por el jesuita Rosweyde, otro jesuita, el P. L. Cheïkho, mencionando el cuento de *Jesús y la calavera* (tomado del *Sirach almoluc*), no le señala fuente alguna (2).

---

(1) G. Weil, *Biblische Legenden der Muselmäner*, Frankfurt a. M., 1845; M. Lidzbarski, *De Propheticis, quæ dicuntur, legendis arabicis*, Lipsiæ, 1893; E. Sayous, *Jésus-Christ d'après Mahomet*, Leipzig, 1880; A. Geiger, *Was hat Mohommed aus dem Judenthume aufgenommen?*, Bon, 1833, etc.—M. Asín, en la *Revue de l'Orient Crétien*, 1908, pág. 67, publicando una dudosa abreviación árabe de la vida de Santa Marina, indica el hecho de que Abu Bequer el Tortosí, en su *Sirach almoluc*, aduce muchos ejemplos cristianos de ascetismo.

(2) P. L. Cheïkho, *Quelques légendes islamiques apocryphes*, en *Mélanges de la Faculté Orientale*, Beyrouth, Syrie, t. IV, 1910, página 44.

1.º *Recontamiento de Jesús con la calavera.* Pasando Jesús por un valle, vio blanquear una calavera y pensó: «¡Si quisiera Alah que esta calavera me hablase!» Alah le dijo: «¡Oh Jesús!, pregúntale, y te responderá con el poder del que resucita los huesos después de deshechos.» Entonces Jesús hizo abluciones y oración, y la calavera empezó a hablar con lengua clara. Jesús le pregunta dónde están su hermosura, su carne, sus huesos y su alma; y ella responde que su cuerpo lo comió la tierra, y su alma está en el castigo de Alah. Jesús le pregunta de qué gente es: ella responde: «Yo era del pueblo que se airó Alah contra él», y luego refiere el castigo de ese pueblo y el fin de su propia vida, el espanto que le produjo Azrayel, el ángel de la muerte, las visiones terribles que le acosan en la sepultura, y los diversos castigos que vio en cada una de las siete puertas del infierno. Por ruego de Jesús, aquella calavera vuelve al mundo, para vivir doce años en servicio de Alah, y morir luego como creyente (3).

Este relato, aplicado a Jesús, aparece contado en muchos autores árabes (4). Tiene indudablemente un origen cristiano, pero entre los cristianos no se aplicó a Jesús, sino al monje San Macario, cuya vida se contaba con un proemio llena de visiones infernales, muy en armonía con el episodio de la calavera, y de quien se dijo que, acostumbrado a orar por los muertos, re-

---

(3) *Leyendas moriscas sacadas de varios manuscritos,* por F. Guillén Robles, I, Madrid, 1885, pág. 161.

(4) He aquí unos cuantos: CA = *Códice árabe* n.º 27, acéfalo y anónimo (de la Biblioteca de la Junta para Ampliación de Estudios, de Madrid), fol. 136 v.—It-8 = *Ithaf assada almotaquin,* de Said Mortada (autor Yemenita, siglo XVIII de J. C.), edic. Cairo, 1311 de la hégira, x, 264, 8 inf.—It-13 = *Ithaf,* ya citado, x, 264, 13 inf.—M = *Mocaxafa alcolub,* de Algazel, edic. Bulac, 1300 de la hégira, 109, 4.—Ih = *Ihia olun addín,* de Algacel, edic. Cairo, 1312 hégira, IV, 334.—S-18 = *Sirach almoluc,* de Abubéquer el Tortuxí (natural de Tortosa, escribió su libro en Fostat, año 1122 de J. C.), edic. Cairo, 1289 de la hégira, 18, 5 inf.—S-19 = *Sirach almoluc,* ya citado, 19, 3 inf.—Véase sobre todos ellos otra nota siguiente.—El ya citado G. Weil, *Bibl. Leg. der Muselm.,* pág. 286, da también una versión de esta leyenda.

cibió oportuna revelación de los misterios del otro mundo. Léese en las Vidas de los Padres, no en la vida extensa de San Macario, sino en relatos sueltos a él concernientes, que andando un día el abad por el desierto halló una calavera en tierra, y dándole vuelta con su báculo sintió que de ella salía voz. Entonces el anciano le preguntó quién era, y la calavera respondió: «Yo era de los sacerdotes idólatras que habitaban este lugar; tú eres el abad Macario, lleno de espíritu divino.» Y luego le dice que cada vez que ora por los condenados, éstos experimentan algún consuelo: hundidos en el fuego, tan hondos cuanto dista el cielo de la tierra, ninguno puede ver al otro, pero cuando se ora por ellos, se ven algo, y esta horrible vista les consuela. El viejo le pregunta si hay allá mayor pena, y la calavera responde: «Nosotros, que no conocimos a Dios, aún probamos un poquito de misericordia; pero, mucho más abajo que nosotros, son atormentados con penas más graves e inefables los que, conociendo a Dios, le negaron» (5).

Como vemos, el relato es fundamentalmente igual en su forma cristiana que en su forma musulmana: un santo asceta tropieza con una calavera, y por ella es informado de las penas del otro mundo. El desarrollo de este tema cambia algo en las variantes cristianas y mucho en las musulmanas, llegando en alguna de éstas hasta a perder su carácter primitivo de revelación de penas infernales. Pero todas las relaciones musulmanas están conformes en referir a Jesús este relato, y téngase en cuenta que ellas remontan a los mismos tiempos de Mahoma (6). Ahora bien, la literatura árabe contiene

---

(5) *Vitae Patrum*, ed. H. Rosweyde, Lugduni, 1617 (págs. 401 *b*, 408 *b*, 499 *a*, 503 *b*), III, 172.º, y VI, 3.º, 16.º, con sendas variantes en nota. La versión castellana que se da en el *Libro de los Enxemplos*, 392.º, es abreviada, suprimiendo el escandaloso pasaje del alivio de pena de los condenados, y estableciendo entre éstos tres grados de profundidad en el fuego eterno: paganos, judíos y cristianos.

(6) La variante *It-8* cita como autoridad a Kab al-Akhbâr; éste era un judío amigo de Mahoma; fue quien enseñó a los musulmanes la mayoría de las leyendas judaicas, y su nombre aparece a

multitud de pasajes referentes a Cristo, en muchos de los cuales se refleja una tradición cristiana antigua y respetable (7); pero la manifiesta desviación de un relato que, siendo propio del famoso monje San Macario, pasa a ser aplicado a Cristo, nos indica cuánto en esta tradición mesiánica árabe puede haber de allegadizo, que los primeros musulmanes oirían a los cristianos del Oriente referir de cualquier santo (8).

---

cada paso como autoridad en los relatos bíblicos y cristianos del Islam. Las variantes *S-18* y *S-19* se dicen proceder del libro de Wahb ben Munabbih, titulado *Tradiciones israelíticas*. Wahb era otro judío convertido al islamismo (nació el año 34 de la hégira), también gran tradicionista, que se gloriaba de haber leído más de setenta libros sagrados. Los árabes, desde los comienzos del islamismo (y ya desde antes), trataban con los cristianos y los judíos, y leían los libros de unos y de otros. Véase el citado Lidzbarski, pág. 28.

(7) Los relatos de Jesús y la calavera, atendiendo al origen cristiano que les he señalado, deben clasificarse en dos grupos.—Grupo 1.º, formado por la leyenda *Morisca*, *C A* e *It-8*. Son hermanos *Mor* y *C A*, que ofrecen el relato más fiel al original (calavera que revela misterios infernales), y, al mismo tiempo, el más amplificado con desarrollos puramente musulmanes. Aparte un *It-8*, que si bien es igual en su comienzo a los dos anteriores, marca una desviación del tema primitivo, dando toda la importancia a la descripción del momento de la muerte, y reduciendo la parte infernal al simple anuncio de la condenación del difunto.—Grupo 2.º, acentúa esta desviación iniciada en *It-8*, pues suprime toda la parte infernal y hasta omite la noticia de la condenación del muerto: está formado por el segundo relato del mismo *It-13*, copiado de *M* e *Ih*, y por los dos relatos de *S-18* y *S-19*. El triple relato *M*, *Ih*, *It-13* conserva aún un lazo de unión con el grupo 1.º, pues describe el momento de la muerte, mientras *S-18* y *19* omiten también esto, limitándose a que la calavera describa la caduca felicidad terrena de que gozó en vida, y enuncie algunas consideraciones morales. En las cinco redacciones del segundo grupo la calavera es de un rey.—Como ya hemos indicado, el relato *It-8* del grupo 1.º se dice proceder de Kab al-Akhbâr y el relato *S-18* y *S-19* del grupo 2.º procede de Wahb ben Munabbih (es decir, es algo posterior). La mayor semejanza del grupo 1.º con el cuento de San Macario apoya esta gradación cronológica de ambos grupos.—El eminente profesor de árabe de la Universidad de Madrid, M. Asín, a cuya erudición debo las citas de autores árabes que aquí hago, ha publicado después una admirable colección de *Logia et agrapha Domini Jesu apud moslemicos scriptores usitata* (en la *Patrologia Orientalis*, de Graffin y Nau, t. XIII, pág. 335). En las págs. 423-431 incluye los textos de todas estas narraciones referentes a Jesús y la calavera, clasificándolos de modo diferente, pues une *Ih* a *It-8* y *C A*, a lo que no puedo asentir. Ilustra doctamente las revelaciones de ultratumba que principalmente se hallan en *C A*.

(8) Y a veces también se aplicaron a Cristo temas de origen no cristiano. Por ejemplo, el cuento de Jesús y el tesoro (*Leyendas*

2.º *El ermitaño que se quema la mano.* Había un ermitaño tan puro en el servicio de Alah, que todos los días le iba a visitar el rey. A la puerta de su rábida llamó, una noche de gran frío y agua, una mujer que, perdida en el monte, pedía albergue. El ermitaño, compadecido, abrió, y ella pidió fuego para calentarse. Al encenderlo, el ermitaño vio a la mujer desnuda, hermosa como ninguna, y oyó que le decía: «No puedes pasar por otro punto, sino que te has de acostar conmigo, pues Alah es perdonador piadoso.» El ermitaño respondió: «¿No sabes que los fuegos del infierno son muy fuertes?... Aguárdate y pondré el dedo de mi mano en este fuego, y si lo puedo sufrir podré yo, y tú también podrás, sufrir los fuegos del infierno.» Y puso su dedo en la llama, y envió Alah un ángel que se lo quemó, y así se quemó otro dedo después, y toda la mano. La mujer, espantada del sufrimiento del ermitaño, dio un grito y cayó muerta. El ermitaño vendó su mano y continuó humildemente en el servicio de Alah. Pero el demonio, tomando la figura de un viejo, acusó ante el rey al ermitaño de haber muerto a la mujer, por lo cual el rey mandó matar al acusado, tenaceándolo por todas las calles de la ciudad. Después, Alah resucitó a la mujer para que declarase la inocencia del ermitaño, y anunciase que gozaba ya del paraíso casado con cincuenta mil huríes, una de las cuales era la mujer tentadora (9).

Una variante de este cuento era conocida ya del célebre Algazel (siglo XI), quien la refiere brevemente: «Un ermitaño comenzó a hablar con una mujer, y llegó

---

moriscas, I, pág. 173), que aparece en el poeta persa Faridat Din Attar (referido también a Jesús), es igual al núm. 75.º del *Novellino* (texto Gualteruzzi, también referido a Cristo; v. D'Ancona, Romania, III, pág. 181, núm. 66.º y 95.º de la edición Sonzogno), igual al núm. 42.º de *Morlini,* y al cuento del *Perdonador,* de Chaucer.

(9) Publícase, en caracteres árabes, en los *Textos aljamiados,* de Gil, Ribera y Sánchez, Zaragoza, 1888, pág. 46; tomado de un Sermonario musulmán. Transcríbese, en caracteres latinos, por P. Meneu, en *Ayer y Hoy,* revista de Castellón, mayo de 1903, pág. 205.

a ponerle una mano sobre el muslo; luego, arrepentido, colocó la mano sobre el fuego hasta que la carbonizó» (10), y añade Algazel que Elahnaf ben Cais no dejaba nunca de tener cerca la lámpara por la noche, y poniendo sobre ella su dedo, decía a su alma: «¿Qué te ha movido a hacer hoy tal y tal cosa mala?» (11). Aún hace Algazel sobre este tema otras consideraciones, ponderando lo terrible del fuego del infierno. Según el profeta, el menor castigo de un condenado será llevar sandalias de fuego que le consumirán hasta el cerebro; y añade Algazel: «Si dudases del rigor del castigo infernal, acerca tu dedo al fuego, y juzga por este dolor lo que será aquél..., y piensa que si los condenados encontrasen el fuego de este mundo, ¡con qué gusto se arrojarían a él para librarse del fuego en que se hallan!» (12).

Es notable que en el presente relato del ermitaño que se quema los dedos, la versión árabe primitiva (que me comunica el profesor Asín) declara su origen cristiano. Hállase en un manuscrito acéfalo del Museo Jalduní de Túnez (13), que contiene biografías de literatos y juristas musulmanes de Córdoba, obra probablemente escrita por el cadí Iyad, de Ceuta (1083-1149). En la biografía de Abuabdála ben Abib El Moafirí, dice que éste contaba lo siguiente, apoyándose en la autoridad de Máamar (ben Ráxid, tradicionista de los más

---

(10) *Ihía olun addín,* de Algazel, edic. Cairo, 1312 hégira, IV, 291, lín. 14.
(11) «Dime, ¿no será más caliente el fuego del infierno?», agrega Said Mortada (siglo XVIII), en su *Ithaf assada almotaquín,* edic. Cairo, 1311 hégira, X, 118, lín. 2 inf.
(12) *Ihía,* de Algazel, VI, 381, lín. 8.—Ben Hazam, en su *Libro del amor* (Bibl. Univ. Leyde, col. Warn., cód. 927, folio 128 v.), da una variante de nuestro cuento no referida a un ermitaño, sino a un joven hermoso, casto y devoto, que vivía en Córdoba. Al ser tentado por la mujer de un amigo suyo, puso su dedo sobre la llama de la lámpara; la mano se contrajo, y él exclamó: «¡Oh alma mía!, saborea esto; ¿y qué es esto en comparación del fuego infernal?» Y como la mujer insistiese, él vuelve a poner su dedo a la lámpara; la llama toma un brillo extraordinario y arranca de raíz el dedo.
(13) Sin número; regalo del señor Hasan Husny Abdul-Wahb; folio 10 v.

fidedignos, natural de Arabia, y muerto en el año 770 de Cristo): Estaban unos jóvenes conversando con una hermosa mujer; allí cerca vivía en su ermita un monje cristiano (14). «¿Qué os parecería —dijo la mujer— si yo sedujese a ese ermitaño?» Respondiéronle los jóvenes: «No lo podrás hacer.» Y ella les respondió: «Veréis cómo puedo.» Y perfumándose y poniéndose sus más hermosos vestidos, llegó de noche a la puerta de la ermita, llamando: «¡Oh siervo de Dios!, ábreme y acógeme, pues tengo miedo.» Y no cesó de llamar, hasta que el ermitaño bajó a abrirle. Cuando él subió, ella subió tras él, y despojándose de sus vestidos se le mostró desnuda. Él, viendo el peligro, reflexionó; y luego tendió su mano hacia la lámpara y puso sobre la llama el dedo meñique, que se quemó hasta desprenderse, sin que él sintiese dolor, a causa de la concupiscencia; puso después otro dedo, y otro, hasta que se quemó todos. Cuando la mujer vio aquello, sus entrañas se desgarraron, y murió. A la mañana siguiente vinieron los jóvenes, y encontrándola muerta al lado del ermitaño, dijeron a éste: «¡Oh enemigo de Dios! Nos has estado engañando a todos, y ahora has matado a esta mujer.» Lavaron y amortajaron el cadáver, y amarrando fuertemente al ermitaño, lleváronlo a degollar. Él les pidió que le soltasen tan sólo para hacer oración de dos inclinaciones. Soltáronle, y él, hecha la ablución previa, se inclinó dos veces, y alzando a Dios las manos, rogó; y he aquí que la mujer se removió, y levantándose, púsose de pie, y refirió a todos lo que había visto hacer al ermitaño. Dios le devolvió su alma, y ella construyó una ermita al lado de la del ermitaño, y juntamente con él se consagró a la vida devota.

---

(14) El autor usa las palabras árabes *saumoa,* «vivienda del monje cristiano», sea celda conventual o ermita aislada, y *râhib,* «monje» cristiano precisamente, y que vive aislado. Comp. Goldziher, *Vorlesungen über den Islam,* Heidelberg, Winter, 1910, páginas 9, 10, 145. Nada tiene de particular que el presente relato tome un tinte musulmán, cuando al final cuenta la ablución e inclinaciones con que ora el ermitaño.

He aquí ahora el relato original, tal como fue recogido en las *Vitae Patrum:* «Había en el Egipto inferior un solitario famosísimo. Una mujer deshonesta apostó con ciertos jóvenes que le haría abandonar su virtud, y fingiéndose perdida y llorosa, al oscurecer, llamó a la puerta del ermitaño. Éste, turbado, tuvo que dejar a la medrosa mujer entrar con él, y como sintiese luego su corazón estimulado por el demonio, se decía: «Los caminos del enemigo son tinieblas, el Hijo de Dios es luz», y encendió la lámpara. Pero el deseo le seguía inflamando y pensaba: «Los que tal hacen van a los tormentos; prueba tú si podrás resistir el fuego eterno.» Y metiendo un dedo en la llama de la lámpara, aunque se lo quemaba, no lo sentía con el gran ardor de la concupiscencia carnal; y así hasta el amanecer, se quemó todos los dedos. Ella al ver esto se quedó yerta de terror; y cuando, a la mañana, los jóvenes vinieron preguntando por ella al ermitaño, éste se la mostró, creyendo que dormía; pero al hallarla muerta, él les enseñó sus manos quemadas, y no queriendo devolver mal por mal, haciendo oración, la resucitó; y ella vivió castamente el resto de sus días» (15).

Observemos ahora que el relato morisco amplificó bastante el cristiano; lo mismo ocurrió con el relato de Jesús y la calavera, comparado al correspondiente de San Macario.

En las *Vitae Patrum*, el cuento del ermitaño que se quema la mano es una sencilla narración destinada a edificar el esfuerzo interior contra las tentaciones. El relato musulmán se convierte gradualmente en novelesco y maravilloso. Primero, la simple sospecha de homicidio, apuntada apenas contra el ermitaño de las *Vitae Patrum,* se convierte en una acusación formal, seguida de un intento de ajusticiar al acusador, según

---

(15) *Vitae Patrum*, v, 5.º, 37.º, edic. Rosweyde, pág. 440 *b*. Repítese en multitud de textos cristianos, por ejemplo, Herolt, *Sermones Discipuli*, Ser. 150, letra *O; Dodici conti morali d'anomino Senese,* sec. XIII, Bologna, 1862 (Scelta di curiosità letterarie), número 3; *Libro de los Enxemplos*, 184.º, 185.º (y tachado en 155.º).

el relato árabe primitivo, pero sin que en éste llegue a alterarse el desenlace. Después, en la leyenda morisca, los ángeles y los demonios intervienen materialmente, y además, la acusación va seguida de un injusto suplicio del ermitaño musulmán, y aun se añade una glorificación final del ajusticiado.

Al observar esto, al ver cómo la amplificación y el cambio de desenlace son caracteres de la evolución de este relato musulmán, lo mismo que hemos visto lo eran del cuento de Jesús y la calavera, creeremos que se trata de caracteres normales de la novelística árabe en su derivación de la cristiana. Por tanto, nos sentimos plenamente autorizados para afirmar que otra leyenda morisca de la apostasía y arrepentimiento de un santón se deriva asimismo de una leyenda cristiana, por más que, efecto de las amplificaciones y cambio de desenlace que tenemos por habituales, vino la morisca a resultar de un parecido a primera vista más lejano y dudoso respecto de la cristiana.

He aquí un análisis de ambas:

3.º *El santón que apostata por amor.* Ganim, viejo santón muy piadoso, emprendió con sus treinta discípulos la peregrinación a la Meca. Pasando los viajeros por el monasterio de la Sed, se refugiaron en él para guarecerse del calor del sol. Mientras los otros dormían, el viejo fue a buscar agua y vio en el monasterio una doncella, hermosa como la luna llena. Alah abrió entonces en el corazón del viejo Ganim setenta puertas de tentación, y el viejo pidió en matrimonio la muchacha al ermitaño, que era padre de ella. El ermitaño le contesta: «No puedo obligarla, pues la he dejado que se case a su gusto»; y entrando a consultarla, ella dice que no se casará sino con un cristiano. Al oír esta respuesta, el viejo reniega de lo revelado por

Mahoma, se bautiza, y aun se aviene a guardar un atajo de puercos de la muchacha, para darla este servicio en lugar de dote. Los discípulos, al despertar de su sueño, se enteran del pecado de su viejo maestro, y se marchan tristes a la Meca. Pero a su regreso, el viejo corre tras ellos arrepentido, abrazando de nuevo el Islam; y al cabo de algunos días también vino tras él la muchacha, su mujer, para hacerse muslina, pues había tenido una visión en que Mahoma la mandaba convertirse y anunciar al viejo santón que su pecado estaba perdonado (16).

El relato de las *Vitae Patrum* (17) dice así: Un monje atormentado de lujuria vino a un lugar egipcio, y viendo a la hija de un sacerdote pagano, se enamoró de ella y la pidió por mujer al sacerdote. El cual le contestó: «No puedo dártela si no ruego a mi dios», y preguntando al demonio, a quien servía, éste contestóle que debía exigir al monje que renegase de Dios, de su bautismo y del voto monástico. El monje prometió renegar de todo, y el sacerdote pagano consultó de nuevo al demonio, el cual le dijo: «No le des tu hija, pues su Dios no le abandona y aun le ayuda.» Al saber esta respuesta, el monje admira la misericordia de Dios, y hace penitencia, hasta que obtiene señales del perdón divino.

En su primera parte, hasta el momento de apostasía del creyente, ambos cuentos son una misma cosa. En el desenlace, el relato musulmán toma un giro propio, como propio es el final de los otros dos cuentos analizados.

El hecho de que una religión se asimile relatos edificantes propios de otra algo análoga, no tiene en sí nada de chocante; el islamismo es pródigo en casos

---

(16) *Leyendas moriscas*, publ. por Guillén Robles, I, pág. 267.
(17) Ed. H. Rosweyde (pág. 411 *a*), v, 5.º, 38.º Repítese en el *Libro de los Enxemplos*, 35.º; Herolt, *Promptuarium Exemplorum*, etcétera.

de éstos, y el cristianismo a su vez ofrece ejemplos conocidos. Pero el hecho de que los musulmanes desde los primeros tiempos islámicos tomaran y adaptaran a sus creencias y gustos las narraciones de los cristianos entre quienes convivían, nos debe servir de guía para sospechar e ilustrar lo que los musulmanes españoles pudieron tomar de las narraciones literarias o populares que, aunque totalmente desconocidas, circulaban sin duda entre los pueblos románicos de España por los tiempos vecinos a la invasión.

TRES POESÍAS INÉDITAS DE FRAY LUIS DE LEÓN EN EL CARTAPACIO DE FRANCISCO MORÁN DE LA ESTRELLA

Estas poesías se publicaron por primera vez en la *Revista Quincenal,* I, 1917, pág. 55, y en la *Revista de Filología Española,* IV, 1917, pág. 389

Conocida es la malísima suerte que pesó siempre sobre las poesías de fray Luis de León. Abandonadas largo tiempo por su autor, hasta que casi al fin de su vida las recogió para darlas a la imprenta, esta colección no llegó entonces a publicarse, y no vio la luz sino cuarenta años después de muerto su autor, cuando en 1631 Quevedo la imprimió según una de tantas copias que de ella circulaban.

La colección del autor no nos comunica más que un número selecto de sus poesías, cuidadosamente revisadas. Pero en multitud de manuscritos se hallan otras obras atribuidas a fray Luis de León, cuya crítica es sumamente difícil. Por una parte, el poeta nos dice que hizo la colección para apartar a su hijo perdido «de mil malas compañías que se le habían juntado» y para enmendarle de los «malos siniestros que había cobrado con el andar vagueando»; mas, por otra parte, varias de las poesías no incluidas en esa colección son seguramente auténticas, y, además, la versión acogida por fray Luis en su colección no es la única que salió de su pluma, de modo que las variantes que ofrecen los manuscritos no son siempre, ni muchísimo menos, «malos siniestros» de andar vagueando, sino redacciones anteriores auténticas que el poeta no acogió en su colección definitiva.

La grande edición de las *Obras del P. Maestro Fray Luis de León, de la Orden de San Agustín*, reconocidas y cotejadas en varios manuscritos auténticos por el P. M. fray Antolín Merino, de la misma Orden (Madrid, 1816), bastante esmerada para el tiempo en que fue hecha, consultó hasta diez manuscritos, y de ellos sacó una porción de poesías más que las incluidas por fray Luis en su colección. Pero ni el número de códices consultados es suficiente, ni los diez de que el padre Merino se sirvió fueron estudiados con la debida atención.

La insuficiencia de esta obra podrá apreciarse consultando el magistral estudio *Sobre la transmisión de la obra literaria de Fray Luis de León,* que escribió el docto catedrático de Salamanca don Federico de Onís (1). En este trabajo se examinan por vez primera las importantes cuestiones que el texto de fray Luis suscita, y se prueba cuanto de auténtico puede haber en los manuscritos que difieren de la colección definitiva autorizada por el poeta.

En vista de esto, no hallando razones en contra, me parece aceptable la atribución a fray Luis de dos sonetos (2) que se encuentran en un precioso cartapacio de poesías, formado en Toro, hacia 1585, por un tal Francisco Morán de la Estrella, y que hoy pertenece a la Biblioteca patrimonial de Su Majestad (3).

El ser esta colección poética coetánea de fray Luis de León, y el estar hecha en región vecina a Salamanca, donde fray Luis vivía, apoyan la atribución que hace de ambos sonetos a nuestro autor.

1

(I; Bibl. Real, 2-F-3, fol. 89 d)

Soneto d[e] Fr[ay] L[uis] d[e] L[eón]
al Nacimiento, 1578

Noche serena, clara más que el día,
en que el divino sol, graçia del çielo

---

(1) *Revista de Filología Española*, II, Madrid, 1915, págs. 217-257.
(2) Ambos sonetos fueron por mí publicados en la *Revista Quincenal*, I, 1917, págs. 55 y 56; el segundo, sin las variantes con que aquí lo publico.
(3) Véase la descripción de este manuscrito en el *Boletín de la Real Academia Española,* I, 1914, págs. 44-55: R. Menéndez Pidal, *Cartapacios literarios salmantinos del siglo XVI*. Ambos sonetos se encuentran en el folio 89.

encubriendo su ser, con nuestro velo,
del peccado rompió la niebla fría;
en ti se dio prinçipio al alegría
de que, por culpa del primer abuelo,
en justa pena el miserable suelo,
por divina sentençia padesçía.
Quedando el claustro virginal muy sano,
qual sol pasa por vidrio trasparente,
del nasçe Dios, de nuestro amor movido.
Noche feliz, do estavan mano a mano,
vaylando al son del llanto del nasçido,
ángeles y pastores juntamente.

El otro soneto se halla, además, en otros dos códices de *Poesías varias*, en la misma biblioteca real, y lo publicamos aquí según los tres manuscritos.

2

(I; 2-F-3, fol. 89 d.—A; 2-B-10, tomo IV, fol. 90.—
B; 2-B-10, tomo IV, fol. 190 v)

OTRO AL SANCTO SACRAM[ENTO], DEL M[AESTRO] F[RAY]
L[UIS] D[E] L[EÓN] (4)

Gente libiana[2], la que pone amores
en el polvo mortal de la criatura,
comed este[3] bocado con fe pura,
y aquí los hallaréis mucho mejores.
Los que buscáis privanças y[4] fabores
y haçéis caudal del mundo y su locura[5],
aquí hallaréis la gloria y la ventura
que no se pasa, como esotra[6], en flores.
Quien quisiere abudancias[7] y riqueça,
aquí terná[8] de Dios todo el thesoro;
quien quisiere veldad y gentileça[9],
aquí terná[10] la del supremo choro;

---

(4) En *A* va sin más título que «Otro soneto» entre varios sonetos y tercetos dedicados al «Santísimo Sacramento», sin que ninguna composición lleve atribución alguna a autor. En *B*, sólo lleva el título de «soneto»; muy pocas veces pone atribución de autor a las poesías.
[2] «liuiana», *A B*.—[3] «comed deste», *B*.—[4] «y» falta en *B*.—[5] El copista había puesto «sus locuras», y tachó la «s» final.—[6] «se pasó como estotra», *B*.—[7] «abindanzias», *B*.—[8] «tendrá», *A B*.—[9] El copista había puesto «gentileças», y tachó la «s» final.—[10] «tendrá», *A B*.

> y quien quisiere espléndida comida,
> aquí hallará un vocado que da vida.

El padre Merino no publica sino siete sonetos que pueden atribuirse a fray Luis de León, segura o dudosamente (págs. 348 y 349); la atribución de algunos de ellos es por demás dudosa. En cambio omite otros, que pueden verse en el *Romancero y cancionero sagrados*, formado por don Justo Sancha (5), uno de los cuales está también dedicado al Sacramento. Esto nos basta para indicar cuánto falta aún por hacer en la fijación y estudio del caudal poético de fray Luis y cuánto puede esperarse de los estudios que acerca de esta materia tiene comenzados el ya citado señor Onís.

En fin, el mismo cartapacio de Francisco Morán de la Estrella, donde se hallan los dos sonetos, nos da una poesía de fray Luis, que es de gran interés, por sumarse al corto número de composiciones amorosas que de él conocemos.

3

(I; 2-F-3, fol. 108 *b*)

LETRA

> Vuestros cavellos, señora,
> de oro son,
> y de açero el corazon.

GLOSA DE F[RAY] L[UIS] D[E] L[EÓN]

> Mirávase Dios a sí
> quando os hiço tan hermosa,
> porque en el mundo no ay cosa
> que pueda pasar de allí,
> si no es con ser envidiosa.
> Tales bienes puso en vos
> que se entiende bien por ellos
> sola mereçer tenellos,

---

(5) Véase Biblioteca de Autores Españoles, t. XXXV, páginas 44 y 49.

y que los compuso Dios,
señora, vuestros cabellos.

Poniendo él en vos sus ojos,
hiço los vuestros tan claros
que al sol quiso compararos
sueltos los cabellos rojos,
porque no puedan miraros;
sus claros (6) rayos, si os miro,
traspasan mi coraçón
y díceme la afiçión:
no huyas, neçio, este tiro,
de oro son.

Mas ¡ay! que si bueivo a ver
el rostro y (7) la hermosura
que jamás se vio en criatura,
entre el osar y el temer,
me ataja veros tan dura.
¿Por qué os hiço tan constante
quien os dio tal perfectión,
y en no sentir mi passión
os dio el pecho de diamante
y de açero el corazón?

En el folio 142 de este cartapacio hay, a la misma letra, otra glosa hecha por Cobos, que empieza «Vuestra extremada velleza».

La glosa de fray Luis, que habrá de pertenecer a los comienzos de la vida literaria del autor, puede compararse a la Oda XXIV de la primera parte de las poesías publicadas por el padre Merino, pues ambas están en metros cortos, tan rara vez empleados por el poeta, y ambas tratan el tema del desdén femenino.

---

(6) Había puesto «y claros», y tachó poniendo «sus claros».
(7) En vez de «y» había puesto «de», y después de haberlo tachado intercaló «y»; de modo que en el manuscrito hay «y de la», con el «de» tachado.

LA *CRÓNICA GENERAL DE ESPAÑA*
QUE MANDÓ COMPONER ALFONSO
EL SABIO

Este trabajo se publicó por primera vez en los *Discursos leídos ante la Academia de la Historia*, en la recepción de don Ramón Menéndez Pidal, el día 21 de mayo de 1916

Señores: Voy a hablaros acerca de la *Crónica General* debida al Rey Sabio, porque es obra no sólo importante, como tantas otras debidas a ese monarca, sino de excepcional interés reconocido por todos. Y, sin embargo, el mismo interés que despertó desde su aparición la rodeó de grandes dificultades y la hundió en oscuridad profunda; pues, en la Edad Media, multitud de imitaciones hicieron olvidar el texto primitivo, y en busca de éste fracasaron repetidas veces los eruditos de la Edad Moderna.

En 1541, el cronista de Carlos V, Florián de Ocampo, creyó dar a conocer el verdadero texto de la *Crónica* en una monumental edición que publicó en Zamora; pero los historiadores reconocieron que Ocampo no había tenido buena suerte o no había puesto la necesaria diligencia en su elección. Por esto, Tomás Tamayo de Vargas, Juan Lucas Cortés, y esta misma Academia de la Historia, por orden respectiva de los reyes Felipe IV, Carlos II y Carlos IV, intentaron publicar la *Crónica* con mejor acierto que Ocampo; sin embargo, tal pensamiento sólo llegó a realizarse en 1906, con la edición que publiqué formando parte de la Nueva Biblioteca de Autores Españoles.

Quisiera aquí concretar, y organizar en parte, algunas ideas surgidas en forma discontinua e indisciplinada, ora cuando preparaba mis primeros trabajos eruditos, ora cuando hice la citada edición: Tras muy largo abandono de estos estudios por otros que se me impusieron como más apremiantes, encuentro ahora en la colaboración la oportunidad de reanudarlos, y no estará de más que exprese aquellas ideas, para que, con la expresión, adquieran fijeza, aun a riesgo de próximas rectificaciones que un examen ulterior más detenido podrá imponer luego. Quisiera obtener esta utilidad confiado en que interesa a vuestra cultura lo fundamental de los problemas que la *Crónica General* suscita, muchos de los cuales tocan al mismo nervio no sólo de la historiografía, sino de la literatura poética de España. Y no dudo obtener vuestra atención benévola: un escritor ilustre, Juan Facundo Riaño, hizo también su entrada en esta Academia tratando de la *Crónica General;* ha pasado, desde entonces acá, cerca de medio siglo, y tendréis por oportuno que renovemos en este recinto la consideración del asunto.

Seré breve en lo que quiero exponer, y sin procurar amenidades, diré mi razón, como cualquier licenciado, con palabras lo más claras, llanas y significantes que pueda.

Autores y colaboradores.
Alfonso X y Sancho IV.

Lo primero discutible respecto de la *Crónica General* es que sea obra de Alfonso X, como su prólogo afirma. Ya Ocampo, al fin de la tercera y de la cuarta parte de su edición, advierte que algunos piensan que esa parte cuarta y última, es decir, la que comprende desde el comienzo de la vida de Castilla como reino, o sea desde su primer rey Fernando I, es obra hecha por orden de Sancho IV, y que «algunas personas de muy buen entendimiento» creen que esa cuarta parte se compuso con pedazos escritos de antemano y juntados sin retoque, por lo cual va con palabras más toscas y estilo discrepante de las tres partes anteriores que el Rey Sabio «procuró de mejorar y traer al primor y lenguaje de su tiempo». Esta opinión fue apoyada eruditamente, en el siglo XVIII, por Floranes (1), quien apuntó varios indicios de no ser Alfonso X autor de la última parte del texto, y creyó notar en ésta rastros de «aquella afectación, tosca y bárbara, propia del tiempo de don Sancho el Bravo».

Pero la crítica se mostró muy unánimemente hostil a este parecer. En primer lugar, citaré al marqués de Mondéjar, quien opuso, como argumentos principales en contra, las palabras del prólogo de la *Crónica* donde el Rey Sabio habla en primera persona: «mandamos ayuntar quantos libros pudimos aver... et compusiemos este libro de todos los fechos... fastal nuestro tiempo», y la declaración de don Juan Manuel, sobrino del mismo Rey Sabio, quien expresa que su tío «ordenó muy cumplidamente la Crónica de España. Después, la opinión de Mondéjar fue seguida y apoyada por los críticos más eminentes, como R. Dozy (2) y Amador de los Ríos. Este último añade otro argumento valioso: el Rey Sabio, en la *Grande Estoria*, alude repetidas veces a su obra anterior llamándola «la nuestra Estoria de España». Ahora bien: de estas palabras deduce De los Ríos, con insistencia abrumadora (3), que Alfonso X tenía concluida la *Crónica General* cuando escribía la *Grande Estoria*.

Pero es más: Riaño conoció, sin duda, el opúsculo manuscrito de Floranes, pues toma de él algunas capitales afirmaciones y pruebas de su discurso, entre otras la de que el prólogo de la *Crónica* no es original, sino mera traducción del prólogo del arzobispo don Rodrigo de Toledo, por lo cual aquel «mandamos ayuntar» y aquel «compusiemos» pierden el gran valor que

---

(1) En su manuscrito titulado *Observaciones sobre las Crónicas generales de España*, y en sus *Notas críticas al tomo I de poetas anteriores al siglo XV*, de Sánchez. Véase *Revue Hispanique*, XVIII, 1908, págs. 362 y sigs., y 339.
(2) R. Dozy, *Recherches*, II[a], App., pág. xxxxv, y texto pág. 32.
(3) De los Ríos, *Historia crítica*, III, págs. 567-569; 581, n. 2; 590-591, n. 1; 592, n.

se les quiso atribuir (4); y, sin embargo, Riaño se desentiende enteramente de la sospecha de Ocampo, apoyada por Floranes, y afirma que la *Crónica* se acabó en el reinado de Alfonso X (5). Milá, en fin, tuvo por mera aprensión (6) la diferencia de estilo señalada en la cuarta parte de la *Crónica*.

Así quedó matada la sospecha que apuntó Ocampo en el siglo XVI. Cierto que, en el prólogo de la *Crónica*, Alfonso el Sabio, hablando en primera persona, expresa por dos veces que la obra comprende «desde el tiempo de Noé fasta este nuestro»; pero se comprende que esto pudo escribirse como un anuncio, sin que estuviese aún acabada la *Crónica*, y más si notamos que esas palabras son mera adaptación de otras semejantes del arzobispo don Rodrigo. Al traducir el prólogo de éste hubo que traducir esa frase, aunque la *Crónica* estuviese sólo empezada. El prólogo alfonsino veda, pues, la sospecha de Ocampo, y hoy podemos reconocer que a éste había llegado la noticia, vaga y oscura, de un hecho cierto.

El examen detenido del texto nos dice que no sólo la cuarta parte que Ocampo sospechaba, sino también, por lo menos, la tercera, fueron escritas reinando ya el sucesor de Alfonso el Sabio. Antes de la mitad de la *Crónica*, en el capítulo 633, que trata del reinado de Ramiro I, se alude al año 1289 cuando, incidentalmente, se expresa que la Reconquista está ya terminada, casi por completo, hasta el mar de Cádiz; «et es esto ya

---

(4) Riaño, páginas 39 y siguiente, toma también de Floranes la idea de que la *Grande Estoria* forma un conjunto de la *Crónica General*, sirviendo a ésta de proemio. La manera que tiene Riaño de tratar este asunto es la misma de Floranes. De los Ríos, *Historia crítica*, III, 1863, pág. 490, sólo vagamente presenta la *Grande Estoria*, «ya como complemento de la Estoria d'Espanna..., o ya porque...», y expresa que «el pensamiento de esta grande obra... se enlazaba al de la Estoria d'Espanna... sirviendo como de cúpula al sistema histórico adoptado por el Rey Sabio».
(5) *Discurso*, pág. 34.
(6) *De la poesía heroicopopular*, 1874, pág. 267, n. 2. Salva, sin embargo, que «no es en sí mismo imposible» que la obra quedase interrumpida en los últimos azarosos años de Alfonso X.

en el regnado del muy noble et muy alto rey Don Sancho el quarto, en la era de mill et ccc et xxvii años» (7).

La tan discutida cuestión de la parte que el Rey Sabio tomó en la redacción de la *Primera Crónica General* queda, pues, terminantemente resuelta en el punto grave de no haberse escrito toda la obra durante su reinado. Esto quita, desde luego, personalidad a la obra; y una vez así mermada la participación del Rey Sabio, por ahora no nos decidiremos entre la opinión de De los Ríos: que Alfonso fue el verdadero autor, aunque se valiese de dóciles auxiliares, y la de Riaño, para quien los colaboradores significan más que el rey. Adelante diremos algo sobre la mayor personalidad que se descubre en la primera parte; y, por lo demás, no nos interesa ahora discutir los fundamentos, generalmente escasos, con que se cuenta para citar, entre los colaboradores, nombres como los de Jofré de Loaysa, Juan Gil de Zamora, Bernardo de Brihuega, Martín de Córdoba y otros.

Hagamos, sí, notar la importancia de esta doble elaboración de la *Crónica General* en la corte de Alfonso X y en la de su hijo Sancho IV. La actividad literaria del reinado de éste, lejos de disminuirse, como algunos quieren, aparece ahora afirmada con la colaboración en una de las más importantes obras emprendidas por el Rey Sabio.

FECHA DE LA OBRA.

Respecto de la fecha en que fue escrita la *Crónica General* se han emitido opiniones sin apoyo, como la del conde de Gondomar, que señala el año 1252, y la de De los Ríos, que cree se escribió la obra desde 1260

---

(7) El capítulo 983 alude con el imperfecto «yazie» (pág. 663 *a*, 46, edición de la Nueva Bibl. Aut. Esp.) a una circunstancia que dejó de ser presente en el mismo año 1289. Con esa forma lacónica de un simple imperfecto parece indicar que el cambio de circunstancias estaba próximo y presente a la memoria de todos.

al 68 (8). Desde luego, el prólogo de la *Crónica* nos puede dar alguna luz; pero aunque es en casi su totalidad impersonal, cuando interpola el nombre de don Alfonso da al título regio del monarca una forma que parece no puede ser anterior al año 1260. Ésta sería la fecha mínima que coincide con la de De los Ríos; pero aún creo que esa fecha mínima deberá retrasarse en diez años, atendiendo a esta consideración: en 1270, Alfonso pidió al prior de Santa María de Nájera y al cabildo de Ávila varios libros en préstamo para hacerlos copiar. Entre estos libros están algunos necesarios para la redacción de la *Crónica*, especialmente las *Epístolas*, de Ovidio, y la *Farsalia*, de Lucano, utilizados para componer algunos de los cien primeros capítulos de la obra. Es de suponer que estos libros que el rey intentaba copiar en 1270 no existían en la cámara real, y que su petición en préstamo precedió a la redacción de esos capítulos de la *Crónica*.

La actividad literaria de la corte de Alfonso X —que se había iniciado con las *Tablas Alfonsíes* y el *Septenario*— había producido ya las obras legales, coronadas por las *Partidas;* había dado a luz la primera edición de las *Cantigas* y gran parte de los *Libros astronómicos*. Posteriormente a esa actividad desarrollada en las materias astronómicas, jurídicas y poéticas, sólo a partir del año 1270 debemos colocar el comienzo de la actividad histórica antes no representada. Primero se trabaja en la *Crónica General*, y, después, se interrumpe la obra para impulsar la *Grande Estoria;* los redactores de ésta, como luego indicaremos (pág. 215), conocieron noticias referentes a la historia de España que la *Cró-*

---

(8) De los Ríos, *Historia crítica*, III, págs. 489 y 592. En la página 431, n., cita la traducción de la *Crónica General*, por Pere Ribera de Perpejá, acabada en 1266; pero luego no echa mano de este dato para fechar la *Crónica*. Según Massó Torrents, la traducción de Ribera de Perpejá no sería de la *Crónica General*, sino de la *Historia del Arzobispo D. Rodrigo* (*Revue Hispanique*, XV, 1906, págs. 498-501). Véase también Cirot, *Les histoires générales d'Espagne*, 1905, pág. 8.

nica General no aprovechó. En fin, después de la iniciación de las obras históricas se siguió trabajando en los *Libros astronómicos* y en las *Cantigas*, y se empezaron las últimas obras del reinado, como el *Lapidario* y el *Ajedrez*.

En cuanto a la parte de la *Crónica* hecha bajo Sancho IV, sabemos que se escribía, como hemos dicho, en el año 1289, sin que sepamos cuándo se acabó.

Varios criterios y épocas en la redacción de la «Crónica».

Nos importa ahora afirmar que el trabajo de la *Crónica* no fue una labor uniforme dentro de la corte de Alfonso X ni dentro de la de Sancho IV. Tuvo diversas épocas y diversos redactores dentro de cada uno de estos reinados.

Según Riaño, la forma de anales que reviste la *Crónica* «impone cierta unidad a la obra, y hace, además, que sea difícil descubrir diferencias de estilo, para sacar en consecuencia si han sido uno o varios los autores». Pero, desde luego, podemos observar que esa forma de anales (sobre ser poco regular, como Riaño reconoce, y muy poco significativa de unidad) cesa en el relato enteramente con la muerte de Alfonso VI, desde el capítulo 965, indicándonos un cambio de criterio muy visible para los 170 últimos capítulos de la obra.

Al mismo comienzo de ella podemos también observar otro cambio profundo en la redacción, combinando el examen lingüístico con una observación que nos sugiere el prólogo de la *Crónica*. Repetidas veces se observó que este prólogo es, en su mayor parte, una mera traducción del que puso a su *Historia gótica* el arzobispo toledano don Rodrigo. Hasta la lista de autores consultados que pone el arzobispo se copia íntegra en el prólogo de Alfonso X, cosa que no es chocante, pues esta lista vino a ser un lugar común de erudición y fue copiada también por fray Juan Gil de Zamora (9). Pero Riaño advierte que, entre los nombres de autores consultados que da el prólogo de la *Crónica*, sólo dos faltan a la lista del arzobispo, «que acaso estarían en los primitivos manuscritos del Toledano, y a esos dos nombres se agregan, además, el del mismo don Rodrigo y el del obispo Tudense».

Ahora bien: la adición de los nombres del Toledano y del Tudense se explica por sí misma; las historias de uno y otro prelado son aprovechadas continuamente en la redacción de la *Crónica*. Pero respecto de los otros dos nombres añadidos, la explicación de Riaño es inaceptable; ningún manuscrito del arzobispo toledano los ofrece; tenemos, pues, que aceptarlos como adición de los redactores de la *Crónica*, y tal adición es, a mi ver, bastante significativa. Los dos referidos nombres son el de Paulo Orosio y el de Lucano. La *Historia* de Orosio es, naturalmente, muy consultada para toda la parte romana; pero el poema de Lucano sólo sirve para unas páginas referentes a las guerras de César y Pompeyo. ¿Cómo explicar que el redactor del prólogo alfonsí tuviese tan presente este autor, de importancia muy secundaria en la composición de la *Crónica*, y no se acordase de añadir a la lista del Toledano los nombres importantísimos de Suetonio, del Bellovacense, de Eusebio de Cesarea, cuyas obras tanto se utilizaron en la redacción de la historia romana? ¿Por qué no cita los historiadores árabes usados para contar la vida de Mahoma y la del Cid? ¿Por qué no los cantares de gesta que habían de servir para redactar centenares de capítulos? Esto indica que el prólogo alfonsí se escribió no teniendo presente el conjunto de la *Crónica*, sino teniendo tan sólo a la vista la composición de su comienzo; yo creo que se redactó cuando, además de a Orosio, se había

---

(9) Véase la enumeración de fuentes que hace Gil de Zamora, en el ms. Bibl. Real, 2-I-3, fol. 57 *d*, que proceden del prólogo del Toledano y del cap. 22 del libro II de la *Historia gótica*, aunque Gil de Zamora acaba su enumeración diciendo: «quorum nomina sunt in libro nostro cuius titulus est Archiuius sive Armarium Scripturarum».

utilizado a Lucano, o se le estaba utilizando, y cuando todavía no se había echado mano de Suetonio como fuente principal; esto es, cuando los redactores de la *Crónica* habían contado las guerras de César con Pompeyo y cuando todavía no habían entrado en la historia de los Césares (10).

Y esto lo hallo confirmado sorprendentemente por medio del examen gramatical. No tiene razón Dozy (11) al sostener que, salvo un largo trozo de la *Crónica* traducido del árabe, todo lo demás de la cuarta parte de la obra está escrito de igual modo que las otras tres anteriores. Valiéndonos del códice regio de la *Crónica*, podemos observar diferencias claras de lenguaje a través de toda la obra. Ahora nos interesa notar únicamente que la apócope de los pronombres personales átonos sigue, desde el comienzo hasta el capítulo 108, un estilo manifiestamente más arcaico que en adelante el resto de la *Crónica*. La apócope de las formas *se, me* y *te,* practicada en estos 108 primeros capítulos, es inusitada en el resto de la *Crónica;* y la apócope de *le* tras una partícula que no sea *non* y *que,* y tras un sustantivo o adjetivo, es preponderante en esos primeros capítulos, y va disminuyendo, o falta por completo, en los restantes.

Pues bien: en estos 108 capítulos primeros, que ofrecen un lenguaje más arcaico que el resto de la *Crónica*, concurren las dos circunstancias que sospechamos concurrían en la parte de la *Crónica* que estaba escrita cuando se redactó el prólogo: en ellos se utilizó a Lucano y todavía no se comenzó a traducir a Suetonio.

En suma: el prólogo y los 108 capítulos primeros, por el uso de Lucano y por sus caracteres gramaticales, se

---

(10) Que el prólogo alfonsí se hizo pensando sólo en la historia romana lo indica también el que se sustituyese por las palabras «et dotras estorias de Roma» la frase más general del Toledano «et aliis scripturis».

(11) *Recherches,* II[3], pág. 32, se refiere a la observación de Ocampo, que ya dejamos referida. R. Beer, *Zur Ueberlieferung altspanischer Literaturdenkmäler,* en *Zeitschrift für die österr. Gymnasien,* XLIX, 1898, pág. 22, explica la diferencia de lenguaje que Ocampo nota en la cuarta parte porque en ésta sigue la *Crónica* varios textos arcaicos, entre ellos el *Poema del Cid.*

unen íntimamente entre sí y forman un primitivo núcleo de la *Crónica* que se destaca del resto de ella.

¿Habremos de creer que únicamente esta parte es la obra de Alfonso X y que el resto pertenece al reinado de Sancho IV? Ésta sería la suposición más sencilla, en vista de la gran diferencia señalada en el uso de los pronombres apocopados; pero no es admisible, sobre todo por la razón que vamos a exponer.

Las relaciones de la primera parte de la *Grande Estoria* con la *Crónica General*, puestas de manifiesto por De los Ríos (12), indican, no como éste creía que toda la *Crónica* se compuso antes de la *Grande Estoria*, sino solamente que los capítulos donde la *Crónica* trata del origen de los vándalos, alanos, silingos, suevos y godos (capítulo 365, etc.), estaban ya escritos cuando se redactó la primera parte de la *General Estoria;* es decir, antes de 1280 (13). Pero esto nos basta para saber que no sólo los 100 primeros capítulos más arcaicos, sino 300 otros subsiguientes, de lenguaje más moderno, son todos obra del tiempo de Alfonso X. La gran diferencia entre el lenguaje de aquéllos y de éstos no debe explicarse, pues, por una gran diferencia cronológica, ya que nada hay que nos lleve a suponer que los 108 primeros capítulos estuviesen escritos mucho antes de 1270, sino más bien por otras dos circunstancias, o por cualquiera de ellas sola: el redactor de los primeros capítulos podía pertenecer a una generación mucho más vieja que la de sus continuadores coetáneos, y podía provenir de una región dialectal arcaizante.

Por lo dicho vemos que la parte de la *Crónica* redactada bajo Alfonso X llegaba, seguramente, al origen de los godos. Creo que, además, abarcaba toda la historia gótica, pues ésta, además de ser una división interna natural, forma cierta unidad material con todo lo anterior, ya que con ella, y con el fin del rey Rodrigo, acaba

---

(12) *Historia crítica*, III, pág. 568.
(13) En 1280 está terminada la copia de la segunda parte de la *Grande Estoria* en el códice original vaticano.

el primero de los dos tomos en que aparece dividido el códice de la Biblioteca escurialense, utilizado para la edición moderna de la obra, y me parece indudable que ese códice es el original escrito en la cámara de los reyes.

El manuscrito regio escurialense.

Creo, pues, que el primer tomo del códice escurialense (14) fue manuscrito en la corte de Alfonso X, aunque en diferentes épocas y con diferencias de lenguaje; y el tomo segundo, en la corte de Sancho IV, también con diferentes criterios compilatorios, según hemos advertido. No llevan, ni uno ni otro volumen, indicación alguna de su procedencia regia; pero la miniatura inicial del tomo primero, donde aparece el rey dictando la *Crónica,* es enteramente análoga a la de los códices alfonsíes de las *Cantigas,* de la *Grande Estoria,* del *Ajedrez,* etc., y la ornamentación de los epígrafes mayores es idéntica a la de otros códices regios; por ejemplo, los dos conocidos de la *Grande Estoria.* El tomo segundo es más tosco en su ejecución; pero depende evidentemente del primero, y es su continuación, como lo indica desde luego una nota inicial, donde se alude a cierta miniatura del tomo primero. A este mismo códice escurialense, como propio de la cámara real, debe referirse una preciosa indicación bibliográfica del siglo xiv. Cuando Alfonso XI, bisnieto del Rey Sabio, pensó en continuar la obra historial de éste, «mandó catar las corónicas e estorias antiguas, e falló scripto por corónicas en los libros de su cámara los fechos de los reyes que fueron en los tiempos pasados, reyes godos hasta el rey Rodrigo, e desde el rey don Pelayo, que fue el primero rey de León, fasta el tiempo que finó el rey don Fernando que

---

(14) Lo llamo así, considerando como una unidad ambos tomos, aunque en la Biblioteca escurialense están separados; llevan las signaturas *Y-i-2* y *X-i-4.*

ganó a Sevilla» (15). Esta bipartición, que se da aquí como algo constitutivo de la *Crónica,* sin duda se funda nada más que en la división en dos tomos del códice regio, del mismo códice escurialense, cuya división material en dos tomos responde, como he indicado ya, a los dos reinados bajo los cuales la obra fue redactada. Los que no conocieron ese códice no suelen conocer tampoco la bipartición; don Juan Manuel, sobrino y gran admirador del Rey Sabio, considera la *Crónica* dividida en tres partes, porque, seguramente, no conocía el texto original de la obra de su tío; otros códices de la *Crónica* la dividen en cuatro partes; el maestre de San Juan de Jerusalén en el siglo XVI, don Juan Fernández de Heredia, alude probablemente a la *Crónica General* dividida en siete partes, etc.

División interna de la obra.

Pero insistamos en que la referida bipartición es una división accidental, externa, hija de la elaboración de la *Crónica* en dos reinados diversos. La división interna de la obra es en partes de muy desigual tamaño, cada una de las cuales corresponde a uno de los distintos señoríos que tuvo España, o sea, a la época de cada uno de los distintos dominadores que rigieron los destinos de la Península: los griegos, los amujuces, los africanos, los romanos, los vándalos, silingos, alanos y suevos y los godos. Parece que la idea de esta división fue sugerida por el Toledano, quien consagró una obra aparte a los godos, a los romanos, a los ostrogodos y vándalos y a los árabes. Pero la *Crónica General* no le siguió en este último punto, y no abrió una división especial al dominio de los árabes. Y no es que el plan de la división en señoríos quedase interrumpido en el primer tomo de la obra y se hubiese olvidado por los redactores

---

(15) Prólogo a la *Crónica de Alfonso X*. Bibl. Aut. Esp., LXVI, página 3 *a*.

del segundo volumen, sino que en el plan primitivo entraba no considerar sino seis señoríos, prescindiendo del de los árabes. Esto se echa de ver cuando dentro del señorío de los godos se cuenta, en los reinados que van de Leovigildo a Suintila, la historia de Mahoma muy por largo, sin abrir sección especial con ella, y cuando, al interrumpir en el capítulo 385 la historia de los bárbaros, predecesores de los godos, se dice: «Dexa aquí la estoria de fablar de los suevos et de los uvándalos et de los fechos que contescieron en España, et cuenta de los godos, que fueron ende senores después acá todavía, cuemo quier que ovieron y los moros yaquanto tiempo algún señorío.» Como se ve, los musulmanes son simplemente unos invasores condenados a la expulsión; el verdadero señorío lo tienen los godos, que continúan representados por los reyes de Asturias; tal era la opinión corriente, expresada por Sebastián de Salamanca al hablar de Alfonso I «ex semine Leuvegildi et Recaredi regum progenitus», y por Rodrigo de Toledo cuando afirmaba que los reyes de Castilla heredaban sus cualidades «a feroci gothorum sanguine». Adelante diremos cómo el conjunto de la historia hispánica se confundió con la historia gótica.

Estados diversos en la publicación y transmisión de la «Crónica».

Otro punto sumamente difícil en el estudio de la *Crónica General* es el de llegar a apreciar justamente los diversos estados que en las muchas copias de ella se manifiestan. Cuantos consultaron los manuscritos de nuestras crónicas generales quedaron sorprendidos de la enorme variedad que entre unos y otros existe; con razón Gonzalo Fernández de Oviedo decía a este propósito: «En todas las que andan por España, que General Historia se llaman, no hallo una conforme con otra, e en muchas cosas son diferentes.» En otros estudios creo haber logrado establecer grandes grupos que aminoran esa confusión, distinguiendo la primera *Crónica General* de otras muchas que la imitaron y refundieron en los siglos sucesivos. Pero esa clasificación no establece sino grandes líneas guiadoras; es sólo un primer desenmarañamiento de la difícil materia. Dentro de cada uno de esos grupos establecidos, y, claro es, dentro del grupo llamado *Primera Crónica General*, que es el que ahora nos interesa, las diversas copias varían entre sí de un modo desconcertante.

Para dar idea de estas variantes vamos a hacer algunas observaciones al texto de la segunda parte de la *Primera Crónica*, que es la más interesante para la historia política y literaria de España.

Como ejemplo más notable, podríamos señalar las múltiples variantes que se observan entre los diversos códices en materia tan esencial como es la cronología. Unas revelan descuido; otras divergencia intencionada, y unas y otras parecen responder, más o menos directamente, a cierta indiferencia inicial de los compiladores de la *Crónica*, que no se preocuparon mucho de las fechas, tanto, que no siempre reducen bien las calendas a los días del mes, y a menudo ignoran la reducción del año árabe al cristiano. En alguna ocasión, el redactor pretende justificar su indiferencia, como cuando dice, hablando de aquel pobre rey García, que después de vivir largos años cargado de las cadenas con que sus hermanos abusaron de su estupidez, quiso ser sepultado sin que el cadáver fuese sacado de los hierros: «Et esto fue, segund dize ell arzobispo, en el XVI° año del regnado del rey don Alfonso; otros dizen que en el XVII° año; otros dizen que más avíe ya que regnava el rey don Alfonso; mas en esto non ay fuerça, ca si ell uno de los que escriven la estoria dixiere más años et ell otro menos, et aun que ninguno non diga el día ciertamientre nin aun ell año, por esso ell alma del defunto non dexa de ir o deve» (16).

---

(16) *Primera Crónica*, pág. 564 *b*, 46.

El relato mismo de la muerte de este rey García sería un ejemplo instructivo de variante que divide los manuscritos de la *Crónica* en dos familias bien distintas. Pero tomemos como muestra uno de los pasajes que más pudieran dar mala idea de la diligencia con que está compilada la *Crónica,* y procuremos su explicación. Es muy chocante que la edición de Ocampo, en el reinado de Alfonso VI, tratando de las dos más sangrientas y notables batallas de la época, cuente la de Uclés antes que la de Zalaca, cuando, en realidad, ésta fue veintidós años anterior (17). Cierto que, desde la apartada cumbre de indiferencia en que antes se puso el compilador, no importa veintidós años más o menos para que las almas de los difuntos en ambas batallas hubieran ido adonde les correspondiera; pero no es menos cierto que, bajando de esa cumbre, toda la trabazón del relato histórico se desconcierta con tan disparatado anacronismo. El desprecio a la cronología no puede llegar a tanto; el error no pertenece al original de la *Crónica.* Si acudimos al códice escurialense, observamos que en los capítulos 883 a 888 se cuenta: primero, la venida de los almorávides a España; en segundo lugar, se refiere cómo Alfonso VI es derrotado en Sacralias y cómo se venga de esta derrota atacando a Sevilla, y, en tercer término, cómo es derrotado en Uclés.

Después se vuelven a repetir las partes primera y segunda: nuevamente el relato de la invasión de moros africanos, y nuevamente la derrota de Sacralias o Zallaque, y la venganza de Alfonso con la incursión hasta Sevilla. Fácilmente se descubre que hay aquí dos relatos yuxtapuestos del mismo suceso: uno, con base de fuentes cristianas, y otro, de fuentes diversas, en parte árabes. Esta yuxtaposición (de que ofrece otros ejemplos la *Crónica*) no podía quedar así; debía de ir seguida de una coordinación de ambos relatos (como a menudo

---

(17) *Las quatro partes de Crónica de España que mandó componer el serenissimo rey Don Alfonso llamado el Sabio,* Zamora, 1541, fols. 318-321.

hace la *Crónica*), probablemente en forma de observaciones armonizadoras.

Empero, no se hizo esto, lo cual nos indica que la obra, en algunas partes, no pasó del estado de mero borrador. Acaso en este mismo borrador, alguien, ajeno al pensamiento del primer compilador, introdujo cierta frase que indica que esos dos relatos yuxtapuestos se tomaron por relatos de dos derrotas diferentes de Alfonso VI en Sacralias.

Esta batalla parece que está predestinada a engañar con espejismos a los historiadores, y no puede chocarnos mucho que los cronistas reales del siglo XIII se equivocasen, cuando todo un cronista de Carlos V, fray Prudencio de Sandoval, con multitud de recursos críticos de que carecían los medievales, no supo identificar cuatro menciones diversas de la misma batalla, y supuso cuatro derrotas de Alfonso VI en lugar de una; y hasta en nuestros días, un hipercrítico arabista como Dozy admitió también, en la primera edición de sus *Recherches*, una batalla de Salatrices diferente de la de Zalaca, siendo así que son una misma con distinto nombre.

Pero pasemos adelante. La duplicidad del relato del mismo hecho en la *Crónica* es palmaria para un lector atento; así que un refundidor suprimió la repetición de la batalla de Sacralias; pero por descuido, sin duda, no suprimió también la subsiguiente batalla de Uclés, y como tras ésta dejó seguir el relato de la batalla de Sacralias, resultó el enorme anacronismo, que al principio señalamos, en la edición de Ocampo. Por lo demás, el arreglador retocó como pudo el resto del relato repetido.

Esta redacción anacrónica, con la batalla de Uclés antes de la de Zalaca, caracteriza una familia de manuscritos que podíamos llamar versión vulgar de la *Crónica*. La que llamaremos versión oficial o regia, la de los dos volúmenes escurialenses, conservó respetuosamente la repetición del borrador original; pero también introdujo, por su parte, algún retoque de detalles, especialmente en los tomados de fuente árabe, alejándose de ésta más que la versión vulgar.

Este ejemplo nos da suficiente luz sobre la historia de nuestro texto; la versión oficial de la *Crónica* no es el original de donde derive la versión vulgar con todos los demás manuscritos. Las dos versiones derivan de un original primero, perdido, el cual no se refleja fielmente en ninguna de esas dos derivadas; un original que, en algunos puntos, se nos descubre como defectuoso e inacabado. Era, pues, un mero borrador.

Todavía este pasaje nos permite hacer otra observación que tiene carácter de generalidad. La versión oficial aquí, lo mismo que en una gran parte de su extensión (principalmente desde el reinado de Ramiro I hasta mediado el de Alfonso VI), se aparta más de sus fuentes en cuanto a la redacción y estilo, buscando una expresión más amplia y más limada. En mi primer estudio de las *Crónicas*, habiéndome fundado en un trozo cuya fuente está hoy perdida, no pude apreciar la verdad, y creí que la versión oficial representaba mejor la frase sacada de las fuentes utilizadas, mientras que la versión vulgar acortaba sistemáticamente el período (18). Examinando posteriormente los pasajes cuya fuente se conserva, reconozco que el estado primitivo de la frase se refleja mejor en la versión vulgar; y esta observación tiene mucha importancia, sobre todo para casos en que, por medio de la *Crónica*, aspiramos a conocer con todo detalle sus fuentes perdidas, de lo cual señalaremos adelante un ejemplo de mucho interés.

En resumen: la parte segunda de la *Crónica* existió primero en estado de borrador imperfecto, formado en la cámara real; este original, muy pronto destruido u olvidado, no tuvo vida literaria sino en un momento breve y pasajero, cuando de él se sacaron, de una parte, el códice regio o versión oficial, con retoques principalmente de lenguaje, y de otra parte la versión vulgar, con

---

(18) Esta idea es acogida por Menéndez Pelayo en algunas ocasiones, por ejemplo: «Mi códice propende a abreviar.» *Antología,* XI, 1903, pág. 258; *Obras de Lope de Vega,* VII, 1897, pág. cxv, nota 2. El códice de Menéndez Pelayo pertenece a la que yo llamo versión vulgar.

otros retoques, pero más fiel a la frase de ese borrador. Resulta, pues, contra lo que podía esperarse, que el códice regio no representa siempre fielmente, ni mucho menos, el estado primitivo de la *Crónica* mandada hacer por orden del rey, y desde luego no representa, en gran parte de su extensión, la frase del primer original. El texto primitivo de la *Crónica* sólo nos es asequible en un estado conjetural, reflejado vacilantemente en dos versiones, de las cuales ninguna le es enteramente fiel; la elección entre las variantes de ambas se impone, pues, a cada paso para restaurar el borrador perdido y suprimir las deformaciones frecuentes que cada redactor introdujo en el texto, la mayor parte de las veces por su propia autoridad, sin ninguna nueva fuente que le sirviese de apoyo. Cuando la fuente de la *Crónica* se nos ha conservado hasta hoy, es fácil escoger entre las dos versiones, pues disponemos del tercer término de comparación; pero cuando la fuente está hoy perdida (y éste es, naturalmente, el caso de mayor interés), la elección entre los dos testimonios discrepantes es aventurada, y se fundará únicamente en la experiencia que tengamos de las cualidades dominantes y los resabios más habituales de cada una de las dos versiones.

Fuentes de la «Crónica» para la historia romana.

El interés de este trabajo de reconstrucción del borrador original se apreciará mejor valuando la importancia de las fuentes utilizadas para ese borrador, especialmente las fuentes perdidas, cuyo conocimiento sólo nos es posible hoy mediante nuestra *Crónica*.

La antigüedad romana fue conocida por la *Crónica* en un grado verdaderamente notable. Desde luego fueron utilizadas aquellas obras que los compiladores pudieron hallar más directamente interesantes, como los *Césares* de Suetonio, el *Epítome* de Justino o Pompeyo Trogo, las *Historias* de Paulo Orosio, el *Speculum his-*

toriale del Bellovacense, las *Crónicas* de Eusebio, San Isidoro y Sigeberto, las *Historias* del Toledano y el Tudense, y «otras estorias de Roma, las que pudiemos aver que contassen algunas cosas del fecho de España» (19). Pero, además, se utilizaron una porción de fuentes accesorias (como el *Léxico* de Urguccione de Pisa), entre las cuales sobresalen las de carácter poético, especialmente Ovidio y Lucano, cuyas *Heroidas* y *Farsalia* proporcionan extensos pasajes a la *Crónica,* siendo ésta testimonio importante muy digno de tener presente al estudiar la popularidad de esos poetas en la Edad Media. En busca de cosas referentes a España, la *Crónica* no dejó escapar el rebuscado epigrama atribuido a César, donde se nombra el río Ebro (20). Lástima que esta información tan diligente se equivocase, en parte por seguir una mala lección del epigrama, y creyese que éste trataba de un niño llamado Trabs, muerto entre los hielos del río Ebro español, cuando, en realidad, trata de un niño tracio y del río Hebro que riega a Adrianópolis.

Vemos la poesía mezclada a la historia en grandes proporciones. La *Crónica* deja que sobre la crítica domine la idea de la historia como arte, pero realiza bien su idea en un tiempo en que ni la crítica ni el arte salían muy bien parados en las compilaciones históricas. Por la selección de sus fuentes, y, sobre todo, por el plan a que se las somete, la *Crónica* resulta muy superior al término de comparación más inmediato que podemos buscar, el *Speculum historiale* del Bellovacense, donde tan desmañadamente vemos amontonados los relatos históricos, sagrados y profanos, las leyendas piadosas de las épocas más diversas, los apólogos y sentencias de los más diferentes autores. La traducción a que la *Crónica* somete sus fuentes latinas favorece la asimilación de las

---

(19) Página 4 *a,* 41. La frase se repite en la pág. 88 *a,* 26: «de las otras estorias lo que y fallamos que convenga a esta Estoria d'Espanna».
(20) *Primera Crónica,* pág. 94 *b.*

mismas, dotándolas de un estilo propio y de cierto sello de originalidad; véase cómo cualquiera de los retratos de los césares que hace Suetonio se destaca en la prosa de la *Crónica* como un arcaico medallón de abultado cuño. El retórico episodio de Lucano, del paso del Rubicón, está asimismo literariamente comprendido en la *Crónica*, la cual mantiene la majestuosa personificación de Roma, y se aparta tanto de la materialista incomprensión del pasaje en que cae Juan de Tuin como de la seca exposición y extravagante alegoría con que lo tratan los *Gesta Romanurum* (21).

Debemos, además, llamar la atención acerca del significado que tiene el dilatarse la historia romana en 341 capítulos de los 1.134 que comprende la *Crónica*. Hasta entonces la historia de España comenzaba propiamente en los godos; éstos eran los creadores o formadores de la nación, según la idea impuesta a la cultura medieval por la obra del romano San Isidoro, el panegirista oficial de la raza gótica. La parte más antigua de la vida de la Península se perdía en el mar de la historia universal, sin dejar apenas rastro; así, como preliminar o complemento a su *Historia* de los godos, suevos y vándalos, escribe San Isidoro aparte una simple *Crónica* universal. Este plan es el generalmente seguido. Unas veces, en épocas de poca cultura, el cronicón se empobrecía o se eliminaba, y se continuaba secamente la historia de los godos con la de los reyes asturoleoneses, cuya filiación dentro de la estirpe de Recaredo se cuida, eso sí, de hacer resaltar. Otras veces, en épocas más adelantadas, el cronicón se ampliaba, como sucede en el Tudense. Pero siempre era cosa aparte de la verdadera historia de España, la cual no comenzaba sino con la invasión de los bárbaros. El arzobispo Toledano, que empieza situando la población de España dentro de la generación de Jafet, y hablando de Hércules y de Hispán, pasa inmedia-

---

(21) *Crónica*, cap. 92.—A. Gral, *Roma nella memoria... del Medio Evo*, II, 1883, pág. 136.—*Gesta Rom.*, 19.

tamente a escribir, en lugar de una *Historia hispánica,* una *Historia gótica,* empezando con el origen más remoto de los godos fuera de España; y el mismo concepto domina en varias compilaciones de siglos posteriores, que comprenden la historia nacional bajo el significativo título de *Estoria de los godos.* Claro es que el Toledano, aun obedeciendo a la tradición, reconocía su defecto, y quería subsanarlo escribiendo como obras aparte la *Historia Romanorum,* la *Historia Arabum,* etc.; pero esta misma dificultad en librarse del tradicional modo de ver, experimentada por uno de los espíritus más esclarecidos del siglo XIII, nos realza el mérito de Alfonso X, que se decidió a fundir, dentro de una historia general de España, el *Cronicon Mundi,* antes meramente yuxtapuesto, e intentó destacar la Península de entre ese conjunto universal, con la diligencia que hemos visto. Que no realizó con un método severo esta fusión de la historia patria con la historia romana no hay que advertirlo; a veces, hasta acude a menciones inútiles de España en medio de relatos que originariamente nada tienen que ver con ella. Mas, a pesar de los defectos propios de la novedad, siempre es admirable esta parte primera de la *Crónica,* tanto por su plan, superior al de los predecesores, como por su idea más completa de la tarea histórica que se ha podido apreciar en la simple y fugaz enumeración de algunas fuentes.

Por esto la *Crónica* marca claramente un primer renacimiento del clasicismo en España, que se continúa con la *Grande Estoria.* Pero tan prematura y superior a su tiempo fue el estudio de la antigüedad desarrollado por Alfonso X, que el siglo siguiente no lo comprendía, y al redactarse la *Crónica de 1344* se suprimió de ella la parte romana casi por completo. Necesitamos llegar a mediados del siglo XV, a los tiempos de Juan II y siguientes, para encontrar en España un movimiento en pro del clasicismo que se parezca al promovido por Alfonso X, y es el personificado por el marqués de Santillana.

Fuentes medievales.

Las fuentes de historia medieval que más continuamente maneja la *Crónica* son dos bien conocidas; el Toledano y el Tudense. Siempre el Toledano seguido con más respeto, creído ciegamente mejor, y preferido su testimonio al del Tudense, tantas veces más fiel, sobre todo en la cronología. Al Toledano se sacrifica también la veracidad de la *Historia Roderici Campidocti*, y rara vez la *Crónica* da más crédito a otro autor, verbigracia, a la *Historia árabe valenciana*, con ayuda de la cual corrige la cronología de los reyes moros de Toledo que da el arzobispo; curiosa muestra de cómo entonces se imponía, como ahora se impone, la gran fidelidad cronológica de los historiadores árabes.

Entre los varios problemas relativos a las relaciones del Toledano con la *Crónica* sólo indicaré uno. Fácil es observar que el texto del Toledano seguido por la *Crónica* es, en general, afín al códice complutense de este autor, a juzgar por las variantes indicadas en la edición del cardenal Lorenzana; pero un códice igual al complutense no explica, en modo alguno, todos los pasajes de la *Crónica*.

En los capítulos 790 y 950 de ésta se repite un trozo de genealogía del Toledano traducido con iguales palabras, alguna de ellas muy singular, como la versión de la voz *acephali* por la de *peligro* (págs. 473 *a*, 48, y 632 *a*, 12); y el segundo pasaje no debe estar copiado del primero, pues más bien arguye que el que lo incluyó en la *Crónica* ignoraba, o había olvidado, que ya ésta lo tenía puesto atrás. Por tanto, parece que ese pasaje fue, una y otra vez, sacado de una traducción preexistente del arzobispo de Toledo (22). Y en apoyo de esta

---

(22) La opinión de De los Ríos, III, págs. 426 y 580, n. 2, que la *Crónica* tuvo presente cierta traducción del Toledano, está fundada en una insostenible comparación del llanto de España en ambos textos.

hipótesis llamo la atención sobre dos citas que se hacen del Toledano, en los capítulos 835 y 836, referentes al cerco de Zamora: en una se dice que los zamoranos avisaron secretamente al rey don Sancho que se guardase del traidor Vellido, y en la otra que el Cid no pudo alcanzar al fugitivo Vellido porque no se había calzado las espuelas. De nada de esto habla el texto auténtico del Toledano; pero, en la traducción de éste, que forma parte de la *Cuarta Crónica General*, se contiene el segundo pormenor, y se halla también aquel párrafo especial, arriba mencionado, en que se traduce *acephali* por *peligro*, lo cual nos lleva a suponer la existencia de una traducción antigua, fuente común que explicaría estas coincidencias parciales. Por último, la *Crónica* expresa reiteradas veces (en sus caps. 1.050-52 y 1.056-57) que utiliza una continuación de la *Historia* del Toledano, en la que se acababa el reinado de San Fernando que el arzobispo dejó inconcluso; y acaso esta continuación formaba un mismo cuerpo con la traducción que sospechamos (23).

Que nuestra *Crónica*, hecha en la cámara real del hijo y del nieto del rey por cuyo encargo escribió el Toledano su *Historia*, se sirva de un texto de ésta, no auténtico, sino traducido, interpolado y añadido, nos viene a confirmar, una vez más, el principio de la activa refundición de los textos históricos. Ya hemos indicado que el sobrino de Alfonso X tampoco conocía el texto verdadero de la *Crónica* mandada hacer por su tío.

Mas a esta deducción, importante para el estudio de la historiografía, parece oponerse la reiterada mención que del Toledano hace la *Crónica*, expresando la lengua original del texto: «cuenta el arçobispo por su latín», y hasta copiando versos latinos del autor citado. Pero esto se puede explicar de varios modos, y, sobre todo, del

---

(23) La presunción de Riaño (pág. 27 y n. 21), de que esta continuación era la de Jofré de Loaysa, se desvanece con el conocimiento que hoy tenemos de este autor.

más sencillo: suponiendo que la *Crónica* usó a la vez el original latino y una versión romance, según supone Riaño (24).

FUENTES PERDIDAS.

Claro es que, si pudiésemos reducir toda la *Crónica* a fuentes conocidas, el valor del texto sería escaso. Su mayor interés consistirá en aquellos trozos cuyas fuentes no conocemos; es decir, que por ello llegamos a deducir una fuente hoy perdida.

Famoso es, desde hace mucho, el extenso relato de los sucesos de Valencia en tiempo del Cid, que es traducción de una historia árabe perdida. Sólo diré aquí acerca de él, que el método de aprovechamiento del mismo ha sido deficiente; por no utilizar los manuscritos auténticos, el relato que acepta Dozy carece, en muchos puntos, de autoridad, y debe ser rehecho en gran parte (25). Este texto árabe, conservado sólo en la traducción de la *Crónica,* es, sin duda, más importante que cuantos aprovecharon las crónicas españolas medievales anteriores y posteriores. No obstante, choca el ver que el número de fuentes árabes aprovechadas en la *Primera Crónica* es escaso. Quizá se las miraba con desvío sistemático, por sobresalir demasiado en ellas un punto de vista adverso a los cristianos. En contener materia no desagradable al patriotismo castellano coinciden esta historia árabe valenciana y las noticias de la España primitiva, que son los dos principales trozos de la *Crónica* debidos a autores musulmanes. Muchos más aprovecharon para la *Grande Estoria* (acaso porque, no refiriéndose especialmente a España, no eran odiosos), y entonces aparecieron algunas noticias que hubiera debido recoger la

---

(24) *Discurso,* págs. 19-20.
(25) Véanse algunas muestras que aduce J. Puyol en la *Revue Hispanique,* XXIII, págs. 428, n., 443-444, ejemplos que pueden multiplicarse abundantemente. Todos pecamos en el desconocimiento de la verdadera *Crónica* y aquí creo deber denunciar la interpretación de un mal texto, dada en la nota 2 de la pág. 37 de mis *Infantes de Lara.*

Crónica; por ejemplo, la de aquel rey de España, Rodrigo el Menor (recuérdese que los árabes solían llamar Lodric a todos los reyes antiguos de la Península), vencido y atributado por el faraón Nicrao, en tiempo del patriarca José (26).

De origen cristiano hay también importantes pasajes de fuente desconocida. Abundan en el reinado de San Fernando, como es fácil de comprender por tratarse de tiempo próximo, y parecen, en su mayoría, proceder del continuador del Toledano, de que acabamos de hacer mención.

Relativos a épocas más antiguas, los capítulos 815 y 816 nos descubren que los redactores de la *Crónica* tenían a su disposición un relato desconocido, que veía de un modo especial las pretensiones e influencia del rey castellano Sancho II sobre el reinado musulmán de Zaragoza, y la derrota de Ramiro I en Grados.

Acá y allá, esparcidos en capítulos diversos, se encuentran breves cláusulas, con noticias de origen ignorado, que, por su forma y estilo, nos hacen suponer que proceden de un *Cronicón* perdido, el cual nos es tanto más estimable cuanto que muestra un carácter semejante al que se observa en los *Anales Toledanos Segundos*. Éstos son, conocidamente, obra de un morisco, que, aunque ya incorporado a la lengua y a la cultura romántica, conserva su hostilidad a los cristianos y se complace en apuntar las derrotas que éstos sufren. Lo mismo hacía el *Cronicón* perdido de que disponían los redactores de la *Crónica;* registra cuatro derrotas, tres de las cuales deben identificarse con las referidas por los mismos *Anales Toledanos,* si bien no coinciden ambos textos en los detalles del brevísimo relato, y es un poco más pormenorizada la redacción del *Cronicón* perdido. Nos hallamos, pues, en presencia de una segunda muestra de los cronicones de la literatura aljamiada.

Otra fuente preciosa, aunque, por desgracia, poco abundante, es la tradición oral. En un fragmento del rei-

---

(26) *Grande Estoria*, Bibl. Nac., ms. 816, fol. 94 *a b*.

nado de Alfonso VI ocurren bastante próximas varias citas expresas de la tradición, que caracterizan esa parte de la *Crónica,* especialmente en la redacción real, pues la redacción vulgar omite o deforma esas citas. Una de las derrotas señaladas por el *Cronicón* aljamiado, la de Albarfáñez en Almodóvar, la desmienten «los ancianos que son muy antiguos, que alcanzaron más las cosas daquel tiempo», y aseguran que fue una victoria (página 538 *a,* 17). El alcázar morisco de Toledo era de paredes de tierra, según dicen «los que cuentan de lo muy anciano» (pág. 540 *a,* 4). Y que el rey de Galicia, García, yace en León, apresado su cadáver con las mismas cadenas que le atormentaron en vida, lo aseguran «los ancianos que más ende oyeron de esta razón» (página 546 *b,* 44). Cuando la *Crónica* no cita así expresamente la tradición, es muy difícil reconocerla, y hay que huir de la comodidad de atribuirle lo que no sabemos explicar por otras fuentes. Necesitaremos una razón especial en apoyo. El estar cerca del grupo de pasajes que acabamos de manifestar, nos pudiera llevar a suponer que la noticia de la infanta doña Sancha —que sirve a Dios en el hospital de Tierra Santa y logra del cielo un milagro— fuese otra muestra más de la predilección que por la tradición oral siente la *Crónica* en el citado fragmento del reinado de Alfonso VI.

Fuentes épicas.

De más novedad y valor que las fuentes hasta ahora señaladas es la epopeya. La historia y la epopeya son hermanas, arraigan en los mismos sentimientos y persiguen fines análogos. En ambas se realiza una doble aspiración humana: la de sobrevivir en el pensamiento de las generaciones venideras, y la de revivir la existencia de las pasadas; la vehemente necesidad de recuerdo que palpita en las generaciones presentes va en busca del anhelo de gloria ya extinguido de las generaciones muertas, lo reanima, le da vida actual, y así la historia y la epopeya, cada una a su modo, son el doble enlace que anuda el pasado con el presente y el futuro. Pero ambas tienen condiciones de vida muy diversas, y sus asuntos, sus recursos y su desarrollo son muy diferentes; además, la una se escribe entre los doctos, y la otra se dirige a la gente lega; así, que si la producción de los eruditos se deja influir algo por el arte de los profanos, es, por lo general, como involuntariamente y de pasada. En España la epopeya había rozado apenas con su ala el campo de la historia en épocas más atrasadas (épocas, por tanto, de menos separación entre ambos géneros), y ahora el gran renacimiento cultural alfonsí, en vez de ahondar las divergencias, como era de presumir, realizó una fusión completa. Las dos plantas nacidas sobre la tumba del pasado enlazaron íntimamente sus ramas. Los poemas pasan íntegros a la *Crónica,* no ya sólo en algún recuerdo fugaz como el que les consagraban el Tudense y el Toledano, sino en su trama entera, expuesta con el mayor detenimiento. Nada semejante hallamos en la historiografía francesa, a pesar de haber florecido en el país vecino la epopeya aún más que en España.

La amplia fusión del caudal histórico y el épico en nuestra *Crónica* significa, desde luego, un acrecentamiento del sentido artístico de la historia, como puede comprenderse; pero no es ésta la principal significación de esa novedad. El aislamiento relativo en que vivían la historia y la epopeya tenía, además de los indicados, un cierto fundamento político. La historia era generalmente una producción oficial; la monarquía y el clero eran sus dos factores esenciales: la monarquía obra e inspira, y el clero inspira y escribe según las concordes tendencias del trono y el altar; los reyes son, pues, la materia y el alma de las crónicas. Mientras que, por otra parte, la epopeya es de la gente lega, y no muestra una atención preferente hacia los reyes, sino acaso hacia los rebeldes contra los reyes. Bien se comprende ahora cuán elevada significación tiene el hecho de que en la *Primera Crónica General* el rey y sus colaboradores áulicos no se preocupen sólo en glorificar la memoria de la estirpe real, sino que se compenetren con las hazañas y los recuerdos que la nación vinculaba en los hidalgos de Salas o de Bivar, a los cuales conceden liberalmente más atención y más capítulos que a los reyes coetáneos. Antes, la historia oficial no tocaba la historia de los rebeldes al trono sino para execración de los mismos; Fernán González figura en la historia de Sampiro como un tirano desaforado, y ahora sus disensiones con los reyes aparecen vistas por la *Primera Crónica* con la misma simpatía con que las miraban los juglares, sin la menor atenuación. Otro rebelde es Bernardo del Carpio, y, sin embargo, es tratado ampliamente por la *Crónica*, la cual también acogió, sin el menor paliativo, episodios de la vida del Cid, como la jura en Santa Gadea, en el que el rey queda sospechado de fratricidio.

Nada más infundado que suponer en la *Crónica* regia un espíritu hostil contra el héroe popular, como ideó Dozy y aceptó De los Ríos (27). Esta suposición desconoce fundamentalmente el espíritu de los compiladores y la idea que se habían hecho de la historia.

Para indicar algunas cuestiones que suscita la materia épica de la *Crónica* tomaré como base un relato sobre el que no se ha fijado debidamente la atención. Según cuenta la *Crónica* en sus capítulos 883 y 885, la princesa mora Zaida, que era «doncella grande e muy fermosa e enseñada e de muy buen contenente», hija de Abenabet, rey de Sevilla, se enamora de Alfonso VI, sin haberle visto nunca, por oír su buena fama, y le envía mensajeros, ofreciéndole la ciudad de Cuenca y otros castillos de la comarca si se casaba con ella. El rey castellano acepta gustoso tal proposición, para consolidar su dominio en el reino de Toledo; y después, de acuerdo con su suegro Abenabet, llama a España a los almorávides africanos para con su ayuda someter a todos los musulmanes de la Península. Pero los moros de allende, al desembarcar, se vuelven enemigos, matan a Abenabet de Sevilla y vencen a su yerno Alfonso en Zalaca y en Uclés. El rey cristiano se venga después, a pesar de la

---

(27) *Recherches*, II³, págs. 53-54; *Historia crítica*, III, pág. 586.

traición del conde castellano García Ordóñez, saqueando a Sevilla y a Córdoba, haciendo pedazos al moro Abdalla —el matador de su suegro el rey sevillano— y quemando a los principales de los moros enemigos.

Este relato, que más abreviado se encuentra también en el Toledano y el Tudense, tiene algo de histórico; pero en bastantes puntos es manifiestamente fabuloso, y hasta a veces se halla en abierta oposición con lo que las tres historias que lo refieren cuentan de la venida de los almorávides en otro lugar, según fuentes fidedignas. Hay, sin duda, en ese relato indudables elementos poéticos: sobre todo, la princesa enamorada «de oídas, que no de vista», como en tantos poemas y romances, y los castigos con que se consuma la venganza final. Pero esto no nos autoriza a suponer un relato versificado, un cantar de gesta, más bien que una simple leyenda en prosa, acaso oral. Desde luego, la *Crónica* expresa que se funda en una *estoria* (pág. 553 *b*, 11), aludiendo a una fuente escrita, para un pasaje que no procede ni del Toledano ni del Tudense, fuente escrita que, además, es postulada por lo muy circunstanciado del relato; mas, naturalmente, para suponer que esa *estoria* era un cantar épico es preciso algún apoyo especial, que creo existe en este caso: la historia de Zaida abunda en episodios guerreros propios de la epopeya, y uno de los personajes que intervienen en esas guerras, el conde traidor García Ordóñez, es personaje conocidamente épico, que aparece en otros poemas con el mismo carácter odioso. Indicios nada más, pero de bastante peso. Además, la *Crónica* conoce tres versiones respecto del lugar en que la princesa mora celebró su primera entrevista con el rey castellano: «Et unos dizen que veno ella a Consuegra, que era suya et acerca de Toledo; otros dizen que a Ocaña que era suya otrossí; otros dizen aun que las vistas que fueron en Cuenca; mas las vistas ayan seido o quier, ca el fecho de lo que la Çaida querie acabósse; et nos vayamos por la cuenta de nuestra *estoria* que dize assí...» (página 553 *b*, 8). A la *estoria* de doña Zaida, escrita, que la *Crónica* sigue, opónense aquí otras dos variantes, sin duda escritas también, o, si acaso, orales fijadas en una forma métrica; pues no parece que serían dignas de llamar la atención del compilador, para contraponerlas a la fuente principal, dos discrepancias oídas de pasada en relatos fluctuantes, de contexto no fijado de ningún modo. Ahora bien, esta abundancia de variantes es habitual en la transmisión de los cantares, y la *Crónica* ofrece otros casos de acumulación de ellas, justificada por venir de textos muy divulgados, conocidos de muchos, mientras que una leyenda en prosa ofrece menos variantes, y no es tan natural, dada su falta de popularidad, que fuese consultada en dos y tres redacciones diferentes por la *Crónica*.

Muy diversa es la cuestión respecto al relato de las desventuras amorosas del conde Garci Fernández, el de las manos blancas, o al del matricidio de Sancho García. También éstos aparecen en la *Crónica* con colores poéticos, más pronunciados aún que en la historia de doña Zaida; pero en ellos, en vez de elementos heroicos, hallamos sobreabundancia de aventuras novelescas. Falta la materia épica, y por eso creo que en estos dos casos de Garci Fernández y Sancho García la *Crónica* remonta, no en modo alguno a cantares de gesta, aunque ilustre maestro lo haya juzgado así (28), sino ora a cuentos en prosa o a novelitas versificadas, ora más bien a romances juglarescos, por el estilo del del conde Alarcos, género que, aunque pertenezca al romancero, está aún bastante lejos en la epopeya.

La posible irregularidad en la extensión de los resúmenes de la *Crónica* trae dificultades para juzgar lo resumido, pues se empieza por dudar si el relato breve procede de fuente breve, y si la falta de ciertos caracteres en el resumen procede de ausencia de ellos en el original o de su eliminación en la *Crónica*. Creo que la *Crónica* sigue normas muy variables en cuanto a la amplitud en resumir, sobre todo según que su inspiración en el original poético es enteramente directa o no; así,

---

(28) Menéndez Pelayo, *Ant.*, XI, 1903, págs. 242-251.

no me cabe duda de que la brevedad en los relatos de doña Zaida y el infante García (éste derivado de un *romanz,* expresamente citado por el compilador) proviene en parte de que la *Crónica* se atiene más o menos a resúmenes hechos antes por el Toledano y el Tudense, quienes, en su calidad de historiadores latinos, habían abreviado mucho sus fuentes vulgares; en cambio, la máxima extensión dada al resumen del *Mio Cid* puede provenir de que la *Crónica* se sirviese de una anterior prosificación, hecha con toda amplitud en el monasterio de Cardeña, al cual especialmente interesaba ese héroe. No obstante, creo que, prescindiendo del caso del resumen más prosaico y sin ningún discurso directo en que se nos ofrece la historia de Zaida, en todos los otros resúmenes más circunstanciados (donde se llega a usar el diálogo como signo más visible de mayor detenimiento), es posible en la *Crónica* vislumbrar la amplitud de los originales; y vemos marcarse tres tipos de poema, sobre cuya extensión podemos aventurar aquí un cálculo, fundado tan sólo en la proporción que hay entre los capítulos de la *Crónica* derivados del poema de Fernán González y el número de versos de éste (29).

En primer lugar, hallamos una forma de grandes dimensiones, a la cual pertenecen el poema de Fernán González, que en su estado completo tendría 3.500 versos, y el *Cantar de Zamora,* con una extensión semejante; esto es, composiciones de una longitud análoga a la del *Cantar del Mio Cid* que conocemos. El *Mio Cid* que usaba el compilador era una refundición dilatada del poema primitivo, en la que ya se observan los síntomas internos de la decadencia de la poesía heroica, a los cuales se viene a sumar el síntoma externo de la gran longitud, pues, a juzgar por la *Crónica,* no tendría menos de 5.500 versos, u 8.000 si acaso formaban parte de él los capítulos finales de la vida del héroe. La extensión de estos cantares es siempre menor que la de las *chansons* francesas.

---

(29) Repetiré este importante cálculo con más detenido estudio.

Pero además había un tipo menor de cantar de gesta, representado por el de los *Infantes de Salas* y el de *Bernardo del Carpio,* que debían tener tan sólo unos 1.500 versos.

En fin, todavía hay un tipo mínimo, al que pertenecen la historia de *Mainete* y la del *Infante García,* que podrían tener 500, 600 versos o cosa así.

Ahora observemos que la *Crónica* emplea, repetidas veces, para las dos primeras clases el nombre de *cantar,* y para la última usa una vez el de *romanz;* y nótese que el *Mainete* y el *Infante García,* según nuestro cálculo, tendrían una extensión semejante a los romances del *Marqués de Mantua* (760 versos), del *Conde Dirlos* (680 versos), del *Conde Alarcos* (215 versos). Y con esto llegamos a la importante presunción de que los nombres *cantar* y *romanz* no están empleados del todo indistinta y caprichosamente por la *Crónica* (30), sino que en tiempos de ésta se hacía ya, en la producción épica, la misma distinción que hemos de aceptar en la asendereada frase del marqués de Santillana referente a los «cantares e romances». No es éste el lugar de poner de manifiesto las importantes conclusiones que esto encierra para la historia literaria, ni de establecer las debidas diferencias entre la poesía del siglo XIII y la del XV, en que ambas denominaciones se repiten.

Podrá, acaso, rechazarse nuestra explicación de la sequedad del relato de *Zaida,* y proponer otra: la de que esa leyenda no estaba versificada, ya que en la *Crónica* no se hallan rastros de lenguaje poético ni métrico en esa parte, como se hallan en la parte de Bernardo, de

---

(30) Claro es que voces como *cantar* y *romance,* de contenido semántico inicial tan vago, de aplicaciones tan varias, no podían tener una delimitación precisa, seguramente aplicada siempre. *Romanz* se aplicaba también a poemas extensos (v. *Cantar de Mio Cid,* página 16), y la misma *Crónica,* en la leyenda de Bernardo, usa juntas las expresiones «romances et cantares» (pág. 375 *a,* 27); «cantares e fablas de gesta» (351 *a,* 21; 355 *b,* 49; 356 *b,* 24), no sabemos con qué sinonimia o con qué diferenciación. Para P. Rajna (*Romanic Review,* VI, 1915, pág. 12, n. 37) las dos voces parecen sinónimas en el texto de la *Crónica,* pero acaso no en el de Santillana.

Fernán González, de los Infantes y del Cid; y se puede añadir que, de la forma métrica original de estos relatos que se trasluce en la prosa de la *Crónica*, hay comprobación directa, ya que de todas estas leyendas se ha transmitido hasta hoy alguna redacción versificada, gestas o romances, mientras que de *Zaida* nada de esto ha llegado a nosotros. Pero contestaríamos insistiendo en que la sequedad de la *Crónica* nunca puede ser un criterio, ni menos puede serlo la conservación actual de restos poéticos; secamente se resume la escena de la muerte de Fernando I, y, sin embargo, fue cantada, y de ella tenemos hoy romances; y, por el contrario, poéticamente se resumen el *Romanz del Infante García* y el *Mainete*, y de ellos no nos ha llegado rastro alguno de poesía antigua.

He aludido a restos de versificación que se descubren en la *Crónica*, y son tan evidentes, que los han echado de ver cuantos han estudiado el texto con intención historicoliteraria, desde Floranes, Sánchez, Berchet, el marqués de Pidal y De los Ríos en adelante. La observación se hizo un lugar común, del que se ha abusado, pues hasta se cayó en el divertido extremo de descubrir asonancias en párrafos de la *Crónica* prosaicos por demás y evidentemente traducidos de la obra del Toledano, y se llegó al abuso de fabricar rimas atropellando la sintaxis y, lo que es peor, la morfología misma del idioma.

Para que veamos restos de formas métricas, y no asonancias casuales, de las que toda prosa puede tener, es preciso que a ello nos autorice el tono poético de la frase o, al menos, del pasaje; o que las asonancias no sean de las más sencillas que la lengua ofrece con profusión; o que se descubran el ritmo del verso, la inversión no usual en la prosa, o cualquier otra especialidad provocada por las necesidades de la rima o el metro.

En fin, para esta tarea crítica y para cualquier examen de las prosificaciones contenidas en la *Crónica*, es preciso recoger aquí una observación, ya hecha respecto al texto en general. Como al utilizar los reflejos épicos de la *Crónica* importan, más especialmente que nunca, los detalles de la frase, recuérdese que la versión regia es un texto de lenguaje amplificado, y que, en general, será preferible la versión vulgar. Pero recuérdese también que ni una ni otra representan exclusivamente mejor el borrador original, o sea la primitiva y directa prosificación de las gestas, sino que el detalle de frase de ellas puede estar mejor conservado, ora en una, ora en otra de las dos versiones. Milá había observado ya (31) que el códice escurialense —sea la versión regia— ofrecía menos huellas de versificación que otros; pero no conoció la duplicidad de transmisión del original primitivo. Yo mismo, en mi primer trabajo sobre el texto de la *Crónica*, preferí la versión regia; pero hoy, en una reimpresión de dicho trabajo, preferiré la vulgar.

VALOR DE LA «CRÓNICA» COMO COMPILACIÓN.

Por todo lo que llevamos dicho de las fuentes de la *Crónica*, podremos apreciar ésta como compilación. Las compilaciones anteriores, como la del Tudense, se contentan con ensartar, una a continuación de otra, las diversas obras de que se sirven. El Toledano desarrolla una idea más compleja de lo que debe ser la historia, trabajando para ampliar y coordinar las varias informaciones que utiliza. Pero la *Primera Crónica* marca después un adelanto sensible: el plan es mucho más amplio que en ninguna obra anterior, y el trabajo de información complementaria y de coordinación de fuentes cronológicas y narrativas es bastante complejo y personal para que podamos decir que por primera vez se ve en ella un intento de verdadera construcción histórica. No olvidemos que en el Bellovacense no hallaremos esto, y apenas necesitaríamos advertir que tal trabajo está hecho en la *Crónica* con un atrevimiento

---

(31) *De la poesía*, págs. 414, 416, 290, n. 1.

e inexperiencia en absoluto infantiles. Sobre todo, la cronología forma, sí, un sistema; pero un sistema radicalmente malo en la mayoría de los casos.

Las varias manos que intervienen en la compilación traen desigualdades en la obra.

Y lo primero que ocurre preguntar es en qué las dos partes de la *Crónica*, debidas a dos generaciones sucesivas, responden a una misma concepción, y en qué la segunda parte representa una desviación de plan respecto de la primera. Desde luego, las dos partes se armonizan bastante bien en una porción de aspectos, como en la idea nacional, en el espíritu literario, en la disposición externa de la narración y hasta en la armazón erudita; pues si quisiéramos dar una fórmula esquemática de la composición del conjunto, podíamos decir que la *Crónica* era, desde el principio hasta el fin, una compaginación del Toledano y el Tudense entre sí, acrecida sobre todo con dos grandes adiciones: la historia romana en la primera parte y las leyendas heroicas en la segunda.

Pero también las diferencias entre ambas partes son claras. La primera parte trasciende la universalidad de espíritu y de cultura de Alfonso X, que no se ve en la segunda (32). Pudiera creerse que esto era efecto tan sólo de que el asunto de esa primera parte entraña las cuestiones mundiales y católicas que el Imperio romano trae consigo, y, sin duda, hay algo de esto; pero también la segunda parte hallaba ocasión de incidir en una porción de aspectos del mundo cristiano y oriental, y no lo hace (al menos con la amplitud que la primera parte), encerrándose más en los límites peninsulares. El hecho es que ambas mitades se distinguen: la primera, por el uso de fuentes clásicas, y la segunda, por el de fuentes épicas; y obsérvese que, en cierto grado de cultura, esas dos fuentes de inspiración vienen

---

(32) Riaño, pág. 28, juzga de otro modo, negando, sin distinción, el carácter personal de la *Crónica*.

a ser casi antitéticas, llegando los influidos por el clasicismo a perder todo interés por la poesía nacional. Acaso el espíritu de Alfonso X se elevaba sobre tal limitación, como los verdaderos humanistas del siglo XVI que alcanzaron el punto de coordinación y armonía en el estudio de la antigüedad clásica y de la vida moderna, y quizá en el primitivo plan del Rey Sabio estaba prevista la intervención de la épica, aunque ésta no interviene directamente, en la primera parte, en el reinado del rey Rodrigo. Pero, de todos modos, siempre resulta que los compiladores del tiempo de Sancho IV, al utilizar las gestas nacionales y no otras fuentes extranjeras, escribieron con criterio más particularista que los que trabajaron bajo Alfonso X.

Si la *Crónica* hubiera sido concluida por el Rey Sabio, hubiera tenido toda ella el carácter definido y excepcional que a menudo se marca en la primera parte; hubiera sido, probablemente, mucho más extensa, más complicada (33), y hubiera quedado como obra personal, de texto más fijo, como otras obras de Alfonso X, señera e invariable en su transmisión. Convertida en obra colectiva, perdió mucho en personalidad, se abrevió, y este cambio de carácter fue el que precisamente hizo que la transmisión de la obra fuese más activa y, al mismo tiempo, más libre y cambiadiza. Y es muy de notar que, aun agrupadas las dos partes en un mismo cuerpo de obra, el diferente carácter de una y de otra les imprimió rumbos distintos en la transmisión. La primera es mucho menos variable en los manuscritos que la segunda. Todo lo que arriba hemos dicho de la transmisión multiforme y desconcertante de la *Crónica* debe aplicarse, en especial, no a la primera mitad, sino a la segunda, que fue la que más se transformó.

---

(33) Pienso, sobre todo, en los 100 primeros capítulos; por ejemplo, en la extensión con que se trata la historia de Dido, y en la complicación de fuentes que supone el «Señorío de los griegos» y el de «los almujuces».

Influencia de la «Crónica» en la historiografía.

Porque, gracias a su gran novedad y a su mérito, la *Crónica* formó escuela, haciéndose centro de una activa literatura historial.

Es bien manifiesta la influencia de Alfonso X, más que nada sobre algunas personas, especialmente de su propia familia; pero no se aprecia bastante cierta influencia difusa que perdura en una actividad colectiva. La *Crónica*, por ejemplo, es mal conocida en este aspecto interesantísimo, y, sin embargo, ella misma en sí es ya ejemplo de influencia difusa, pues nos ofrece, al lado de la obra de Alfonso X, una continuación, siendo así como un lazo material y visible que une dos épocas: la de un espíritu guiador y la de sus continuadores. Pero, además, no sólo en esta obra se absorbe la tradición historiográfica anterior, resumida en el Tudense y el Toledano, sino que de la concepción histórica iniciada por el Rey Sabio proceden una serie de historias en lengua vulgar que, confundidas durante muchos siglos en un informe montón de códices, empezamos ahora a distinguir en algunas producciones capitales, como la *Crónica de 1344*, la de *Veinte Reyes*, la de *Castilla*, la *Tercera Crónica General* y la *Cuarta*, la *de 1404* y otras, cada una de las cuales es, por lo común, centro de otra serie de variedades aún mal conocidas. Por lo cual no basta establecer grandes familias: hay que estudiar la vida de cada una a través de sus múltiples variantes; es necesario abarcar el completo conjunto, como siempre que las obras se producen en series (34). El caso de las crónicas es análogo, por ejemplo, al de los fueros municipales; unas y otros necesitan un estudio filológico histórico de conjunto, pues

---

(34) Una clasificación general de las principales crónicas y un examen especial de algunas variedades se hace en las *Crónicas generales de España* descritas por R. Menéndez Pidal, 3.ª edición, Madrid, 1918.

sólo conociendo íntimamente las relaciones genealógicas de los varios términos se puede aprovechar bien y apreciar cualquiera de ellos. Por no apoyarse en este trabajo previo de conjunto, excelentes estudios padecen inevitables confusiones entre las corrientes más extrañas y los valores más diversos que se mezclan en algunos de los monumentos consultados.

En esta abundante serie de crónicas derivadas de la *Primera General* es donde vemos más claramente comprobado el distinto carácter de las dos partes de la *Primera Crónica;* la parte de la obra primitiva, debida a Alfonso X, o bien se copió con escasas variantes, o bien no fue comprendida su necesidad y se la cercenó despiadadamente: trabajo de bastante carácter personal, como hemos dicho, quedó con su personalidad superior, pero poco fecunda; en cambio, la parte hecha bajo Sancho IV tuvo gran influencia. Con ella nace toda una escuela de cronistas atentos a las narraciones épicas, desde la *Crónica de 1344* hasta la de Rodríguez de Almela. Anónimos apasionados del antaño heroico, siguieron desrimando con fe las obras que los juglares producían, y engrosando con ellas el caudal de la historia. No importa que las nuevas producciones épicas se novelizasen cada vez más y se convirtiesen en poemas muy semejantes a los libros de caballerías; las crónicas, alucinadas, seguían a la epopeya en este camino de decadencia que tanto la apartaba ya de la historia, y precisamente la tarea prosificadora era la preferida por los cronistas, siendo de notar que las crónicas varían más en la parte épica que en la propiamente histórica. Esto, dentro de la corriente iniciada por la *Primera Crónica*, es fácilmente comprensible: en primer lugar, nuevos textos históricos eran raramente descubiertos, mientras que, en cambio, surgían siempre nuevos textos épicos; después, téngase en cuenta el éxito de la poesía: ninguna figura de las crónicas logró en la memoria de las generaciones tan indeleble recuerdo y tan colosal grandor como las heroicas, a las cuales era natural atender más.

Así, debido a estas crónicas épicas, nuestros poemas, aun después de caídos en el olvido, vinieron a ser la principal historia popular, la base del sentimiento nacional; y, a su vez, debido a los poemas que acogieron, las crónicas llegaron a ser inspiradoras fecundas de nuestros poetas de todos los tiempos.

El caso de la prosificación de poemas se ofrece en muchas literaturas y en diversas épocas (35); pero creo debe notarse en nuestro caso una discrepancia respecto de la literatura francesa. A no ser el caso suelto y raro de un breve resumen de alguna leyenda, como el de la de *Berte au grand pied* en la *Crónica Santonense*, de principios del siglo XIII, hecho semejante sólo a la inclusión de materia épica en los historiadores latino-medievales (Alberic des Trois-Fontaines, Tudense, Toledano), nada hay en la historiografía francesa que se parezca a la prosificación de poemas, amplia y frecuente en la *Primera Crónica* y en toda la serie de crónicas derivadas. En Francia, la prosificación de las *chansons* se hizo también a menudo; pero no en el campo de la historia, sino en el de la novela; y se hizo más tarde, correspondiendo su máxima actividad al siglo XV. Esto nos indica que en España la prosificación representa la nacionalización de la materia épica, acogida aun entre los eruditos, mientras que en Francia representa simplemente la vulgarización, en una forma de arte inferior, para las clases menos cultas.

VALOR LITERARIO.
LA AMPLIFICACIÓN.

La *Primera Crónica*, que tantas novedades internas nos ofrece, innova también mucho en la forma literaria de escribir la historia.

---

(35) V. Nyrop, *Storia dell'epopea*, pág. 56, n. Hasta en la *Crónica de Felipe II*, por Antonio de Loaces, se desrima la *Austriada* de Juan Rufo (*Revue Hispanique*, VI, 1899, pág. 194).

La sequedad de las crónicas latinas de los siglos anteriores era extrema. Algún trozo retórico en San Isidoro; reminiscencias fraseológicas de Salustio, en el Silense; una positiva elegancia, y a veces austera elevación, en el Toledano, es todo lo más que podemos hallar. Las crónicas, en general, completamente ciegas para todo lo que no fuese la materialidad de los hechos más abultados, suelen limitarse a la desgranada y breve mención de guerras, calamidades públicas, grandes trastornos políticos o sucesión de reyes, dibujando apenas el esqueleto de las cosas con una radical inatención para todo lo vivo y palpitante del suceso. Su breve y descarnado relato contrasta lastimosamente con la animación anecdótica, la abundancia de observación y el interés íntimo que sabe ofrecer la historiografía árabe.

La *Crónica General* representa, en este sentido, un adelanto. Reconoce que la historia es vida pasada que hay que sentir y comprender; pero, frecuentemente, al realizar esta idea, procede con un criterio artístico, no histórico, sometiendo los textos que le sirven de fuente a una amplificación, sin otro objeto que el de hacer más animado el relato. Un ejemplo rudimentario de este infantil procedimiento hallamos cuando el Toledano y el Tudense usan sencillamente el verbo *obiit* para anotar la muerte de un personaje, y la *Crónica* suele traducir «adoleció et finó», no faltando, sin duda, a la exactitud histórica al añadir la noticia de la última dolencia. Pero ya se arriesga más el compilador cuando juzgaba que tan necesario como la enfermedad para la muerte era el toreo para las fiestas, y hallando en Paulo Orosio la noticia de que el emperador Cómodo gustaba de luchar *con fieras* en el circo: *in amphitheatro feris sese frecuenter obiecit*, traduce estas simples palabras por este largo párrafo: «salie en ell amphiteatro a *las bestias fieras et a los toros a lidiar con ellos et a matarlos* cuemo otro montero qualquiere, que son fechos que no convienen a emperador ni a rey ni a otro princep ni a ningun omne bueno» (36). Cuanto más el hecho impresiona la imaginación del compilador, más añade éste pormenores narrativos arbitrarios, a fin de hacer el relato más pintoresco. Véase, por ejemplo, el envenenamiento de Sancho I el Gordo (pág. 423 *b*).

Además de la amplificación decorativa, la hallamos otras veces retórica, de discursos y elogios, de reflexiones moralizadoras, como la que vemos apuntar en el ejemplo del emperador Cómodo. Abunda también la que tiene carácter de comentario, que, como puede suponerse, es muchas veces aventurado. El compilador, tratándose de fuentes latinas, expone con amplitud, y a menudo interpreta y borda el texto que sigue; no *traduce*, sino que *deduce*, y esto no sólo en los textos lacónicos de suyo, sino en todos, hasta en los poéticos, como sucede cuando traslada los versos de Ovidio o de Lucano, que, a veces, se dilatan desmesuradamente. Hay, por parte del compilador, el deseo de no desperdiciar el más mínimo matiz embebido en el significado de las palabras que traduce. Tratándose de fuentes romances, esta tendencia ya apenas se observa. Las fuentes juglarescas más bien se acortan, en vez de ser ampliadas. La amplificación depende del grado de consideración y estima con que es mirado el texto que se copia.

Verdad es que el criterio literario, a que generalmente obedece la amplificación, ya quedaba bien satisfecho por la mera admisión de las obras juglarescas en la *Crónica*. No sólo esto. Con la admisión de las gestas, la *Crónica* llega a resarcirnos de la inferioridad que hemos señalado en la historiografía cristiana respecto de la musulmana. Pues en la poesía heroica se refleja más viva que en la historia, y más bella, la imagen del pasado, no sólo en su color y forma, sino en su espíritu mismo; sin ella, ignoraríamos, con muchos ritos y costumbres, muchas maneras de pensar y de sentir, que nos dan a conocer la antigua civilización

---

(36) *Orosio*, VII, 16; *Prim. Crón.*, pág. 155 *b*, 46.

medieval mejor que cualquier producción histórica de la época. Y la *Crónica*, acogiendo en sus páginas los restos de la epopeya, no sólo salva esta importante manifestación poética de la pérdida casi total en que cayó, sino que hace llegar a nuestros ojos un reflejo intenso de vida pasada; trae a nuestros oídos el eco lejano, pero aun recio y distinto, de la vida íntima, de la pasión y el tumulto de las generaciones primitivas de Castilla, devoradas por el olvido hace tantos siglos. Los hombres que dieron origen a Castilla, su historia nunca escrita entonces, su literatura abismada en el gran naufragio de aquella vida, sólo nos dejan su recuerdo en la *Crónica*.

Lenguaje.

Por lo demás, la *Crónica* manifiesta muy variamente su tendencia artística. Su prosa no se moldea sólo sobre los desmedidos versos de los juglares castellanos, sino también sobre los decadentes exámetros de Lucano, sobre los apasionados dísticos de Ovidio, sobre la retórica poesía de Alhuacaxí, rebosante en el oscuro tecnicismo de la poética árabe.

Así, en prosa tiene el gran encanto de ser un reflejo multicolor de las más elevadas corrientes de arte y de cultura, que se dejaban sentir las generaciones viejas y nuevas que convivieron y se sucedieron en la corte castellana durante los dos reinados de Alfonso X y de Sancho IV.

Y esa variedad se manifiesta más aguda por no haber una verdadera fuerza tradicional en el cultivo del idioma que pudiese coartar la espontánea adaptación a los diferentes modelos y la iniciativa de cada uno de los compiladores. No era la primera vez que se aplicaba el romance a la prosa histórica, pero sólo se había usado en traducciones sin originalidad o en obras de escasa significación. Alfonso X, al planear y realizar en gran parte el importante esfuerzo de una primera construcción histórica en lenguaje vulgar, puede decirse que también crea la forma externa de la misma, dando nacimiento a la prosa historial castellana, que desde el comienzo se revela como la primera entre las otras vulgares de la Península.

La *Crónica,* obra de dos generaciones, presenta a nuestro estudio un vocabulario rico y de abolengo, poco perturbado por latinismos y extranjerismos, y una construcción que, aun no sabiendo triunfar de la inhabilidad primeriza, admiraba por su concisión al principal estilista de la generación siguiente, a don Juan Manuel; en suma, un material amplio y vario, marcado con el interesante sello de una época que es, a la vez, de orígenes y de activa transición de la lengua oficial.

Los idiomas de Francia y de Italia no tenían nada semejante cuando Alfonso X vulgarizó la historia general. La prosa narrativa se empleaba allá en importantes relatos de sucesos particulares; ya había escrito un Villehardouin; pero la historia general de la nación aún tardará mucho en tener un verdadero monumento vulgar.

Valor nacional.

Esto nos lleva, en fin, a notar la tendencia nacional hispánica de la *Crónica*. No era ciertamente esa tendencia una novedad, pues la generación pasada la había manifestado, al menos en obras escritas en latín. Anteriormente, sólo se escribía la crónica de los monarcas de uno o varios reinos peninsulares; pero la vista compresiva de todos los reinos, en el conjunto de lo que es España, sólo se obtiene en tiempos de San Fernando, en las dos obras capitales del leonés Lucas de Túy y del navarro Rodrigo de Toledo, de espíritu éste más decididamente nacional, como inspirado en el nacionalismo de la dinastía castellana, también de origen navarro. Y es muy explicable que en el reino castellano-leonés se manifestase la amplia tendencia nacional, cuando no existía en ninguno de los otros reinos peninsulares; ese reino se había presentado, desde su origen, como heredero de la monarquía visigótica de la España una; ese reino poseía a Toledo, la antigua ciudad regia, sede de San Ildefonso, y acababa de conquistar a Sevilla, sede de San Isidoro; es decir, abarcaba los dos grandes centros de la antigua cultura visigoda; ese reino había visto reiteradas veces reconocida su dignidad imperial por los otros reinos de España, y había realizado, aunque momentáneamente, un ideal de imperio castellano bajo Alfonso VII.

Pero si la *Primera Crónica* no es original en tratar el conjunto de los reinos peninsulares, si su historia de Navarra, Aragón y Portugal deriva del Toledano o del Tudense, recordemos que, además, es también nacional porque no es mera historia de reyes, sino que procura reflejar la vida de los principales elementos de la nación; y la forma popular en que realiza esto le dio éxito durable.

Las traducciones gallegas, portuguesas, aragonesas y catalanas que se hicieron de la *Primera Crónica,* de sus derivadas y del Toledano, indican que los países vecinos reconocían y admiraban esta manifestación del pensamiento ibérico, debida a Castilla, que en tantas formas fue siempre propugnadora y realizadora de él.

Así, la historiografía castellana, libre de la limitación que se observa en la de las otras regiones, es índice de una de las cualidades morales características de Castilla, a la que ésta debe su grandeza. Castilla creó la nación por mantener su pensamiento ensanchado hacia la España toda; jamás ningún egoísmo regionalista puede nacer en ella, ni tampoco por ella debe ser acatado.

LA PRIMITIVA POESÍA LÍRICA ESPAÑOLA

Se publicó por primera vez este trabajo en el *Ateneo científico, literario y artístico de Madrid. Discurso leído en la inauguración del curso de 1919-1920 por don Ramón Menéndez Pidal, presidente del Ateneo, el día 29 de noviembre de 1919*

Abriendo una y otra de nuestras historias literarias, advierto en todas la falta de un capítulo muy importante, mejor diré, esencial. Me refiero a los orígenes de nuestra poesía lírica, buscados en sus fundamentos y raíces más indígenas o nacionales.

La poesía lírica, se ha dicho con mucha parte de razón, no se desarrolla bien en las épocas primitivas. Es arte que prospera en un ambiente refinado, principalmente en las cortes de los reyes y de los grandes. Es arte tan artificial, que en Castilla, durante los primeros tiempos, ni siquiera se cultiva en la propia lengua castellana, sino en la gallega; nace, además, sometido a la influencia o tutela provenzal, y cuando llega ya a expresarse en lengua castellana, busca el amparo de otra influencia: la del renacimiento italiano. Todo parece así extranjero en los primeros períodos de esta forma de arte.

Pero no es fácil admitir un completo exotismo en el arte lírico primitivo de un pueblo que tiene muy desarrollados otros órdenes de poesía, y entonces hay que pensar que todo género literario que no sea una mera importación extraña surge de un fondo nacional, cultivado popularmente antes de ser tratado por los más cultos. Algo así como sucede con el lenguaje mismo: empieza por ser meramente oral y vulgar antes de llegar a escribirse y hacerse instrumento de cultura; en su origen puede sufrir grandes influencias exteriores, pero siempre es una creación propia del pueblo que lo maneja. De igual modo, lo indígena popular está siempre como base de toda la producción literaria de un país, como el terreno donde toda raíz se nutre, y del cual se alimentan las más exóticas semillas que a él se lleven. La sutileza de un estudio penetrante hallará lo popular casi siempre, aun en el fondo de las obras de arte más personal y refinado.

Pero he aquí que si los orígenes de la epopeya, o de la novela, o del teatro están ya bastante investigados, por difíciles y oscuros que a veces aparezcan, los de la lírica no.

En 1876, Menéndez Pelayo (siempre hemos de partir de su nombre al hablar de literatura) resumía bien, como hacía siempre, el más general estado de la opinión, diciendo categóricamente que una lírica popular no había existido nunca en España, y aun podía añadir que ningún pueblo la tenía: los cantos del pueblo, si son populares, no son buenos, y si son buenos, no son populares. Todavía en 1897 recordaba la misma idea, constituyendo deliberadamente con la lírica un caso aparte entre los géneros literarios: «Artes hay, como la poesía lírica, la escultura y aun cierto género de música que, a lo menos en su estado actual, ni son populares ni conviene que lo sean, con detrimento de la pureza e integridad del arte mismo... Tales artes son esencialmente aristocráticas.»

Pero los exploradores del mundo literario habían hecho ya importantes descubrimientos. Se habían publicado los cancioneros gallegoportugueses, y en ellos, al lado de las poesías escritas según arte de gran maestría por poetas que viven en un medio aristocrático, e imitan los provenzales, hay otras que, aunque hechas, acaso, por los mismos poetas, parecen nacidas en aquel pedazo de la costa atlántica, y trascienden la brisa de aquellas rías y el perfume de aquellos campos. Y ya «no es posible negarlo (dice el mismo Menéndez Pelayo): hubo en los siglos XIII y XIV una poesía lírica popular de rara ingenuidad y belleza, como hubo una poesía épica, aunque en lengua diferente». Se reconoce así que existió una lírica popular, pero gallega. Se trata sólo, al parecer, de una aptitud sentimental privativa del pueblo gallego, hija, quizá, de ese decantado fondo étnico céltico, que bien podrá no tener fundamento alguno antropológico, pero que seduce a tantas generaciones de escritores. Castilla nada semejante ofrece en sus cancioneros.

Pero cabe preguntar: ¿Nada absolutamente hallaremos en Castilla? Examinando la turbamulta de poetas aristócratas del cancionero general, un hombre de gusto como Menéndez Pelayo encontrará, entre la insipidez corriente, un rasgo de fugaz frescura en el final de esta estrofa, del marqués de Astorga a su amiga:

> Esperanza mía, por quien
> padece mi corazón
> dolorido,
> ya, señora, ten por bien
> de me dar el galardón
> que te pido.
> Y pues punto de alegría
> no tengo si tú me dejas,
> muerto so;
> vida de la vida mía,
> ¿a quién contaré mis quejas
> si a ti no?

Este final es algo dicho con agradable sencillez, algo que se destaca del conjunto; pero es porque esos últimos versos no pertenecen al marqués de Astorga. Se hallan en cartapacios literarios y en el libro de música de Salinas, con variantes, como canción popular conocidísima, titulada *Las quejas:*

> ¿A quién contaré mis quejas,
> mi lindo amor,
> a quién contaré mis quejas
> si a vos no?

Es de alabar el fino acierto con que Menéndez Pelayo sabe, entre una balumba de versos insignificantes, hallar tres de un grado y un sentimiento especial. Pues bien: ellos son, como acabamos de decir, un hálito de encanto, salido descuidadamente de la que sin rebozo podemos llamar el alma del pueblo; son un jirón de esa lírica popular, antes negada, que se levanta luminoso por cima de un enorme hacinamiento de la lírica cortesana y aristocrática, antes juzgada única posible. Y a la desnuda belleza de esos versos añádase, porque la lírica popular es siempre cantada, la melodía de *Las quejas*, que nos conserva Salinas, y es de una delicadeza primorosa; en sus notas aletea la breve canción su raudo vuelo, que lleva tras sí nuestro afecto a vagas lejanías. Y ahora bien: la lírica popular que vemos apuntar en este ejemplo del siglo xv, ¿no existió antes?

Lo que hoy se conoce de nuestros orígenes líricos se halla en la gran *Antología* de Menéndez Pelayo. Éste, al historiar el género, observa, con razón, que la poesía lírica se desarrolla mucho más tardíamente que la épica. Sin duda existía un lirismo rudimentario en las épocas primitivas; pero ése hay que buscarlo implícito en obras no líricas. Por tanto, no podrá chocarnos mucho que, en la Antología de la poesía lírica, el período de orígenes se llene con otro género de poesía diversa: el de la poesía épica. La lírica no es flor de los tiempos heroicos, sino de las edades cultas y reflexivas. Así, mientras la lengua castellana producía obras maestras en la poesía épica desde el siglo xii, no sabía emplearse en la poesía lírica, para la cual los poetas castellanos usaban de la lengua gallega.

El caudal lírico de la Península aparece como arte aristocrático en espléndidos y costosos cancioneros. Aparece en el siglo xiii con los cancioneros gallegoportugueses, denominados de Ajuda, de la Vaticana y Colocci Brancuti, y no se continúa abundantemente sino en el siglo xv, con el cancionero gallegocastellano llamado de Baena.

En los cancioneros gallegoportugueses se encuentran tres principales clases de canciones, según la antigua división que de ellas se hacía por sus asuntos. Hay *cantigas de amor* dirigidas a la amada, en que los caballeros maldicen el dolor que los atormenta, bendiciendo a la señora que los causa; se quejan de mil maneras de su dama, procuran aplacar sus rigores, o se alejan de ella para ir a la corte del rey. «Penados de amor, de amor, de amor.» Hay, en segundo lugar, *cantigas de amigo,* en que la doncella enamorada habla de su amado, casi siempre lamentando sinsabores y ausencias; los confidentes habituales de su amor son las amigas o la madre; hay también pastoras señoriles, que dialogan con el papagayo o el ruiseñor y cantan tristes canciones de soledad. Un tercer género de cantigas son las de *escarnio y de maldecir,* donde hallamos toda la crónica escandalosa y burlesca de la corte; sátiras muy personales contra tal hidalgo avaro o tuerto, contra tal juglar que canta mal y toca peor, contra tal obispo de nariz aberenjenada por el vino; todo ello mezclado con brutales injurias a la mujer de fulano, o a tal doncella, o a cual ramera.

Estos mil asuntos se desarrollan, por lo común, en una forma artificiosa, de gran habilidad técnica; a menudo el estilo, más que lírico, es razonador, y trabado por frecuentes conjunciones; a menudo se trasluce la imitación de la poesía del sur de Francia: «en maneira de proenzal», dice expresamente el rey don Dionís, que quiere alabar a su dama.

Pero no es siempre así. A veces, los poetas olvidan las reglas aprendidas, abandonan la estrofa amplia y complicada y cantan en una estrofa corta o en un pareado apoyado por un estribillo. Entonces la expresión poética toma gran soltura lírica, y se vivifica por un sentimiento que, descuidado ya de todo artificio, fluye sincero, fresco, candoroso, lleno de verdadera emoción. Y donde esta manera más poética abunda especialmente, se extrema y llega a mayores perfecciones es en las cantigas de amigos; en las muchas que hay compuestas en esta forma más inartificiosa, simple, elemental, es decir, de tono popular, la poesía desdeña los límites reales y concretos, dentro de los cuales se mueve la lírica cortesana, y se eleva a una vaguedad sentimental, a un mundo recóndito y misterioso, donde las imperceptibles flores del pino, los huidizos ciervos y las bravas ondas del Atlántico son los confidentes apropiados para el amor de aquellas doncellitas soñadoras:

> ¡Ay flores, ay flores de verde pino,
> se sabedes novas do meu amigo?
> Ay Deus, e hu é?
> Ay flores, ay flores do verde ramo
> se sabedes novas do meu amado?
> ¡Ay Deus, e hu é!
>
> Ay cervos do monte, vin vos preguntar,
> foyse meu amigo, se ala tardar,
> ¿qué farey?

amor inmenso, inefable, que rebosa del alma de la enamorada y hace vibrar con su maravilloso encanto el mundo todo que la rodea:

> Levad'amigo que dormides as manhanas frías,
> toda'las aves do mundo d'amor diziam.
> Levad'amigo que dormide las frías manhanas,
> toda'las aves do mundo d'amor cantavam.

El lirismo desborda en repeticiones; éstas agrupan entre sí dos pareados iguales en la idea, iguales casi en las palabras, salvo con rima diversa, formando así un acorde musical de dos frases paralelas; a esos pareados gemelos siguen otros dos, que repiten la mitad de los anteriores, y en estas reiteraciones insistentes, el efecto del alma se dilata, se remansa, reposa. La repetición paralelística adquiere en la lírica galaicoportuguesa un predominio muy característico; no obstante, con menos desarrollo, es también conocida en muchas literaturas, pues es muy humano que el lenguaje simple de los grandes afectos no se sacie de repetir su sencilla expresión emotiva.

Este paralelismo usan el rey don Dionís, los caballeros de su corte o los eruditos clérigos; pero su inspiración refleja, sin duda, el sentimiento y la expresión más inartificiosa del pueblo en común, incluyendo en él los más humildes con los más doctos. Por esto es un pobre y oscuro juglar, Meendiño, quien nos da la principal obra maestra en este género, que nos conviene conocer, para ver en ella desarrollado el sistema paralelístico. La muchacha que, yendo a la romería por ver a su amigo, no le encuentra allí, al desvanecerse el bullicio de la gente devota y alegre, se queda sola sobre una peña del mar, la angustia de la soledad crece, como la marea tormentosa, crece sin traer barca ni marinero, para salir de entre las olas del dolor, que crecen y crecen, anegando el alma de la enamorada:

> Sedia m'eu ermida de San Simón
> e cercaronmi as ondas que grandes son;
> eu atendend'o meu amigo
> eu atendend'o meu amigo.
>
> Estando na ermida ante o altar
> cercaronmi as ondas grandes do mar;
> eu atendend'o meu amigo.
>
> E cercaronmi as ondas que grandes son,
> e non ei barqueiro nen remador;
> eu atendend'o meu amigo.
>
> Cercaronmi as ondas do alto mar,
> e non ei barqueiro nen sei remar.
>
> Non ei barqueiro nen remador,
> e morrer ei, fremosa, no mar maior.
>
> Non ei barqueiro nen sei remar,
> e morrer ei, fremosa, no alto mar;
> eu atendend'o meu amigo.

¡Cuánta poesía de este género se habrá perdido cuando el juglar, capaz de escribir obras como ésta, fue tan desdeñado de los cancioneros cortesanos, que sólo acogieron de él una sola composición!

Estas cantigas son populares, sin duda, pero no tradicionales. La mayoría son obra de poetas cultos bien conocidos; y a pesar de su sencillez fundamental, tienen dejos de artificio, y no dan muestras de una elaboración verdaderamente popular. Alguna, empero, llega a nosotros con variantes tales, que son signo de las refundiciones por las que una obra vive una vida tradicional en boca del pueblo; es una muy conocida canción para baile de muchachas, una invitación al baile, en que sólo deben tomar parte las enamoradas; nos la transmiten, por un lado, el clérigo santiagués Airas Nunes, y por otro, el juglar Juan Zorro, también gallego, y la variante juglaresca es, por su forma, más llanamente popular:

> Bailemos agora, por Deus, ay velidas,
> so aquestas avelaneiras frolidas,
>   e quen for velida como nos, velidas,
>   se amigo amar,
>   so aquestas avelaneiras frolidas
>   verra bailar.
>
> Bailemos agora, por Deus, ay louvadas
> so aquestas avelaneiras granadas,
>   e quen for loada como nos, loadas,
>   se amigo amar,
>   so aquestas avelaneiras granadas
>   verra bailar.

Según ya hemos indicado, el prestigio de esta poesía gallegoportuguesa llenó a toda España, hasta el punto de que en Castilla la lírica nació como planta exótica. Durante todo el siglo XIII, lo mismo el señor de Cameros, don Rodrigo Díaz, o el señor de Vizcaya, don Lope Díaz de Haro, que posteriormente el rey Alfonso X y sus coetáneos. Pero García Burgalés o Pero Amigo de Sevilla escriben poesía lírica en gallego. Cierto que el mismo Alfonso X y su descendiente Alfonso XI hacen también tímidos intentos de poetizar en castellano; cierto que en este idioma el Arcipreste de Hita (entre 1330 y 1343) compone ya bastantes canciones, y que después el cultivo del castellano aumenta continuamente; pero todavía a fines del siglo XIV seguían empleando a veces el gallego muchos poetas castellanos, como Pero González de Mendoza, Garci Fernández de Jerena, Alfonso

Álvarez de Villasandino, y aun en pleno siglo XV rinden culto a tan arcaica costumbre el mismo marqués de Santillana, Gómez Manrique y hasta varios poetas aragoneses. Todos los datos que conocemos confirman la exactitud de la afirmación que hacía el referido marqués en 1449: «No hace mucho tiempo todavía que cualesquiera trovadores de España, ora fuesen castellanos, andaluces o de la Extremadura, todas sus obras componían en lengua gallega o portuguesa.»

¿Y el pueblo? El pueblo parece que hacía lo mismo que los poetas cultos: rendir tributo a la superioridad reconocida de la lengua gallega. Una anécdota nos lo indica. El rey aragonés don Jaime el Conquistador trató en Maluenda, aldea de Calatayud, el casamiento de su hija Constanza con el infante de Castilla don Enrique, el que después fue senador de Roma, mozo enamorado y aventurero, que se disfrazó de criado para poder acompañar y hablar a la infanta en un viaje, sirviéndola de lacayo, y luego, para merecerla, se empeñó en la conquista de un reino moro. El pueblo castellano se interesó por este apasionado amor; pero el viejo rey aragonés no hizo de él el menor caso, y, por conveniencias políticas, faltó a su palabra, como otras dos veces había hecho ya; los castellanos entonces cantaban al aragonés un cantar, cuyo estribillo era:

> Rey vello que Deos confonda,
> tres son estas con a de Malhonda.

La deducción que de esta anécdota se saca parece fundada: el vulgo castellano, que cantaba en la lengua propia sus gestas heroicas, cantaba su lírica en una lengua extraña, aunque hermana gemela.

Y dado este exotismo de orígenes, no puede chocarnos que el primer cancionero castellano contenga sólo poetas que no datan sino de la segunda mitad del siglo XIV y de los primeros años del XV; fue presentado a Juan II por el escribano de la corte Juan Alfonso de Baena, y en él hallamos las postrimerías de la escuela gallega y las primeras evoluciones de la escuela castellana.

Al comparar los cancioneros gallegoportugueses del siglo XIII con este cancionero gallegocastellano del siglo XV, observamos hondos cambios, ocurridos en el desarrollo de la lírica cortesana. Al recorrer el Cancionero de Baena, lo primero que observamos con sorpresa es que en él no hay el menor rastro del género más notable de los cancioneros gallegoportugueses, las cantigas de amigo, y con ellas falta todo el fondo más popular de aquellos cancioneros. En cambio, vemos continuarse las cantigas a la amada y las de escarnio y maldecir; el más antiguo poeta del Cancionero de Baena, Pero Ferruz, tiene de unas y de otras, y antes que él el Arcipreste de Hita escribió cantigas a la amada y cantigas de escarnio. Mas también conviene advertir que las cantigas a la amada florecen sólo en tiempo de los más antiguos poetas del Cancionero, hacia el reinado de Juan I: Pero Ferruz, Pero González de Mendoza, Macías, el Arcediano de Toro, Garci Fernández de Jerena y Villasandino, la mayoría de los cuales usan para tales cantigas sólo de la lengua gallega, o la mezclan con el castellano. El Arcediano de Toro da su triste despedida al amor:

> Adeus Amor, adeus el rey
> que eu ben serví,
> adeus la reina a quen loei
> e obedescí.
> Jamais de mi non oyerán
> amor loar...

Y con esta despedida parece que, realmente, el verdadero amor de los gentiles amadores se despedía de la corte. Entre la gran turba de poetas más tardíos que llenan el último decenio del siglo XIV y el primero del XV, se pueden contar por los dedos de una mano los que escriben de amor en el Cancionero. Al arcaísmo con que siempre se manifiesta la tierra de León, parece que debemos atribuir la producción de un rezagado como fray Diego de Valencia, que canta castos amores a una doncella, vergel vedado del que mana deleitoso aroma, o ensalza a otra dama muy su enamorada, «linda imagen de marfil». Más propio es de esta época de decaimiento poético el de redactar quejas doctrinales contra el amor, y más propio todavía el cantar amores ajenos, como hace el mismo micer Francisco Imperial loando a la barragana del conde de Niebla. Esto venía haciendo desde muy antiguo el poeta que en su larga vida sintetiza toda la época del Cancionero de Baena, Alfonso Álvarez de Villasandino; allá en su remota mocedad, cuando el rey Enrique de Trastamara, embelesado, veía solazarse en los naranjales del Alcázar de Córdoba a doña Juana de Sosa, el poeta se fingía, ora en gallego, ora en castellano, enamorado, sin esperanzas, de la manceba del rey, para satisfacción del regio amante y para pedir a la dama le alcanzase algunas migajas de las mercedes enriqueñas; después, Villasandino, ya viejo, alquilaba su musa al adelantado Pedro Manrique o al conde don Pedro Niño, para cantar sus honestos y azarosos amores con las damas que iban a ser sus esposas. Poesía insincera, de tal vacuidad, que nos suele interesar, más que por sí misma, por el epígrafe donde el colector declara las circunstancias reales e históricas que dieron pie al poeta para sus versos. ¡Cuántas veces en el epígrafe hay no sólo más interés histórico, sino hasta más poesía latente que en las estrofas!

La literatura se había convertido en una industria, sobre todo por obra de Villasandino, que primero se agotó en toda clase de elogios interesados a los reyes, a los poderosos, a las ciudades fantasiosas de grandeza, y luego, en la vejez, tuvo que hacer a sus versos hablar el lenguaje más claro de la mendicidad. Y este Villasandino y el colector del Cancionero Juan Alfonso de Baena, también gran pedigüeño, pregonaban la poesía como gracia infusa de Dios, don divino de que pocos podían jactarse. Pero en la realidad, ¡qué pobre arte éste, que no sabía sino ponerse al servicio de amores ajenos y de la mendicidad propia! Faltos de positiva inspiración, los poetas cifraban la excelencia del arte divino en la técnica del mansobre, del encadenado, del desaprende, del verbo partido, del macho e fembra y demás complicaciones de los consonantes.

Y había un ejercicio literario, la recuesta o disputa de dos trovadores, que, obligando al segundo a responder en la misma forma y rimas que había usado el primero, creaba una dificultad más en el trovar; y fatalmente este juego literario fue ganando el terreno que la poesía amorosa dejaba vacío, y llegó a ser el preferido entre los poetas de Enrique III. Los poetas se proponían cuestiones filosofales o teológicas sobre las imaginaciones o ensueños, sobre la concepción de la Virgen, sobre las injusticias que Dios consiente; la cuestión que el comendador Fernán Sánchez de Talavera promovió sobre el pavoroso tema de la predestinación tuvo hasta ocho respuestas diferentes. Otras veces la recuesta es un mero desafío literario, para probar la habilidad del trovador en hallar consonantes bien limados y escandidos, sosteniendo el molino de la propia inventiva, incansable en la molienda de rimas difíciles. Baena, el escribano de la corte de Juan II, era incansable en divertir a la corte con este pasatiempo. En cuanto veía llegar de camino a la corte un poeta, fuese el viejo Villasandino, que se sobrevivía a sí propio, fuese el joven y lindo hidalgo sevillano Ferrán Manuel, secuaz de la más nueva escuela poética, ya Baena les movía recuesta ante el rey y ante los grandes de la corte, que eran jueces del desafío; y entonces se ponían en juego los más raros vocablos del idioma y las más comunes frialdades del ingenio. La grosería desbordaba a veces como una de las formas consabidas de la recuesta. Baena llama a su admirado maestro Alfonso Álvarez «viejo podrido» y cosas más nauseaubundas, mientras el viejo responde con «sucio, relleno de ajos y vino»; y así, lanzándose espumarajos asquerosos, luchan revueltos ante el rey. Baena fatigaba a todos, que acababan por no responderle, agotado el propio molino de consonantes, o aburridos de la impertinente vena del escribano real. Éste, cuando tal sucedía, anotaba en su Cancionero, reventando de orgullo: «Non respondió Alfonso Álvarez»; «non respondió Ferrán Manuel»; «fincó el campo por Juan Alfonso»; «jaque y mate que dio Juan Alfonso de Baena contra Juan García»; «aquí se rindió e dio por vencido don Juan de Guzmán, de Juan Alfonso de Baena». Y de tal modo la recuesta se hace el género dominante, que a menudo absorbió y atrajo a sí todos los otros temas; las cantigas de maldecir son frecuentemente convertidas en recuesta, pues otros trovadores contestan con iguales consonantes a nombre del vituperado; sobre una poesía pedigüeña se mueve también riña de consonantes; las alabanzas a una dama son replicadas muy cristianamente por un fraile; sobre otro elogio amoroso de Ferrán Manuel traba recuesta Alfonso de Moraña, y por una mala reticencia la disputa de consonantes se agrió hasta el punto de que uno y otro poeta hubieron de llegar a los cabezones.

Ahí, mezclado confusamente en esos inacabables dimes y diretes, vemos también a micer Francisco; pero ya con sus muy imperiales y apuestos decires, dignificados por la imitación italiana, inicia en los primeros años del siglo xv una nueva aurora de poesía, llegando a ser el primero que, según frase del marqués de Santillana, merece, no ya el nombre de trovador, sino el más alto de poeta. A su lado, un grupo sevillano de escritores, que conocen todos a Dante el florentín y se esfuerzan por sacar la poesía a una esfera más elevada, ensayan asuntos de más valor, y, aunque cavilando puerilmente sobre ellos «metáforas muy oscuras y muy secretas, decires muy fondos y muy oscuros de entender», preparan el advenimiento de Santillana, Juan de Mena y Jorge Manrique.

Dentro de esta literatura palaciega, la desgracia o desaparición de un privado de la corte era el espectáculo más emocionante que aquellos poetas podían apetecer, y ante él se conmovieron los de la nueva escuela Imperial, apoyados en la famosa obra del italiano Boccaccio sobre las Caídas de Príncipes. Así, Ferrán Manuel, cuando su prima, la demasiado influyente Inés de Torres, fue desterrada de la corte, en 1416, escribió una meditación acerca de la voltaria rueda de la Fortuna; y dos años después, con ocasión de la súbita muerte del odiado camarero mayor Juan de Velasco, y de la del justicia Diego López de Estúñiga, exclamaba otro sevillano, Gonzalo Martínez de Medina, entre acusador y moralista:

> ¿Qué pro les tovo la grand tiranía
> nin los tesoros tan mal allegados,
> mentiras e artes, engaños, falsías,
> e los otros abtos tan desordenados,
> castillos e villas, vajillas, estados?
> Pues todo pasó así como viento,
> e queda la muerte e el perdimiento
> para las almas de aquestos cuitados.

¿No parece que estamos escuchando ya la robusta y enconada frase del *Doctrinal de privados*, que a Santillana había de inspirar la más solemne ocasión del suplicio de don Álvaro de Luna? De igual modo el decir a la muerte de Ruiz Díaz de Mendoza, mal atribuida al comendador Fernán Sánchez de Talavera, es precedente inmediato de otra joya de la poesía del siglo XV, las coplas de Jorge Manrique. Sus meditaciones sobre que no es vida la que vivimos, pues, viviéndola, de continuo nos va llevando a la muerte; sus interrogaciones sobre qué se hicieron los reyes, los emperadores, los grandes de Castilla, «¿a do las justas, a do los torneos, a do nuevos trajes..., a do los tesoros?», son algo de la materia misma de la elegía manriqueña, que está esperando el aliento creador de un más alto poeta para animarse con vida inmortal.

De este modo, el primer cancionero castellano nos aparece, por sus poetas más antiguos, ligado a los cancioneros galaicoportugueses, aunque desconociendo ya la parte que éstos tienen inspirada en la poesía popular, que es la parte mejor por la que esos cancioneros nos interesan. Pero bajo otro aspecto, el Cancionero de Baena más bien mira al porvenir, pues por sus poetas más jóvenes se nos muestra como antecedente necesario y preparación del florecimiento poético del siglo xv, del tiempo de la mayor edad de Juan II y reinados sucesivos. Mas para comprender bien la historia de nuestra lírica, es preciso darse antes cuenta de que el Cancionero de Baena no representa fielmente la vida de la poesía lírica en el siglo xiv, sino tan sólo la lírica cortesana; es nada más que una selección palaciega, guiada por el escaso talento poético del escribano de la corte. Fuera del Cancionero de Baena, hallamos en nuestros primeros siglos de la lírica algunos poemas extensos, como la Razón de amor, la Revelación de un ermitaño, la Danza de la muerte; hallamos los ensayos de Alfonso X y Alfonso XI, los importantes trozos líricos del Arcipreste de Hita y de Ayala en sus obras misceláneas. Pero todavía hubo más. Hubo, sin duda, toda una florescencia de poesía, más espontánea, hondamente arraigada en una tradición secular y totalmente incomprendida por el compilador del primer cancionero castellano. Una prueba de esto hallamos al saber por el marqués de Santillana que su abuelo, Pero González de Mendoza, había compuesto, allá en tiempos de Enrique II y Juan I, cantigas populares, así como las obras escénicas de Plauto y Terencio, ya estrimbote, ya serranas, y de este interesante caudal no se recogió en el Cancionero de Baena más que una muestra, sin duda incompleta. Otra poesía en estilo popular y otra serrana conocemos del padre del mismo marqués de Santillana, Diego Hurtado de Mendoza, y nada de este autor se recogió tampoco en la compilación de Baena. Estas cantigas, que gustaban al pueblo menudo, no significaban nada para el escribano real, quien en el prólogo de su compilación declara que la poesía es arte que sólo pueden alcanzar bien los nobles hidalgos y corteses que hayan cursado corte de reyes y de grandes señores; nada más natural que Baena consagrase la mayoría de los folios del Cancionero a aquellas interminables recuestas en que la corte se divertía; pero advirtamos bien que, fuera de la poesía cortesana, había otra poesía que Baena no era capaz de sentir ni apreciar.

Las cantigas serranas, como las que cultivaban el abuelo y el padre del marqués de Santillana, nos podrán, sin duda, decir algo de las corrientes artísticas que existían fuera de la corte.

A primera vista, las serranas o serranillas no favorecen nuestro propósito. Tanto el ejemplar investigador de los orígenes de la lírica francesa, Alfredo Jeanroy, como el magistral historiador de la lírica castellana, Menéndez Pelayo, están conformes en que las serranillas son nada más que una imitación de las pastorelas provenzales y francesa, sea directa, sea por intermedio de las imitaciones gallegoportuguesas, anteriores en fecha a las castellanas.

Por fortuna, se nos conservan muchas serranillas, aunque no tantas como pastorelas, y podemos comparar bien ambos géneros, muy cultivados en las varias literaturas francesas y españolas.

Los caracteres salientes de la pastorela están bien determinados: un caballero, que cabalga por el campo cuando ya la primavera dulcifica la crudeza invernal, halla una pastora, que está tejiendo una guirnalda y cantando un cantarcillo de amor; el caballero admira la belleza que surge ante su vista, y pronuncia una declaración amorosa. La pastora no suele creer en una pasión tan súbita; considera su humilde estado social, piensa en la mentira e inconstancia de los enamorados, y despide al galanteador para que se dirija a las damas de su clase. El caballero insiste, adula, exaltando la belleza de la pastora: no merece ella vivir en el campo, pues un palacio y un príncipe se honrarían con ella; o si no, él, por servirla, dejaría su casa, cogería el cayado y se haría pastor, contento con poder vivir al lado de ella. Una mayoría de pastorelas suponen que un regalo vence la resistencia de la pobre muchacha; en otras, el regalo es rechazado; en otras, el padre o los hermanos de la pastora apalean al caballero...

Este género, que florece en la literatura francesa a fines del siglo XII y durante el XIII, se cultivó también, y desde más antiguo, en la literatura provenzal. En Provenza, el tema tiene menos de aventura y más de lirismo cortesano, y con este carácter, no con el del norte de Francia, el género fue imitado en la poesía gallegoportuguesa del siglo XIII. La repulsa de la pastora, que en la literatura provenzal es en extremo frecuente, es lo habitual en la poesía gallegoportuguesa. Tal vemos en la más fiel imitación que podemos señalar, aquella en que Pero Amigo de Sevilla, yendo peregrino a Santiago, halla a la más hermosa pastora, le declara su amor «e fiz por ela esta pastorela»; le ofrece tocas de Estella, cintas de Rocamador; pero ella, fiel a su amigo, rechaza al recién llegado. En la poesía gallegoportuguesa, la pastora jamás es mirada como una mujer inferior, sino que es más bien dama disfrazada. Además, otro carácter propio de las pastorelas gallegoportuguesas es que, por lo común, tienen todavía menos de aventura que las provenzales, quedando reducidas al comienzo de la pastorela francesa, esto es, a un simple encuentro, una visión momentánea de la pastora. El poeta, sea el rey don Dionís, o don Juan de Aboim, o los dos santiagueses Airas Nunes o Juan Airas, o el juglar Lourenzo, oye a la más hermosa pastora del mundo cantar de amores. A veces, tal visión es todo; a veces, aspira a tener un desenlace, y entonces la pastora despide al importuno poeta. Don Dionís anima una vez el cuadro, según patrones franceses también, poniendo en la mano de la pastora un papagayo, y haciendo que el ave hable para consolar a la cuitada de amor; el clérigo Airas Nunes esmalta tan breve tema revelándonos en lindos villancicos, de sabor popular, el canto de la pastora, que los otros poetas suelen pasar por alto o reducirlo a frases sin valor poético.

Aparte de este grupo tan uniforme, tan monótono, hemos de colocar, porque nada tiene que ver con él, la aventura que nos refiere otro poeta, Álvaro Alfom. La forma de exponerla, dirigiéndose nominalmente a un amigo suyo, para contarle un suceso con precisos detalles de realidad, separa radicalmente esta poesía de las anteriores. Álvaro Alfom, en una pregunta que dirige a Luis Vaasques, por desgracia incompleta, cuéntale que después que salió de Lisboa se encontró en la sierra de Cintra con una serrana que gritaba guerra, y cuya vista le deja espantado. Estamos en presencia de un tipo nuevo, el de la serrana guerrera que vemos persistir en la poesía popular portuguesa del siglo XVI, en tiempo de Gil Vicente, referido igualmente a las serranas de Cintra y de la Estrella. En Castilla tienen un aspecto muy semejante las serranas de Guadarrama, según más ampliamente nos las pinta el Arcipreste de Hita en 1330. Son serranas forzudas que, armadas de honda, de cayado y de un dardo pedrero (habremos de suponerlo hecho de pedernal, como los de la edad prehistórica), guardan las angostas veredas de la sierra, y saltean al caminante, exigiéndole regalos para que le permitan el paso libre; el que se resiste o el que aventura un requiebro inoportuno, prueba la fuerza de la serrana, que chasca su honda y aventa el dardo. El pasajero, rendido por la fuerza, por la nieve y por la helada que le tiene aterido, da buenas prendas, promete mejores regalos, y entonces la serrana le guía por los intrincados caminos, y aun en los arroyos anchos se lo echa a cuestas, cual si fuera un ligero zurrón, le lleva a su cabaña y le reconforta encendiendo hoguera de encina, donde pone a asar el gordo gazapo y la trucha pescada en las batidas aguas de la montaña. La lumbre, la rústica cena y, sobre todo, el vino, aunque agrillo y ralo, van desatereciendo al caminante; la risa ahoga la conversación, y la traviesa serrana propone una nueva lucha. El gesto y cuerpo de estas vaqueras del Guadarrama está poco definido en el Arcipreste; el poeta se contenta con saludar a la valiente Gadea de Riofrío, «cuerpo tan guisado», y con decir de la leñadora del Cornejo que va bien ataviada; de la serrana del Malagosto apunta un rasgo de fealdad: es chata; la que se nos presenta más hermosa es Aldara, la de Tablada, pero su belleza no es más que una sátira de la hermosura que los poetas imaginan siempre; en la introducción que precede a la serranilla de la Tablada, en tono narrativo, por el estilo del que había empleado en su pregunta el portugués Álvaro Alfom, el burlón Arcipreste exagera la fealdad de la serrana: sus dientes de asno, sus narices gordas, sus tobillos mayores que los de una vaca, dedos como vigas de lagar, y en todo horrible, cual fantasma apocalíptica; ésta es la que después, en la cantiga, se nos pinta como la Aldara «fermosa, lozana e bien colorada».

Los caracteres esenciales de este tipo serrano se mantienen como tradicionales. Un siglo después los volvemos a hallar en Santillana, quien los renovó dentro de un ambiente de mayor idealidad, revistiéndolos de elegancia y finura aristocrática. Reviviendo el tipo tradicional, la serranilla del Moncayo asalta al noble poeta, gritándole: «preso, montero», y después le convida a comer de su zurrón. La hermosa Menga de Manzanares no deja andar por el valle a ninguno más que a Pascual de Bustares, y obliga al caballero a *luchar* con ella dentro de la espesura, empleando este vocablo atávico, que recuerda la *lucha* del Arcipreste. En fin, la serrana aragonesa, fiel esposa del famosísimo vaquerizo de Morana, al oír el requiebro agresivo del poeta, le amenaza con aquel mismo dardo pedrero de que iba armada la chata del puerto de Malagosto cuando acometió al Arcipreste. Después, el tipo realista crudo revive en la corte napolitana de Alfonso V, y Carvajales se ve detenido en una fragosa montaña por una villana feroz, espantosa, armada con lanza porquera, y bien se echa de ver que tan imponente aparato de fiereza y de armas es un lugar común impuesto al poeta por la tradición, pues no sirve para nada en la poesía de Carvajales, sino que la villana, en vez de emplear su fuerza, abruma al poeta con una disquisición teórica al estilo de la pastorela provenzal decadente, por ejemplo, la de Juan Esteve. Otra vez Carvajales, partiendo de Roma, ve venir saltando tras un puerco espín, a la serrana:

> Calva, cejijunta e muy nariguda,
> tuerta del un ojo, infibia, barbuda,
> galindos los pies que diablo semblaba.

Donde otra vez aparece, aunque truncado, el tema viejo de la fealdad rústica, que acaso fue una invención del Arcipreste de Hita.

Y aún en el siglo XVII duraba la tradición de la serrana salteadora. Lope de Vega, Valdivielso y Vélez de Guevara conocían una supervivencia de las serranillas medievales, cuyo villancico era:

> Salteóme la serrana
> junto al pie de la cabaña.

Y una glosa de tipo arcaico dibuja una serrana ideal, nada caricaturesca:

> Serrana, cuerpo garrido,
> manos blancas, ojos vellidos,
> salteóme en escondido
> junto al pie de la cabaña.

Se observará que todas estas serranillas no tienen apenas punto de contacto con las pastorelas francesas, y aún menos con el grupo tan uniforme de las galaicoportuguesas, en las cuales se quiere ver el origen inmediato de las castellanas. Las galaicoportuguesas son de una vaguedad tal, de un vacío de asunto pastoril tan grande, que no hay en ellas materia que pueda sugerir la idea de la serrana salteadora, ni siquiera el deseo de una caricatura realista. Materia pastoril más definida y concreta ofrecen las pastorelas de Francia; pero tampoco por ellas puede explicarse la serranilla realista del Arcipreste como mera parodia, pues la parodia se amolda al tipo literario que tiene presente, y repite sus rasgos, deformándolos; y ni en las serranas del Guadarrama se descubre rasgo alguno paródico de las pastoras que tejen guirnaldas y cantan amores, ni en el caminante peatón de la sierra se ve rasgo alguno del caballero que, penando de amores, pasea por el campo en su alazán. La serranilla castellana que dejamos escrita tiene toda apariencia de porvenir de una inspiración directa en la vida real: la serrana, conocedora y dueña de los pasos de la montaña, saltea al pasajero que va a pie por difícil senda; el caballo del noble no figura para nada; todo el aspecto de estas serranillas es el de ser una poesía sinceramente burguesa o popular, y no un remedo de poesía cortesana.

Su explicación, al menos en lo fundamental del asunto, creo que hay que buscarla muy en otra parte que en la pastorela. En la tradición del siglo XVI sobrevive un género de villancicos o cantarcillos populares que cantan temas de viajes. El cansancio de un largo caminar en la noche despierta el lirismo con el deseo de la llegada:

> Caminad, señora,
> si queréis caminar;
> pues los gallos cantan,
> cerca está el lugar.

> Caminito toledano,
> ¡quién te tuviera andado!

> Campanicas de Toledo,
> óigoos y no os veo.

La llamada pidiendo ayuda en los pasos difíciles del camino está líricamente sentida en estos villancicos populares:

> Pásesme, por Dios, barquero,
> de aquesa parte del río;
> ¡duélete del dolor mío!

Y ya damos con el germen mismo de las serranillas, con su villancico inicial, al conocer algunos de estos cantarcillos, donde se invoca a la serrana que guía en los puertos difíciles:

> ¿Por dó pasaré la sierra,
> gentil serrana morena?
>
> Di, serrana, por tu fe,
> si naciste en esta tierra,
> ¿por dó pasaré la sierra?

O bien:

> Casada serrana,
> ¿dónde bueno tan de mañana?

La misma serrana ganapán y porteadora, que nos pinta el Arcipreste, está invocada con emoción en este canto, muy popular en el siglo XV:

> Paseisme ahora allá, serrana,
> que no muera yo en esta montaña.
> Paseisme ahora allende el río,
> que estoy triste, mal herido;
> paseisme ahora allende el río,
> que no muera yo en esta montaña.

Y la popularidad de estos cantos en la Península, como cantos propios de caminantes, nos la muestra Gil Vicente, cuando nos presenta un arriero que entretiene su viaje entonando:

> A serra he alta, fría e nevosa,
> vi venir serrana gentil, graciosa.
> Cheguei-me per'ella com gran cortezía,
> disse-lhe senhora, queréis companhía?
> Disse-me: escudeiro, seguí vossa vía.

Bien se ve que estos olvidados cantos son las verdaderas serranillas populares, y que son el tema inicial o el germen de la serranilla literaria. Claro es que la pastorela influyó, como vamos a ver, en el desarrollo literario de la serranilla. Es más, la pastorela provenzal, más bien que la gallegoportuguesa, debió influir eficazmente para que los poetas se dedicasen a glosar los villancicos del caminante en la sierra. Pero, desde luego, es muy de notar que el sistema métrico de las serranillas es diverso del de las pastorelas, y por el contrario, se afilia con los metros populares de Castilla.

Es muy de notar también que las serranillas más viejas conocidas, las del Arcipreste, se amoldan fielmente al tipo de serrana guiadora que vemos perdurar en tantos villancicos de los siglos xv y xvi; la serrana que carga al cuello con el Arcipreste, como un liviano zurrón, es parodia de aquella que era invocada en el «Paseisme ahora allá, serrana», y de ningún modo parodia de la pastorcita francesa. La serranilla aparece, pues, a nuestros ojos en 1330 como un desarrollo de temas populares castellanos; sólo más tarde, en las serranillas del siglo xv, la influencia provenzal y francesa es muy visible, lo cual nos indica que dicho influjo no es en la vida de este género poético sino un accidente, que va con el tiempo tomando importancia. Nótese, por último, que el metro de serranillas más provenzalizadas no es tampoco el de las pastorelas provenzales, porque la tradición indígena imponía el tipo métrico castellano.

Entre las serranillas del tipo provenzal señalaremos algunas de Santillana. Cuando el marqués estaba en Liébana, en 1430 (un año después que había compuesto las dos serranillas del Moncayo y del vaquerizo de Morana, de tipo más español), poetizó a la mozuela de Bores, refrescando ingeniosamente los conocidos tópicos de las pastorelas: la vaquera merece, por su hermosura, salir de entre aquellos alcores; mas si ella no quiere abandonar el ganado, él se hará pastor para servirla; y la afortunada gracia del poeta halla aquí su rústico triunfo, encubierto por las rosas silvestres de los zarzales. Otra vez la aventura queda vagamente truncada, por cierto con la misma protesta de que la pastora merecía otro estado: es el encuentro con la muchachita de Lozoya, que, como fruta temprana, hace agua la boca de quien la mira. También la escena puede acabar con repulsa, como en tantas pastorelas; así la moza de Bedmar, así la célebre vaquera de Finojosa.

Y ésta es, poco más o menos, la serranilla cultivada por mosén Fernando de la Torre, Pedro de Escavias,

Bocanegra, y la que trasplantó a los campos italianos Carvajales. Todos éstos manifiestan claramente su dependencia de la pastorela provenzal más que de la francesa. Giraldo de Borneill, ante la pastora, siente que le llena el corazón el recuerdo de su dama; y como el poeta provenzal, todos estos poetas castellanos y aragoneses dejan igualmente el galanteo de la serrana, acordándose de la señora de quien están enamorados, y a quien quieren guardar lealtad firme.

También Santillana apunta esta idea cuando, al ensalzar la hermosura de la moza de Guipúzcoa, limita su entusiasmo a decir que nunca vio mujer más bella, salvando a su señora.

Todavía pongo aparte un tercer grupo de serranillas, porque en él sí podemos ver influencia de la pastorela gallegoportuguesa. Es aquel en que el encuentro con la serrana se reduce a escuchar cómo ella está cantando sus amores o desamores. Cual una resonancia lejana de aquella cantiga de Airas Nunes de Santiago, hallamos entre los vihuelistas del tiempo de los Reyes Católicos la serrana apenada, que canta villancicos populares:

> Garridica soy en el yermo,
> ¿y para qué?
> pues tan mal me empleé.
>
> ¡Ay triste de mi ventura,
> que el vaquero
> me huye porque le quiero!

Son poesías bastante artificiosas por su estructura métrica y musical. En una, el tenor, los dos contraltos y el tiple, que armonizan la bien trabajada melodía, refieren el encuentro con la serrana dolida de amor, y acaban humorísticamente recordando sus cánticos de iglesia, con palabras del salmista.

> Mirad lo que amor ordena,
> que nos llamó y nos rogó
> que cantásemos su pena,
> y la nuestra se cantó:

*Quomodo cantabimus
canticum novum in terra aliena.*

Creo, en suma, que bajo el nombre de *serranilla* se confunden composiciones de diverso entroque y carácter, que no deben ser miradas como una masa uniforme. Las más viejas se nos presentan como germinales de villancicos propios de caminantes por la montaña. No tratan de la pastora y de la campiña como tipo y paisaje literarios de cualquier región y tiempo, sino de la pastora que, coronada de la nieve y la niebla de las cumbres, vive en las ásperas sierras peninsulares; es la serrana, y no la de cualquier tiempo, sino la medieval, cuyo oficio era conducir a los caminantes entre la espesura de bosques milenarios, buscando la difícil abra del puerto, cerrada por la borrasca. Otras serranillas son clara imitación de los tipos y gustos de la pastorela provenzal o francesa; otras, en fin, parecen derivar de la pastorela gallegoportuguesa.

Este examen que hemos hecho de las serranillas nos ha revelado un hecho muy importante: los villancicos serranos de fines del siglo xv y del xvi representan una tradición de remota antigüedad, que enlaza con el tipo apuntado en la cantiga incompleta del portugués Álvaro Alfom, con el desarrollado admirablemente por el Arcipreste de Hita, con el continuado en algunas de las serranillas del marqués de Santillana y con el todavía popular en tiempo de Lope de Vega. Realzado así el valor de los villancicos tardíos, y entroncados éstos con las más antiguas muestras de poesía lírica propiamente españolas que podemos hallar, debemos esforzarnos en descubrir el villancico hacia los más remotos tiempos que podamos, y en relacionar la inspiración de los villancicos tardíos con las más antiguas memorias de poesía lírica perdida.

Las primeras noticias de cantos populares son oscuras y secas por demás. Cuando Almanzor moría, al retirarse de una expedición contra Castilla, y era sepultado en Medinaceli, cubierto del polvo sagrado que fanáticamente hacía recoger de sus vestidos de guerra en cada una de las campañas contra cristianos, regocijábanse éstos ante la visión del alma del terrible caudillo, sepultada en los infiernos; y refiere el obispo don Lucas, de Túy, que el día de la retirada desastrosa del moro, un fantasma de pescador vagaba por las riberas cordobesas del Guadalquivir, gritando, dolorido y lloroso, ora en árabe, ora en castellano:

> En Cañatañazor
> perdió Almanzor
> ell atamor.

Lo cual quiere decir, añade el obispo, «en Cañatañazor perdió Almanzor su lozanía», y entiende que quien tales voces daba debía de ser demonio que lloraba el quebranto de los moros. Nada nos interesaría, pues carece de todo valor artístico, este legendario cantarcillo si por su estructura métrica no se pareciese a los estribillos populares de que aquí tratamos. Yo creo que en él hay que ver el estribillo de un canto de soldados, quién sabe si de los de cualquiera de los ejércitos castellanos que a raíz de la muerte de Almanzor intervenían en los asuntos de Córdoba, o de otros tardíos que con cualquier ocasión recordaban confusamente la muerte del odiado caudillo, con quien realmente acabó el gran poder militar de los musulmanes españoles. Porque los cantos de victoria de los soldados, al volver de las expediciones afortunadas, son en género de poesía lírica popular, atestiguado por las crónicas medievales, y después por nuestro teatro, género que no logró cultivo artístico.

Si nos remontamos a los orígenes de nuestra historia literaria, al tiempo en que el juglar de Medinaceli componía un gran poema épico, el de *Mio Cid,* hallamos que, junto a esta poesía narrativa, política y militar, la poesía lírica surgía a su vez en todos los momentos de la vida no sólo para acompañar las expansiones privadas, sino en todas las grandes emociones dignas de ser anotadas por el cronista del emperador Alfonso VII. El cronista nos dice que los soldados toledanos, al volver de los campos de Almonte, de Seseña o de Almodóvar, cantaban cantos de victoria; que al partirse de las Cortes de León, en 1135, los grandes y volver a sus casas, cantaban alabanzas al emperador recién ungido; que las viudas toledanas iban durante muchos días al cementerio de la catedral de Toledo a entonar endechas, lamentando la muerte del gran caudillo Munio Alfonso; que cuando el casamiento de la bastarda del emperador, los juglares, las mujeres y las doncellas rodeaban el tálamo, cantando canciones de boda al son de mil instrumentos. Un episodio de esta crónica es especialmente significativo. En 1139, coligados los príncipes musulmanes de Andalucía, cercaron a Toledo, donde estaba la emperatriz; ésta les envió un mensaje, reprochándoles que viniesen a pelear con ella, que era una mujer; si querían guerra, fuesen a buscarla contra el emperador, que los esperaba asediando el castillo de Oreja. Los príncipes moros, al oír el mensaje, alzan la vista, y ven en la torre del alcázar a la reina, sentada en trono imperial y rodeada del gran séquito de sus damas, que comenzaban a levantar un dulce canto al son de cítaras y salterios, de tímpanos y címbalos. Los príncipes, admirados y confundidos por tanta majestad y tanta hermosura, inclinando su cabeza ante la emperatriz, se retiran sin hacer daño a la tierra. Después, cuando el emperador volvió victorioso, hizo su solemne entrada en Toledo, y los principales de la ciudad, ora cristianos, ora musulmanes, ora judíos (porque aquellos cristianísimos y santos reyes, muy lejos de la intolerancia de los después llamados católicos, gustaban llamarse reyes de tres religiones), junto con todo el vecindario salieron a recibir a Alfonso por el camino de la puerta de Alcántara, y tañendo toda clase de instrumentos músicos, cada religión en su propia lengua, castellana, árabe y hebrea, cantaban alabanzas a Dios y al vencedor.

Bien vemos aquí cómo en el período de nuestros orígenes literarios la ciudad de Toledo, lo mismo en un apurado trance de su defensa que en la holgura de una fiesta, oye resonar la poesía lírica como una inspiración colectiva, ya cortesana, ya popular. Vemos también a los castellanos y a los moros participar en común de este arte o mezclar sus cantos; hecho muy significativo para las relaciones posibles de ambas literaturas, relación tanto más fácil cuanto que hasta había formas estróficas comunes: la misma forma estrófica usada en este tiempo de Alfonso VII por el cordobés Abén Cuzmán debía servir para los primitivos cantares de las fiestas religiosas y profanas de los castellanos, ya que la misma esencialmente vemos que es la usada más tarde por el Arcipreste de Hita y por la lírica popular posterior.

Pero nada de cierto sabemos, porque la pérdida de la lírica más antigua castellana es casi completa, y apenas podemos presumirla atendiendo a derivaciones y reflejos escasos, relativamente tardíos.

No conocemos, por ejemplo, ninguna canción de mayo, y, sin embargo, sabemos que era un género que cada año reverdecía con la primavera en alegres fiestas de antiquísima tradición, derivadas de las fiestas florales paganas. El poema de Alexandre, describiendo el deleitoso mes en que la naturaleza toda se envuelve en flores y en amores, nos atestigua que en él las doncellas cantaban sus mayas a coro, y el poema épico del Cerco de Zamora, tal como lo conocía la *Crónica de 1344,* nos lleva en medio de una de estas fiestas: el rey Sancho de Castilla ha derrotado y hecho prisionero a su hermano, el rey don García, en Santarén, y muy aherrojado se lo lleva hacia Coimbra; allí, pasando junto a una fuente, donde las muchachas cogían el agua para su mayas, los caballeros castellanos se acuerdan de que están en el primer día del mes de las flores, y, a vueltas con las portuguesitas, empezaron a cantar las mayas, mientras el regio prisionero anublaba en llanto sus ojos ante la alegría del mundo, para él vedada.

Aunque no se nos conserva ninguna de estas canciones primaverales más viejas, podemos averiguar el contenido de una famosa maya medieval, hoy perdida, porque conocemos de ella dos reflejos, transportados a dos ritmos diferentes de su original. En uno de ellos la maya se transformó en un romance épico lírico, que desarrolla una situación semejante a la del fragmento épico referente al rey García:

> Por el mes era de mayo,
> cuando hace la calor,
> cuando canta la calandria
> y responde el ruiseñor,
> cuando los enamorados
> van a servir al amor,
> si no yo, triste cuitado,
> que yago en esta prisión,
> que ni sé cuándo es de día
> ni cuándo las noches son,
> sino por una avecilla
> que me cantaba al albor.
> Matómela un ballestero;
> déle Dios mal galardón.

La otra versión aparece libre de elementos narrativos extraños, pero también mudada de metro, para adaptarse a las cuartetas del poema de Alfonso XI, donde también se trata el mismo tema de los leales enamorados que precian el tiempo primaveral en que brotan las flores:

> Así como el mes de mayo,
> cuando el ruiseñor canta
> y responde el papagayo
> de la muy fermosa planta.
> La calandria de otra parte
> del muy fermoso rosal
> con el tordo que departe
> el amor que mucho val.

Vemos que el tema de esta maya perdida era el canto de amor de las aves, del ruiseñor y de la calandria. Su metro original podría ser, como ya hemos indicado, el metro lírico más usado en Castilla, el de un villancico glosado, como vemos en otras mayas posteriores.

No obstante, no es ése el metro que hallamos en la primera muestra completa del ritmo de un canto lírico popular que nos da Gonzalo de Berceo hacia 1230: la cantiga de los judíos en el Duelo de la Virgen. La docta historiadora de la lírica peninsular, Carolina Michaëlis, ha visto en este cantarcillo un fragmento de alguna representación pascual; ha creído que su estribillo *¡eya velar!* es propio de las vigilias de los romeros; pero me parece evidente que lo que en realidad representa la cántica de Berceo es un curioso género lírico, el de las cánticas de velador o de centinela.

Era costumbre que los centinelas, durante la noche, cantasen y tañesen, por impropio que esto nos parezca de la situación del que ha de vigilar en un puesto difícil; hasta tal punto la poesía y el canto invadían la vida entera. Cantaban los centinelas para mantenerse despiertos, sobre todo en la llamada por los veladores, con harta propiedad, «hora de la modorra», allá hacia el amanecer, cuando el frío y el sueño cargan con más pesadez; cantaban también para desafiar al salteador y para sacudir las preocupaciones del ánimo en la soledad de la noche. En el poema de *Los Nibelugos,* cuando los borgoñones hacen noche en la corte de Atila, rodeados de espantosos peligros de muerte, dispónense a velar el sueño de los compañeros Hagen el valiente y el músico Volker; no había dos mejores para hacer la guardia: el arte del músico no tenía igual sino en la fuerza invencible del héroe. Volker toma su laúd y toca: el sonido de las cuerdas se dilata potente y armónico por todo el palacio, hasta que los angustiados caballeros se duermen; y después, el músico embraza su escudo y vigila junto a Hagen. También en el *Roman de la Rose,* cuando Malebouche supo que debía hacer guardia, subió por la noche a las almenas y afinó su caramillo, su bocina y su trompa, y por largo rato estuvo entonando *lais* y *descors:*

> Une hore dit les et descors
> et sons nouveaux de controuvaille.

Estas *controuvailles* o invenciones las llama Berceo *controvaduras,* y eran cantos improvisados, alusivos a la guardia y cautela que debían tener los veladores.

Ahora podemos entender bien la escena de Berceo, que nos da la primera muestra de un ritmo popular. Los judíos piden a Pilatos que guarde el sepulcro de Cristo, no sea que roben el cuerpo sus discípulos y digan que resucitó; y Pilatos les manda que ellos pongan sus guardas. Esto nada más nos refiere San Mateo; pero el poeta, al actualizar a su gusto las cosas, supone que Pilatos dice a los judíos que custodien el sepulcro con hombres que no sean borrachos ni dormilones, ni que busquen hacia la madrugada achaque de algún quehacer para ir a sus casas a ver a sus mujeres: «guardat bien el sepulcro, *controbatli canciones*... pasaredes la noche faciendo tales sones», amenazad a los discípulos para que no se acerquen. Los judíos cumplen al pie de la letra la orden de Pilatos; rodean el sepulcro con gran bulla y algazara, tañendo cítaras, laúdes, zanfonias, y controvando o inventando cantares. Y he aquí una muestra de las *controvaduras* que aquellos truhanes veladores entonaban:

> ¡Eya velar, eya velar, eya velar!
> Velat aljama de los judiós —eya velar!
> que non vos furten el fijo de Dios, —eya velar!
> ca furtávoslo querán —eya velar!
> Andrés e Peidro e Juan, —eya velar!

Figurémonos esta cántica entonada a dos voces: una guía el canto; otra varía algo lo dicho por el anterior, y el coro, a cada instante, rompe en la estrepitosa exclamación *eya velar!*

> Todos son ladronciellos,
> que assechan por los pestiellos.
> Todos son omnes plegadizos,
> rioaduchos mezcladizos. —Eya velar!

Y el canto prosigue así en alarde bullicioso de vigilancia, en desafío y escarnio para los asaltantes que se temen. La forma de esta primera muestra contrahecha de lírica popular es la de versos sin medida fija, desde siete a once sílabas, formando pareados con frecuentes repeticiones paralelísticas.

Otro indicio del canto de velador, alusivo a la ocasión del momento, hallamos en el romance que empieza: «Don García de Padilla».

El prior de San Juan, amenazado de muerte por don Pedro el Cruel, corre a encerrarse en su castillo de Consuegra; se apea de su macho, lo entrega a la guardia para que lo establen, y él se pone a velar la vela, esperando a su regio perseguidor, que viene a escape tras él por ver si puede sorprender el castillo. Y el prior canta, pensando amargamente en la ingratitud de su rey:

> Velá, velá, veladores; así mala rabia os mate,
> que quien a buen señor sirve, este galardón le dane.

Todavía en el siglo XVII eran usuales estos cantos. Lope de Vega, en las *Almenas de Toro,* nos da uno muy popular entonces. Dos centinelas, con sus guitarras, espantan el sueño, cantando a dúo el estribillo, y en diálogo el resto; uno dialoga como soldado, otro como galán, y así van entremezclando sus razones, ora militares, ora amorosas:

> Velador que el castillo velas,
> vélalo bien y mira por ti,
> que, velando, en él me perdí.
>
> —Mira las campañas llenas
> de tanto enemigo armado.
> —Ya estoy, amor, desvelado
> de velar en las almenas.
> Ya que las campanas suenan,
> toma ejemplo, y mira en mí
> que, velando en él, me perdí.

El cantor exhorta a sus compañeros de vela a la vigilancia, pues les va en ello la vida, y alude al suceso de algún desgraciado velador:

> Tomad escarmiento en mí
> que, velando en él, me perdí,

repite una variante. La tradición general de estos cantos exigía el imperativo del verbo velar como exhortación al cuidado. Así, vemos en el antiquísimo cantar de vela de los soldados de Módena:

> O tu qui servas armis istamoenia,
> noli dormire, moneo, sed vigila.

Como estos cantos de vela, hallaríamos otros muchos para varias ocupaciones de la vida. Las faenas agrícolas nos darían todo un cancionero rústico, lleno de aroma campestre. De muchos de estos cantos no se conserva más que el villancico, sin la glosa, que es como la frase cortada, el grito exclamativo que brota ante la impresión fugaz, el momento efectivo que busca su expresión más simple y fresca.

He aquí unos cuantos villancicos de segadores y espigadoras, que hasta parecen agruparse en conjunto poemático:

> Segador, tírate afuera,
> deja entrar la espigaderuela.

> Blanca me era yo cuando entré en la siega;
> dióme el sol, y ya soy morena.

> ¡Oh, cuán bien segado habéis la segaderuela!,
> segad paso, no os cortéis, que la hoz es nueva.

> No me entréis por el trigo, buen amor,
> salí por la lindera.

Y es notable por el ritmo de su villancico y por la glosa paralelística este gozoso grito de la cuadrilla, ante el inmenso trigal que cae a los acompasados golpes de las hoces:

> Ésta sí que es siega de vida,
> ésta sí que es siega de flor.

> Hoy, segadores de España,
> vení a ver a la Moraña
> trigo blanco y sin argaña,
> que de verlo es bendición.
> Ésta sí que es siega de vida...

> Labradores de Castilla,
> vení a ver a maravilla
> trigo blanco y sin neguilla,
> que de verlo es bendición.
> Ésta sí que es siega de vida...

Hallamos en esta canción la forma más arcaica de la glosa, o sea la monorrima. Es la forma más propia y corriente en la lírica popular castellana, así como el pareado paralelístico lo es en la gallega. En la castellana, el estribillo o tema se compone de un pareado, puro o con un tercer verso libre; enuncia la nota lírica fundamental y está destinado a cantarse a coro por todos. El que guiaba el canto, después de enunciado ese tema, seguía con la primera estrofa o cuarteta, compuesta de tres consonantes iguales y de un cuarto verso que, llevando el consonante del estribillo, está destinado a sugerir el recuerdo del tema inicial y hacer que los oyentes cantasen a coro dicho estribillo. Luego, el cantor entonaba otra estrofa, y el coro entraba a cantar cada vez que escuchaba el consonante indicador del estribillo. Este artificio estrófico tan simple fue usado en las otras literaturas románticas; pero en la española arraigó más y fue aquí viejísimo, tanto, que en un remoto período preliterario, entre los siglos X y XI, parece haber sido imitado del inculto romance por los españoles islamizados, para componer poesías en un árabe popular, salpicado de voces románticas. Si en los mismos días del emperador Alfonso VII nos trasladásemos a la musulmana Córdoba, oiríamos, durante las crapulosas orgías, al poeta Abén Cuzmán cantar el amor, la embriaguez y los peores vicios islámicos en esta misma forma métrica de estribillo glosado, y en medio del bullicio, del baile y del canto árabe, percibiríamos algunas palabras romances, indicadoras del abolengo de aquellas estrofas.

La poesía rústica, siempre arcaizante, conservó en Castilla hasta el siglo XVII esas estrofas en su forma monorrima, que es la más simple y elemental de la glosa. Lope de Vega nos conserva otra muestra semejante a la anterior, un canto de vareadores de aceitunas. No era ésta, empero, la forma única primitiva; otra muy vieja, acaso más simple todavía, nos presenta el mismo Lope en otro canto de vareadores de avellanas.

Los villancicos pastoriles son muy abundantes, y aunque suelen ser más artificiosos en sus glosas y en sí mismos que los anteriores, ¡cuán lejos están todavía de la Arcadia poética!

> Dame acogida en tu hato,
> zagala de mí te duelas.
> cata que el monte yela.

> ¿Quién te hizo, Juan Pastor,
> sin gasajo y sin placer,
> que tú alegre solías ser?

O aquel tan divulgado en que la zagala propone un gracioso dilema:

> Guárdame las vacas, carillo, y besarte he;
> si no, bésame tú a mí, que yo te las guardaré.

Las fiestas nos ofrecían gran variedad de canciones. Además de las mayas, son abundantes los cantos de Nochebuena, las marzas, las canciones de la célebre fiesta de San Juan, en que los enamorados cogen juntos la verbena y el trébol; los cantos báquicos que entroncan con la poesía goliardesca latina, y se entonaban principalmente en las fiestas de Carnaval, invitando al hartazgo, como brutal preparación para el ayuno de Cuaresma:

> Comer y beber
> hasta reventar;
> después, ayunar.

> Por honra de San Antruejo
> pongámonos hoy bien anchos,
> embutamos estos panchos,
> recalquemos el pellejo.

Como una especie de las canciones de viaje, ya mencionadas, podríamos añadir los cantos de romería. Uno solo citaré, muy divulgado, en donde según hacen tam-

bién varios poetas, entre ellos Álvarez Gato, el peregrino
aparece como mensajero de amor:

> Romerico, tú que vienes
> de do mi señora está,
> las nuevas della me da.
>
> Dame nuevas de mi vida,
> así Dios te dé placer,
> si tú me quieres hacer
> alegre con tu venida;
> que después de mi partida
> de mal en peor me va;
> las nuevas della me da.

Imposible sería enumerar siquiera todos los temas.
Como en estos casos indicados, hallaríamos multitud de
ocasiones y momentos de la vida que encuentran su poetización en la lírica popular, sin que la poesía culta haya
penetrado en ellos. Basta lo ya apuntado: en las solemnidades públicas, en alegrías y duelos familiares, en las
fiestas del año, en viajes y romerías, en el trabajo de los
labradores, en el pastoreo, en el molino, en la vela de
los guardas... la lírica popular brota como expresión espontánea siempre que la aridez de la vida se interrumpe
por un momento de emoción, mientras que en esos momentos la lírica letrada permanece rígida, indiferente,
sin comprender apenas otra cosa que la más fuerte sacudida de la pasión, los temas amorosos.

Recayendo en éstos, no hay para qué decir que son en
la poesía popular muy abundantes. Como ocasión de
cantos a la amada, sólo mencionaré una costumbre, la
ronda de noche o serenata, que, relegada hoy a las aldeas, era antes común a las altas clases de las ciudades.
El canto comenzaba por despertar a la enamorada; la
idea del sueño hace pensar en sus ojos; ¿cuál será la
hermosura de los ojos que se entreabren?

> Despertad, ojuelos verdes,
> que a la mañanica lo dormiredes.

Es el villancico más popularizado. Aunque la selección humana es todavía demasiado inconsciente para haber sido estudiada, es bien sabido que al tiempo en que la raza española producía sus grandes exploradores y sus mayores artistas, los ojos verdes rasgados de Melibea, los de color esmeralda que brillaban en el rostro de Dulcinea la celeste, eran el más poderoso atractivo que consagraba como vaso de elección una perfecta belleza femenina. El encantador villancico de los ojuelos verdes, sin duda, es anterior a la tragedia de Melibea, según ya parece indicarlo su arcaico *dormiredes*.

La enamorada se levantaba y se ponía en la ventana a escuchar los más varios cantos amorosos. Si la dama es desdeñosa, fingirá dormir; entonces el villancico del desairado es:

> La ingrata se duerme;
> ¿si lo hace adrede?

o el que nos conserva Lope de Rueda:

> Mala noche me diste,
> María del Rión;
> mala noche me diste,
> Dios te la dé peor,

mientras ella desahoga contra el importuno, con la música que Salinas pone en su tratado como muestra del dímetro acataléctico:

> Aquel porfiado,
> que en toda aquesta noche
> dormir no me ha dejado.

Temas amorosos muy abundantes son también el insomnio y las quejas del enamorado. Aquel ya mencionado villancico:

> ¿A quién contaré mis quejas,
> mi lindo amor;
> a quién contaré mis quejas
> si a vos no?,

se relaciona con la lírica galaicoportuguesa, pues se corresponde con una pregunta análoga que hace el rey don Dionís:

> ¿Ou a quem direi o pesar
> que mi vos facedes sofrer,
> se o a vos nom for dizer
> que podedes conselho dar?
> porem, se Deus vos perdom
> coita deste meu coraçon,
> ¿a quem direi o meu pesar?

Pero esta cuestión de relaciones literarias aparece más clara en lo que vamos a exponer.

Hemos visto cómo los cantares del amigo, en que tanto sobresalen los cancioneros gallegoportugueses, faltan por completo en el primer Cancionero castellano. ¿Es que la poesía popular de Castilla los ignoraba? De ningún modo. La explicación ya la hemos apuntado: el Cancionero de Baena es una mala selección cortesana, incapaz de sentir el arte popular. En cuanto se produce el primer contacto fecundo del villancico con la poesía más culta y refinada, aparecen los cantos amorosos puestos en boca femenina. El marqués de Santillana es quien, a mediados del siglo XV, ensaya esta primorosa unión de los dos géneros de poesía en el conocido villancico a sus tres hijas. El poeta las oye cantar en un vergel, y pensando alegrarlas con su aparición, se encubre entre el ramaje; pero al oírlas cantar como enamoradas, sobresaltado en su cariño paternal, se adelanta, lleno de desconsuelo. Las hijas, con la dureza juvenil inexperta aún del dolor, no le ocultan que sus corazones están ya invadidos por otro sentimiento, entonces están ya invadidos por otro sentimiento, entonces más poderoso que el cariño filial, y él canta tristemente con ellas una tonada popular:

> Sospirando iba la niña,
> e non por mí,
> que yo bien se lo entendí.

Y lo que antes cantaban las nobles muchachas, tonadas populares son también. Una de ellas canta:

> Dejatlo al villano pene,
> véngueme Dios delle,

estribillo que, por el asonante en vez del consonante, y por el arcaísmo del pronombre *elle,* muestra bien su antigüedad. La otra muchacha canta:

> Aguardan a mí,
> ¡nunca tales guardas vi!;

es la forma arcaica del tema de la doncella celada por su madre, muy común en las cantigas gallegoportuguesas, y tema de la famosa seguidilla que tan valida andaba por toda España cuando Cervantes la utilizó como recurso novelístico y la glosó en *El celoso extremeño:*

> Madre, la mi madre,
> guardas me ponéis;
> que si yo no me guardo,
> mal me guardaréis.

En fin, la otra hija del marqués, canta:

> La niña que amores ha
> sola, ¿cómo dormirá?,

cantar que tiene una notable correspodencia en uno de los villancicos de aquella pastorela, ya mencionada, del gallego Airas Nunes:

> ¿Quen amores ha
> cómo dormirá?
> ¡Ay bela frol!,

y es un tema lírico de remota antigüedad, que cantó también la griega Safo: «Ya se hundió la luna, ya se escondieron las Pléyades, ya es la hora, ya es media noche; y yo, triste, sola en mi lecho.»

Vemos cómo los cantos de amigo que entonaban en su soledad las muchachas del Miño tienen un eco en boca de las damiselas de Henares. En Castilla, estos cantos femeninos no alcanzan como allá un intenso cultivo literario, y su forma es, por lo común, diferente de la gallegoportuguesa; pero no puede desconocerse el próximo parentesco de ambas manifestaciones líricas. La protagonista de unas y otras es la muchacha soltera, la doncella o la niña *en cabellos,* según se decía en la Edad Media, pues el cabello tendido, que hoy es moda de la infancia, era antes costumbre jurídica, como símbolo de la virginidad. En una cantiga de amigo, de Juan Zorro, el rey pide para un hidalgo de su corte los cabellos de una doncella, como hoy se pide la mano de una mujer; y una castellanita canta, revelando su condición jurídica:

>A la sombra de mis cabellos
>mi querido se adurmió;
>¿si le despertaré o no?
>
>Adurmióse el caballero
>en mi regazo acostado;
>en verse mi prisionero
>muy dichoso se ha hallado,
>de verse muy trasportado
>se adurmió;
>¿si le despertaré yo?
>
>Amor hizo ser vencidos
>sus ojos cuando me vieron,
>y que fuesen adormidos
>con la gloria que sintieron.
>Cuando más mirar quisieron,
>se adurmió;
>¿si le despertaré o no?

En las cantigas de amigo más cultas que leemos en el Cancionero Vaticano, la doncella se dirige frecuentemente a su madre, y le dice cuánto compadece los tormentos que por ella sufre su amado: «Madre, mi amigo morirá con tantas cuitas de amor como padece, y no queréis que le vea; pues yo moriré también.» Otra dice: «Mi amigo está fuera de sí, y morirá; por Dios, madre, déjesme verle una sola vez; quiero decirle algo que sé que le ha de sanar.» Otra, más franca, dice: «Madre, dejadme ver a aquel que yo conocí en mal día, y él a mí en mal día para sí: él muere, y yo voy a morir; pero si le veo, sanaré y sanará.» Creo que estas cantigas portuguesas están inspiradas en algunas formas populares; en Castilla, al menos, aparece el mismo sentimiento benévolo y bienhechor de la muchacha, tratado en forma tradicional, que no puede creerse derivada de las cultas cantigas aludidas. Un villancico dice:

> Aquel caballero, madre,
> que de mí se enamoró,
> pena él y muero yo.

Y otro:

> Aquel caballero, madre,
> sí morirá
> con tan mala vida como ha.
>
> Que, según su padecer,
> su firmeza y su querer,
> no me puedo defender,
> y vencerme ha
> con tan mala vida como ha.
>
> No daré causa que muera,
> por tener fe tan entera;
> mas todo lo que él espera
> alcanzará
> con tan mala vida como ha.

Y este tema fue tan popular en Castilla, que llegó a tener una derivación cómica en el cantarcillo que cantaban las mujeres, y que a principios del siglo XVI glosó Alonso de Alcaudete; la doncella aparece ahora como una niña precoz:

> Aquel caballero, madre,
> tres besicos le mandé;
> cresceré y dárselos he.
>
> Porque éste fue el don primero
> que ofrecí en mi juventud,
> no será, madre, virtud
> que mi amor sea lisonjero;
> si viniere el caballero,
> yo no se lo negaré;
> cresceré y dárselos he.

—Por vuestra tierna niñez,
no debéis, hija, dar nada;
aunque sea quebrantada
vuestra palabra esta vez,
no habrá desto ningún juez
que por ello culpa os dé.
—Cresceré y dárselos he.

Otro punto de contacto, el mayor, sin duda, entre las cantigas de amigo del occidente y las del centro de España, es el ser tratadas en relación con las romerías religiosas. La romería tiene en el norte de la Península una importancia especial; el fuerte espíritu religioso que allí domina, y el ser la población espesa y estar muy repartida en lugarcillos y aldeas, favorecen la costumbre que busca en los santuarios famosos el punto de reunión y de mercados de muchos pueblecitos de los alrededores. No puede sorprendernos que todos los santuarios mencionados en las cantigas de amigo que tienen como fondo la romería sean santuarios pertenecientes a la región occidental del norte del Duero, es decir, a la Galicia en su máxima extensión romana; así tales cantigas parecen reflejar una costumbre y una inspiración particularmente gallegas, cosa reconocida hasta por el mismo Jeanroy, que tanto propende a ver un original francés en las varias manifestaciones líricas de los demás pueblos vecinos.

La galleguita de las cantigas de amigo no va a la romería con gran devoción: «Pues nuestras madres van a San Simón de Valdeprados a quemar sus cirios, nosotras las niñas trataremos de ir con ellas; quemen ellas sus cirios por sí y por nos, y nosotras las niñas bailaremos entretanto. Nuestros amigos vendrán allí para vernos, y verán bailar muchachas hermosas; quemen nuestras madres sus cirios, y nosotros bailaremos entretanto.» Las cantigas de amigo buscan, pues, la romería como lugar de encuentro de los amantes; las madres esquivan el permiso para ir a la ermita, y la doncella se consume en tristeza al verse tan guardada; ruega o exige de la madre que la deje ir; va, por fin, muy contenta a la romería; pero ¡cuántas veces vuelve llena de tristeza por no haber visto a su amigo! También otras veces los amantes se encuentran, y entonces ella vuelve del santuario rebosando alegría.

Pues a pesar de ser tan especial del norte de la Península esta poesía de romerías, la hallamos también en Castilla, cierto que sin aquel lánguido discreteo de las cantigas gallegoportuguesas. Compárese la cantiga de Juan de Requeixo:

> Fui eu, madre, en romaría
> a Faro con meu amigo,
> e venho dél namorada
> por quanto falou comigo...
> Leda venho da ermida
> e desta vez leda serey,
> ca faley con meu amigo
> que sempre deseiey.

La canción castellana, con la misma invocación a la madre, expresa ese mismo contento en un tono más narrativo, más simple y popular, y sobre un fondo más agreste; su melodía popular, muy linda por cierto, se nos conserva armonizada a cuatro voces por un músico anónimo del tiempo de los Reyes Católicos, con gran frescura y gracia un tanto adormecedora.

> So ell encina, encina,
> so ell encina.
>
> Yo me iba, mi madre, a la romería,
> por ir más devota, fui sin compañía.
> So ell encina.
> Por ir más devota, fui sin compañía;
> tomé otro camino, dejé el que tenía.
> So ell encina.
> Halléme perdida en una montiña,
> echéme a dormir al pie dell encina.
> A la media noche desperté, mezquina,
> halléme en los brazos del que más quería.
> So ell encina.
> Pesóme, cuitada, de que amanecía.
> ¡Muy bendita sea la tal romería!
> So ell encina, encina,
> so ell encina.

La bendición final a la romería aparece también en las cantigas gallegas; así, Juan Servando escribe:

> Que bona romaría con meu amigo fiz,
> ca lhi dix, a Deus grado, quanto lh'eu dizer quix.

Y Martín de Giizo:

> Nunca eu vi melhor ermida nen mais sancta.

Mas esta coincidencia no indica filiación, sino reflejo independiente de una tradición difusa por el occidente y el centro de la Península. Tal bendición a la romería era, a mi ver, popular en la poesía castellana, cuando micer Francisco Imperial la repite al encontrar a la hermosa Estrella sobre el puente de Sevilla, yendo a la romería de Santa Ana:

> Por los santos pasos de la romería
> muchos loores haya Santa Ana.

El cantar *So ell encina* es bastante más popular que los galaicoportugueses aludidos; y por ello me inclino a creer, en general, que los cantares de amigo castellanos son bastante independientes de los gallegos, y más que a la influencia de éstos responden a una tradición común difundida en otras partes de España lo mismo que en Galicia.

So ell encina presenta un rasgo aislado de repetición, corriente en la forma paralelística. Pero esta forma, muy propia, aunque no exclusiva, de la poesía gallega, se halla completamente desarrollada en otro cantar de amigo, formado todo él de reiteraciones paralelas, como expresión natural de la vehemencia del deseo de la enamorada; su música anónima, armonizada también en tiempo de los Reyes Católicos, tiene un aire de originalidad y arcaísmo muy pronunciados:

> Al alba venid, buen amigo,
> al alba venid.

> Amigo, el que yo más quería,
> venid a la luz del día.
> Amigo, el que yo más amaba,
> venid a la luz del alba.
> Venid a la luz del día,
> no traigáis compañía.
> Venid a la luz del alba,
> no traigáis compaña.

La analogía de forma de este canto con los gallego-portugueses es completa; pero dadas las varias muestras de repetición paralelística que venimos notando en Castilla, no podemos asentir a la opinión de un docto crítico cuando cree que nuestro cantar no es castellano, sino gallego puro.

A esta serie de analogía que venimos observando entre los cantares de amigo del centro y del occidente de España, añadiré todavía la de otro tema común, el del insomnio de la enamorada, que es de muy poca difusión entre los poetas cortesanos, tanto que dentro del Cancionero Vaticano parece una especialidad del poeta de la segunda mitad del siglo XIII, Juião Bolseiro, el cual la trata en dos composiciones: La enamorada, cuyos ojos no pueden dormir, recuerda que cuando tenía ante sí a su señor, a toda su alegría, la luz del alba venía presurosa e inoportuna; mas ahora que está sola, ruega cien veces al cielo, por la pasión de Cristo, que amanezca pronto; pero es en vano, porque la noche crece inacabable: «¡Qué noches tan largas! ¿Por qué Dios no las hacía así cuando mi amigo venía a hablar conmigo?»

> Aquestas noites tan longas
> que Deus fez en grave día
> por mí, porque as non dormo,
> ¿e porque as non fazía
> non tempo que meu amigo
> soia falar comigo?

Estrecha relación con esta cantiga tiene una canción castellana, muy repetida en tiempo de los Reyes Católicos, y sin duda muy anterior, cuyo villancico es:

> Estas noches atan largas
> para mí,
> no solían ser ansí.

El primer verso es igual en portugués y en castellano, y análoga es también la comparación de las noches largas con las noches felices, comparación que la canción castellana embebe en el *no solían ser ansí*. Y de nuevo se plantea la cuestión: ¿La forma castellana deriva de la portuguesa? No lo creo. Juião Bolseiro debió inspirarse en una tradición popular galaicoportuguesa, que todos los principales críticos están conformes en admitir. En la tradición, en la castellana al menos, es muy conocido el tema de la noche de desvelo y dolor lamentada por el amante; y su aplicación a la enamorada es consecuencia natural del desarrollo de las cantigas de amigo entre el pueblo. Bolseiro tendría presente alguna de estas canciones populares análogas al villancico castellano, así como creo que también conocía alguna otra canción análoga al otro villancico que Santillana nos transmite:

> La niña que amores ha,
> sola, ¿cómo dormirá?,

puesto que escribe algo semejante:

> Sen meu amigo manh' eu senlheira
> e sol non dormen estes olhos meus...
> Quand'eu con meu amigo dormía
> a noyte non durava nulha ren...
> E poys m'eu eyre senlheira deitey
> a noyte foy e veo e durou.

En una escena de *La Celestina*, refundida en 21 actos, hallamos prueba de lo multiforme que era hacia 1502 el tema de la tristeza de la enamorada que se halla de noche sin su amado. Melibea está ya dominada por el torbellino de pasión que va a confundir en su alma el amor y la muerte; espera la segunda visita de Calixto, y el momento se va pasando. Para entretener la impaciencia, manda a su criada que cante; y atraída por la dulzura de la música, quiere ella cantar también, y lo que canta es esto:

> Papagayos, ruiseñores,
> que cantáis al alborada,
> llevad nueva a mis amores
> cómo espero aquí asentada.
> La media noche es pasada
> e no viene;
> sabedme si hay otra amada
> que lo detiene.

Melibea compone su canción poniéndole al final un villancico popular, de igual modo que hemos visto hacer al marqués de Astorga en las coplas a su amiga. El de Melibea tiene relación con otro divulgado entre los vihuelistas del siglo XVI:

> Si la noche hace oscura,
> y tan corto es el camino,
> ¿cómo no venís, amigo?

No necesitamos más, creo, para mostrar cómo entre las cantigas de amigo gallegoportuguesas y los villancicos de amigo castellanos hay una evidente relación, explicable por una común tradición popular. Esta tradición común nos explica también en gran parte las serranillas indígenas, aunque para ellas la demostración sea más escasa, pues nos falta casi por completo el testimonio antiguo galaicoportugués.

En estos dos casos vemos que la más antigua tradición popular gallegoportuguesa y la posterior castellana se nos muestran como fragmentos análogos de un conjunto peninsular. Pero al mismo tiempo, siendo fragmentos discontinuos como son, presentan caracteres especiales que los individualizan.

La primitiva lírica peninsular tuvo dos formas principales. Una más propia de la lírica galaicoportuguesa, y otra más propia de la castellana. La forma gallega es la de estrofas paralelísticas completadas por un estribillo; la expresión, de una graciosa monotonía, se remansa en continuas repeticiones. La forma castellana es la de un villancico inicial glosado en estrofas, al fin de las cuales se suele repetir todo o parte del villancico, a modo de estribillo. En la forma gallega el movimiento lírico parte de la estrofa, respecto de la cual el estribillo no es más que una prolongación; en la forma castellana, el punto de partida está en el villancico o estribillo, y las estrofas son su desarrollo. La forma gallega es de hondo lirismo, propia para una expresión lenta, afectiva y musical; las palabras forman en ella acordes como la música. La forma castellana permite un desarrollo más variado y rápido en la expresión, hasta llegar ésta a ser narrativa; es, por otra parte, la forma más propia para el canto colectivo, en que perfectamente se pueden unir lo tradicional y lo popular; el villancico temático, que es por sí mismo ya un poemita, está concebido con una más vaga simplicidad que el resto, es el elemento tradicional conocido por todos, o fácilmente asimilable por todos y destinado a hacerse tradicional, propio, en fin, para ser cantado a coro; mientras las estrofas glosadoras son meramente populares, ideadas por la improvisación más personal, y propias para ser entonadas por la voz sola del que guía el canto. La forma gallega, aunque conocida ya en otras literaturas, es muy peculiar de Galicia, por haber adquirido allí una regularidad y desarrollo grandes; fue también, de un modo más o menos completo, usada a veces en Castilla. La forma castellana fue usada en las demás literaturas románicas, sobre todo en época primitiva; pero en el centro de España tuvo más arraigo desde una época remotísima preliteraria, hasta el punto de haberse introducido en la poesía árabe andaluza ya en el siglo XI, y ser en el XII la forma propia de las canciones del cordobés Abén Cuzmán, mencionadas arriba.

Esta poesía primitiva, tradicional, vivió unas veces en contacto con la poesía cortesana, y otras veces muy lejos de ella. La lírica popular gallegoportuguesa se abrió desde el siglo XIII entrada en los palacios, y floreció principalmente en la corte de don Dionís, sobre todo bajo su forma de cantar de amigo. La castellana, casi sólo por sus serranillas, mereció en el siglo XIV la atención de los poetas letrados, como el Arcipreste de Hita y Pero González de Mendoza; sin duda, también el arte popular era entonces seguido en las danzas aristocráticas, como lo indica el cosante de don Diego Hurtado de Mendoza; pero todos estos intentos de dignificación del arte popular son sistemáticamente rechazados por el Cancionero palaciego de Baena. Sin embargo, a mediados del siglo xv, el marqués de Santillana nos da otro precioso testimonio, asegurándonos que entre las doncellas nobles estaban muy en boga los villancicos de amigo, hecho que vemos confirmado hacia 1495, cuando Pinar manda a una dama de la Reina Católica que cante:

> Yo, madre, yo
> que la flor de la villa me so.

Fernando de la Torre y Álvarez Gato mezclan también en su lírica elementos populares, y al fin, lo que la poesía lírica popular gallega logró en la corte de don Dionís lo consiguió más ampliamente la castellana en la corte de los Reyes Católicos y de Carlos V.

El Cancionero Musical del Palacio de Madrid, a pesar de ser tan tardío, como de comienzos del siglo xvi, tiene para nuestro objeto una importancia igual o mayor aún que el Cancionero de la Vaticana, pues en él la poesía tradicional entra con más variedad y con el inseparable acompañamiento de la música. En el Cancionero Musical, al lado del arte cultista, que se esmera en canciones amorosas y sagradas, que escribe romances eruditos y caballerescos, se hallan multitud de tonos populares que los músicos cortesanos se dedicaban a armonizar para satisfacer los gustos de la moda; y estos músicos no sólo atienden a cantares de amigo y bailes, como los poetas galaicoportugueses, sino que recogen de la tradición canciones amorosas de todas clases, oraciones, cantos de peregrinos y de caminantes, sátiras de tipos sociales, rustiqueces pastoriles, cancioncillas callejeras sobre sucesos del día, o estrepitosas carcajadas salidas de un estómago relleno de viandas y vino, que no se sacia de desvergüenza y reticencias tabernarias. La figura representativa de este Cancionero es Juan del Encina, poeta que, cuando se abandona con afectuosa complacencia al sentimiento popular, se eleva sobre las pesadísimas y trabajosas concepciones que le imponían otras veces sus doctrinas literarias: poeta y músico al mismo tiempo, como exige la verdadera poesía lírica, la primitiva, la única que cultiva el pueblo.

Esta fecunda acogida dada a la poesía tradicional por los poetas se debió en gran parte a la difusión de las ideas renacentistas en la primera mitad del siglo xvi. El humanismo abrió los ojos de los doctos a la comprensión más acabada del espíritu humano en todas sus manifestaciones, y la popular mereció una atención digna e inteligente, como hasta entonces no había logrado. Entonces mismo, cuando en Castilla se compilaba el Cancionero Musical, se levantaba en Portugal Gil Vicente. En esa despierta y feliz edad en que el sentimiento de la unidad hispánica dominaba la política y el arte de un cabo a otro de la Península, Gil Vicente regocijaba la corte manuelina con la tonada de los cantos tradicionales, mezclando siempre los portugueses con los castellanos, según asaltaban continua y pertinazmente su imaginación al bullir de la vida de sus farsas, autos y comedias. En aquel jovial espíritu renacentista, el encantador recuerdo de la canción popular surge hasta en medio de las evocaciones del clasicismo, y Venus llega a la escena desde Egipto, como divina gitanilla, revuelta en una danza que ella guía cantando con gracioso ceceo:

> Los amores de la niña
> que tan lindos ojos ha
> ¡ay Dios, quién los servirá!

Entonces también la lírica culta se dejó penetrar de influencias populares arcaicas como nunca en la Edad Media había hecho: en Castilla, con poetas como Cristóbal de Castillejo y Gregorio Silvestre; en Portugal, con otros como Sa de Miranda y Andrade Caminha.

Pero, a la vez, el Renacimiento traía también a España las formas poéticas italianas y, con ellas, un obstáculo métrico para la compenetración del arte tradicional con el culto, ya contrariado, además, por el gusto extranjero en la lírica. Dentro del nuevo gusto, el estilo nacional quedó considerado como un arte menor, al que, sin embargo, rinden tributo aun los poetas más insignes de la inspiración italiana y clásica. Fray Luis de León mismo olvida alguna vez la oda y los metros largos para glosar un muy repetido estribillo, en verdad bastante rebuscado:

> Vuestros cabellos, señora,
> de oro son,
> y de acero el corazón.

La lírica popular cautivaba especialmente por el encanto de la música; ya hemos visto cómo se abrió camino primeramente entre los músicos de los Reyes Católicos. A principios del siglo XVI la vihuela, sobre todo, lograba un admirable desenvolvimiento, y lo que aquellos hábiles vihuelistas practicaban era, en gran parte, poesía lírica tradicional. La amplia popularidad de ésta se revela en la varia condición de los maestros que la estudiaban; desde el caballero valenciano don Luis Milán, traductor del *Cortesano* de Castiglione, hasta el ciego Miguel de Fuenllana, humilde postillón madrileño, todos ellos intercalan entre las tonadas de moda varias en estilo popular viejo. El otro ciego, el sabio catedrático de Salamanca, Francisco Salinas, aquel suya extremada música elevaba el alma de fray Luis de León hasta la alta esfera de su arquetipo divino, funda principalmente la doctrina de sus siete libros *De Música* en cantarcillos antiguos divulgados por toda España, conservándonos así en ese tratado la más rica e interesante colección folklórica del siglo XVI.

En esta tarea colectora ayudaron a los músicos y a los poetas doctos otros poetas más modestos de la primera mitad del siglo XVI, como Rodrigo de Reinosa y Alonso de Alcaudete, glosadores a porfía de la lírica y de los romances populares. La imprenta divulgaba sus obras por una especie de cancionerillos, en pliegos sueltos de muy poco coste, estampados en gruesos tipos góticos y con toscas orlas y grabados en madera. Estas publicaciones populares no fueron desdeñadas por los bibliófilos como Fernando Colón, y gracias a ellas se salvó una considerable parte de la poesía medieval.

Más tarde, en el siglo XVII, cuando ya la poesía culta se alejaba mucho de la tradicional, ésta hallaba todavía gran acogida en otro círculo, en el de los poetas sagrados, que, procurando herir vivamente el sentimiento del pueblo, a menudo evocan recuerdos profanos (¡cuántas veces demasiado profanos!) para convertirlos a lo divino, y así remedan multitud de cantos de antigua tradición. Algo de esto habían hecho poetas antiguos, como Álvarez Gato y fray Ambrosio Montesinos, pero la más abundante colección de temas populares aparece en los cancioneros tardíos de Alonso de Ledesma y del maestro José de Valdivielso.

Después nos interesa, sobre todo, el teatro. Ya en los comienzos de éste, Juan del Encina, Lope de Rueda y sus contemporáneos habían atendido a la lírica popular, aunque nunca tanto como Gil Vicente. Mas conforme el teatro castellano se perfeccionó, inclinóse cada vez más a actualizar sus escenas en medio de todos los elementos artísticos que la realidad ofrecía, y la lírica tradicional fue más aprovechada. Tirso hizo mucho en este sentido; pero sobre todo Lope de Vega, el artista que más amplia y cariñosamente contempló toda la vida española. Lo que los renacentistas habían hecho por espíritu de humanidad lo hizo Lope por espíritu nacional; en el teatro de Lope, ancho como el océano, derraman su caudal todas las venas que manan y fluyen por el suelo poético español, y en sus escenas de la vida ciudadana o rústica, histórica o fabulosa, concebidas con toda la cordial y vehemente comprensión de aquel profundísimo temperamento artístico, hallaremos el más copioso florilegio de lírica popular que jamás fue recogido. Sin el opulento teatro de Lope no conoceríamos la lírica tradicional en toda aquella extensión que le hemos señalado como característica; no tendríamos idea de su gran variedad en cantos de fiestas y de trabajo, de alegría y de dolor, o de devoción religiosa. Y Lope no sólo nos da multitud de esos cantos, sino que, como ningún poeta dramático, nos transmite la vida misma que los producía, el modo de corearlos y el estrépito y algazara de las fiestas en medio de las cuales la poesía brotaba.

Lástima que Lope viviese en las postrimerías de esa lírica vieja, cuando sus formas iban siendo arrinconadas por otras nuevas. La copla y la seguidilla, que hoy se tienen por formas típicas y esenciales del lirismo español, son formas de tardío desarrollo, pero ya se propagaban con rapidez en el siglo XVII. Si buscásemos una fórmula abreviada para exponer este cambio radical ocurrido en la lírica popular, diríamos, salvando la inexactitud del esquematismo, que el villancico deja de ser tema o estribillo para constituir un conjunto completo, y entonces se dilataba y se confunde con las seguidillas; y, por otra parte, la cuarteta, que encabezaba o terminaba antes la canción cortesana, se avulgara en su forma y evoluciona hacia la copla. El segundo elemento de la antigua canción popular, la glosa de varias estrofas, evoluciona a su vez frecuentemente hacia la monorrima, coincidiendo así con el romance, forma que, procedente del mundo épico, invade cada vez más el campo de la lírica.

Estas formas nuevas de la poesía popular han sido ya tratadas en las conferencias de nuestro Ateneo, especialmente la copla y la seguidilla; el romancero, en su parte lírica, ha merecido también atención al ser reseñada su principal parte épica. En cambio, las formas líricas anteriores están del todo desatendidas; y no lo están sólo aquí, pues que los eruditos, en general, apenas las mencionan sino alguna vez de pasada.

Y, sin embargo, ellas debieran constituir un capítulo en toda historia literaria, ya que acabamos de ver cómo en nuestros orígenes poéticos, al lado de la lírica culta de los cancioneros medievales, existió una abundante lírica popular.

El carácter más saliente de esta poesía frente a la otra está en ser eminentemente sintética. Trata motivos elementales de la sensibilidad, y ante la impresión del conjunto se desentiende de todo análisis interpretativo; la síntesis de la expresión domina en este arte lo mismo que en las lenguas primitivas; por eso, una frase exclamatoria es la forma completa de muchos villancicos, como la interjección es la enunciación más directa del sentimiento, sin mezcla de ninguna labor reflexiva. Es una poesía que, por su misma íntima naturalidad, se extiende a manifestaciones colectivas en coros y danzas, y se extiende también a muchos momentos de la vida ante los cuales la poesía culta no reacciona; la lírica, antes que ser sólo literatura, fue algo más: la flor que espontáneamente se abre al calor de toda emoción vital.

Y este capítulo de la historia literaria que tanto echamos de menos estará lleno de interés. En el ritmo complejo de esas canciones, que suele ser de una ametría arcana, el idioma recibió su primera modelación musical por obra de oscuros y anónimos artífices. Los temas múltiples de esos cantos nos llevan a intimar fugazmente con las generaciones pasadas, reanimando algunos instantes de la vida que se extinguió hace tantos siglos, pero de la cual fluye y depende la nuestra. ¿Y quién sabe si el estudio de esta poesía, tantas veces sentida en común, podría hacer que entre nuestros eximios poetas españoles, más que ningunos encastillados en su magnífica morada interior, surgiese la meditación fecunda que lanzase alguna vez su inspiración a guiar los sentimientos colectivos, con audacia renovadora de lo viejo? Mas siempre será para el artista una contemplación llena de atractivo la de esta poesía de formas fugaces, que nunca se interna en las complejidades de la concepción ni en las singularidades de una expresión exquisita; con la mayor sencillez de recursos, con un simple germinar de elementos naturales, lo intenta todo, y sobre mil gérmenes que se hunden en el polvo de la ineficacia, surge a veces en su pura desnudez y se eleva y vuela con el canto eterno de la vida lograda, que triunfa.

ÍNDICE DE AUTORES
DE LA
COLECCIÓN AUSTRAL

ÍNDICE DE AUTORES DE LA COLECCIÓN AUSTRAL
HASTA EL NÚMERO 1376

* Volumen extra

ABENTOFÁIL, Abuchafar
1195-El filósofo autodidacto.
ABOUT, Edmond
723-El rey de las montañas. *
ABRANTES, Duquesa de
495-Portugal a principios del siglo XIX.
ABREU GÓMEZ, Ermilo
1003-Las leyendas del Popol Vuh.
ABSHAGEN, Karl H.
1303-El almirante Canaris.*
ADLER, Alfredo
775-Conocimiento del hombre. *
AFANASIEV, Alejandro N.
859-Cuentos populares rusos.
AGUIRRE, Juan Francisco
709-Discurso histórico. *
AIMARD, Gustavo
276-Los tramperos del Arkansas. *
AKSAKOV, S. T.
849-Recuerdos de la vida de estudiante.
ALCALÁ GALIANO, Antonio
1048-Recuerdos de un anciano. *
ALCEO y otros
1332-Poetas líricos griegos.
ALFONSO, Enrique
964-...Y llegó la vida. *
ALIGHIERI, Dante
875-El convivio.
1056-La Divina Comedia. *
ALONSO, Dámaso
595-Hijos de la ira.
1290-Oscura noticia y Hombre y Dios.
ALSINA FUERTES, F., y PRELAT, C. E.
1037-El mundo de la mecánica.
ALTAMIRANO, Ignacio Manuel
108-El Zarco.
ALTOLAGUIRRE, M.
1219-Antología de la poesía romántica española. *
ÁLVAREZ, G.
1157-Mateo Alemán.
ÁLVAREZ QUINTERO, Serafín y Joaquín
124-Puebla de las Mujeres. El genio alegre.
321-Malvaloca. Doña Clarines.
ALLISON PEERS, E.
671-El misticismo español. *
AMADOR DE LOS RÍOS, José
693-Vida del marqués de Santillana.
AMOR, Guadalupe
1277-Antología poética.
ANACREONTE y otros
1332-Poetas líricos griegos.
ANDREIEV, Leónidas
996-Sachka Yegulev. *
1046-Los espectros.
1159-Las tinieblas y otros cuentos.
1226-El misterio y otros cuentos.
ANÓNIMO
5-Poema del Cid. *
59-Cuentos y leyendas de la vieja Rusia.
156-Lazarillo de Tormes. (Prólogo de Gregorio Marañón.)
337-La historia de los nobles caballeros Oliveros de Castilla y Artús Dalgarbe.
359-Libro del esforzado caballero don Tristán de Leonís. *
374-La historia del rey Canamor y del infante Turián, su hijo. La destruición de Jerusalem.
396-La vida de Estebanillo González. *
416-El conde Partinuples. Roberto el Diablo. Clamades. Clarmonda.
622-Cuentos populares y leyendas de Irlanda.
668-Viaje a través de los mitos irlandeses.
712-Nala y Damayanti. (Episodio del Mahabharata.)
892-Cuentos del Cáucaso.
1197-Poema de Fernán González.
1264-Hitopadeza o Provechosa enseñanza.
1294-El cantar de Roldán.
1341-Cuentos populares lituanos. *
ANZOÁTEGUI, Ignacio B.
1124-Antología poética.
ARAGO, Domingo F.,
426-Grandes astrónomos anteriores a Newton.
543-Grandes astrónomos. (De Newton a Laplace.)
556-Historia de mi juventud. (Viaje por España. 1806-1809.)
ARCIPRESTE DE HITA
98-Libro de buen amor.
ARÈNE, Paul
205-La cabra de oro.
ARISTÓTELES
239-La política. *
296-Moral. (La gran moral. Moral a Eudemo.) *
318-Moral a Nicómaco. *
399-Metafísica. *
803-El arte poética.
ARNICHES, Carlos
1193-El santo de la Isidra.
1223-El amigo Melquiades. La señorita de Trevélez.
ARNOLD, Matthew
989-Poesía y poetas ingleses.
ARNOULD, Luis
1237-Almas prisioneras.
ARQUÍLOCO y otros
1332-Poetas líricos griegos.
ARRIETA, Rafael Alberto
291-Antología poética.
406-Centuria porteña.
ASSOLLANT, Alfredo
386-Aventuras del capitán Corcorán.
AUNÓS, Eduardo
275-Estampas de ciudades.
AUSTEN, Jane
823-Persuasión.
1039-La abadía de Northanger. *
1066-Orgullo y prejuicio. *
AVELLANEDA, Alonso F. de
603-El Quijote.
AVERCHENKO, Arcadio
1349-Memorias de un simple. Los niños.
AZORÍN
36-Lecturas españolas.
47-Trasuntos de España.
67-Españoles en París.
153-Don Juan.
164-El paisaje de España visto por los españoles.

ÍNDICE DE AUTORES

226-Visión de España.
248-Tomás Rueda.
261-El escritor.
380-Capricho.
420-Los dos Luises y otros ensayos.
461-Blanco en azul. (Cuentos.)
475-De Granada a Castelar.
491-Las confesiones de un pequeño filósofo.
525-María Fontán. (Novela rosa.)
551-Los clásicos redivivos. Los clásicos futuros.
568-El político.
611-Un pueblecito: Riofrío de Ávila.
674-Rivas y Larra.
747-Con Cervantes. *
801-Una hora de España.
830-El caballero inactual.
910-Pueblo.
951-La cabeza de Castilla.
1160-Salvadora de Olbena.
1202-España.
1257-Andando y pensando. Notas de un transeúnte.
1288-De un transeúnte.
1314-Historia y vida. *
BABINI, José
847-Arquímedes.
1007-Historia sucinta de la ciencia. *
1142-Historia sucinta de la matemática. *
BAILLIE FRASER, Jaime
1062-Viaje a Persia.
BALMES, Jaime
35-Cartas a un escéptico en materia de religión.*
71-El criterio. *
BALZAC, Honorato de
793-Eugenia Grandet. *
BALLANTYNE, Roberto M.
259-La isla de coral. *
517-Los mercaderes de pieles. *
BALLESTEROS BERETTA, Antonio
677-Figuras imperiales: Alfonso VII el Emperador. Colón. Fernando el Católico. Carlos V. Felipe II.
BAQUÍLIDES y otros
1332-Poetas líricos griegos.
BARNOUW, A. J.
1050-Breve historia de Holanda. *
BAROJA, Pío
177-La leyenda de Jaun de Alzate.

206-Las inquietudes de Shanti Andía. *
230-Fantasías vascas.
256-El gran torbellino del mundo. *
288-Las veleidades de la fortuna.
320-Los amores tardíos.
331-El mundo es ansí.
346-Zalacaín el aventurero.
365-La casa de Aizgorri.
377-El mayorazgo de Labraz.
398-La feria de los discretos. *
445-Los últimos románticos.
471-Las tragedias grotescas.
605-El Laberinto de las Sirenas. *
620-Paradox, rey. *
720-Aviraneta o La vida de un conspirador. *
1100-Las noches del Buen Retiro. *
1174-Aventuras, inventos y mixtificaciones de Silvestre Paradox. *
1203-La obra de Pello Yarza.
1241-Los pilotos de altura.
1253-La estrella del capitán Chimista. *
BARRIOS, Eduardo
1120-Gran señor y rajadiablos. *
BASAVE F. DEL VALLE, Agustín
1289-Filosofía del Quijote. *
1336-Filosofía del hombre.*
BASHKIRTSEFF, María
165-Diario de mi vida.
BAUDELAIRE, C.
885-Pequeños poemas en prosa. Crítica de arte.
BAYO, Ciro
544-Lazarillo español. *
BEAUMARCHAIS, P. A. Caron de
728-El casamiento de Fígaro.
BÉCQUER, Gustavo A.
3-Rimas y leyendas.
788-Desde mi celda.
BENAVENTE, Jacinto
34-Los intereses creados. Señora ama.
84-La malquerida. La noche del sábado.
94-Cartas de mujeres.
305-La fuerza bruta. Lo cursi.
387-Al fin, mujer. La honradez de la cerradura.

450-La comida de las fieras. Al natural.
550-Rosas de otoño. Pepa Doncel.
701-Titania. La infanzona.
1293-Campo de armiño. La ciudad alegre y confiada. *
BENET, Stephen Vincent
1250-Historia sucinta de los Estados Unidos.
BENEYTO, Juan
971-España y el problema de Europa. *
BENITO, José de
1295-Estampas de España e Indias. *
BENOIT, Pierre
1113-La señorita de la Ferté. *
1258-La castellana del Líbano. *
BERCEO, Gonzalo de
344-Vida de Sancto Domingo de Silos. Vida de Sancta Oria, virgen.
716-Milagros de Nuestra Señora.
BERDIAEFF, Nicolás
26-El cristianismo y el problema del comunismo.
61-El cristianismo y la lucha de clases.
BERGERAC, Cyrano de
287-Viaje a la Luna e Historia cómica de los Estados e Imperios del Sol. *
BERKELEY, J.
1108-Tres diálogos entre Hilas y Filonús.
BERLIOZ, Héctor
992-Beethoven.
BERNÁRDEZ, Francisco Luis
610-Antología poética. *
BJOERNSON, Bjoernstjerne
796-Synnoeve-Solbakken.
BLASCO IBÁÑEZ, Vicente
341-Sangre y arena. *
351-La barraca.
361-Arroz y tartana. *
390-Cuentos valencianos.
410-Cañas y barro. *
508-Entre naranjos.
581-La condenada y otros cuentos.
BOECIO, Severino
394-La consolación de la filosofía.
BORDEAUX, Henri
809-Yamilé.
BOSSUET, J. B.
564-Oraciones fúnebres. *

ÍNDICE DE AUTORES

BOSWELL, James
899-La vida del doctor Samuel Johnson. *
BOUGAINVILLE, L. A. de
349-Viaje alrededor del mundo. *
BOYD CORREL, A., y MAC DONALD, Philip
1057-La rueda oscura. *
BRET HARTE, Francisco
963-Cuentos del Oeste. *
1126-Maruja.
1156-Una noche en vagón-cama.
BRONTË, Carlota
1182-Jane Eyre. *
BRUNETIÈRE, Fernando
783-El carácter esencial de la literatura francesa.
BUCK, Pearl S.
1263-Mujeres sin cielo. *
BUNIN, Iván
1359-Sujodol. El maestro.
BURTON, Roberto
669-Anatomía de la melancolía.
BUSCH, Francis X.
1229-Tres procesos célebres. *
BUTLER, Samuel
285-Erewhon. *
BYRON, Lord
111-El corsario. Lara. El sitio de Corinto. Mazeppa.
CABEZAS, Juan Antonio
1183-Rubén Darío.
1313-«Clarín», el provinciano universal. *
CADALSO, José
1078-Cartas marruecas.
CALDERÓN DE LA BARCA, Pedro
39-El alcalde de Zalamea. La vida es sueño. *
289-El mágico prodigioso. Casa con dos puertas, mala es de guardar. *
384-La devoción de la cruz. El gran teatro del mundo.
496-El mayor monstruo del mundo. El príncipe constante. *
593-No hay burlas con el amor. El médico de su honra. *
659-A secreto agravio, secreta venganza. La dama duende. *
CALVO SOTELO, Joaquín
1238-La visita que no tocó el timbre. Nuestros ángeles.

CAMACHO, Manuel
1281-Desistimiento español de la empresa imperial.
CAMBA, Julio
22-Londres.
269-La ciudad automática.
295-Aventuras de una peseta.
343-La casa de Lúculo.
654-Sobre casi todo.
687-Sobre casi nada.
714-Un año en el otro mundo.
740-Playas, ciudades y montañas.
754-La rana viajera.
791-Alemania. *
1232-Millones al horno.
CAMOENS Luis de
1068-Los Lusiadas. *
CAMPOAMOR, Ramón de
238-Doloras. Cantares. Los pequeños poemas.
CANCELA, Arturo
423-Tres relatos porteños. Tres cuentos de la ciudad.
1340-Campanarios y rascacielos.
CANÉ, Miguel
255-Juvenilia y otras páginas argentinas.
CANILLEROS, Conde de
1168-Tres testigos de la conquista del Perú.
CAPDEVILA, Arturo
97-Córdoba del recuerdo.
222-Las invasiones inglesas.
352-Primera antología de mis versos. *
506-Tierra mía.
607-Rubén Darío. «Un Bardo Rei».
810-El padre Castañeda. *
905-La dulce patria,
970-El hombre de Guayaquil.
CARLYLE, Tomás
472-Los primitivos reyes de Noruega.
906-Recuerdos. *
1009-Los héroes. *
1079-Vida de Schiller.
CARRÈRE, Emilio
891-Antología poética.
CASARES, Julio
469-Crítica profana. Valle-Inclán, Azorín y Ricardo León. *
1305-Cosas del lenguaje. *
1317-Crítica efímera. *

CASONA, Alejandro
1358-El caballero de las espuelas de oro. Retablo jovial. *
CASTELO BRANCO, Camilo
582-Amor de perdición. *
CASTIGLIONE, Baltasar
549-El cortesano. *
CASTILLO SOLÓRZANO
1249-La garduña de Sevilla y Anzuelo de las bolsas. *
CASTRO, Guillén de
583-Las mocedades del Cid. *
CASTRO, Miguel de
924-Vida del soldado español Miguel de Castro. *
CASTRO, Rosalía de
243-Obra poética.
CASTROVIEJO, José María, y CUNQUEIRO, Álvaro
1318-Viaje por los montes y chimeneas de Galicia. Caza y cocina gallegas.
CATALINA, Severo
1239-La mujer. *
CEBES, TEOFRASTO, EPICTETO
733-La tabla de Cebes. Caracteres morales. Enquiridión o máximas.
CELA, Camilo José
1141-Viaje a la Alcarria.
CERVANTES, Miguel de
29-Novelas ejemplares. *
150-Don Quijote de la Mancha. *
567-Novelas ejemplares. *
686-Entremeses. *
774-El cerco de Numancia. El gallardo español.
1065-Los trabajos de Persiles y Sigismunda. *
CÉSAR, Julio
121-Comentarios de la guerra de las Galias. *
CICERÓN
339-Los oficios.
CIEZA DE LEÓN, P. de
507-La crónica del Perú. *
CLARÍN (Leopoldo Alas)
444-¡Adiós, «Cordera»!, y otros cuentos.
CLERMONT, Emilio
816-Laura. *
COLOMA, P. Luis
413-Pequeñeces. *
421-Jeromín. *
435-La reina mártir. *

ÍNDICE DE AUTORES

COLÓN, Cristóbal
633-Los cuatro viajes del Almirante y su testamento. *

CONCOLORCORVO
609-El lazarillo de ciegos caminantes. *

CONSTANT, Benjamín
938-Adolfo.

CORNEILLE, Pedro
813-El Cid. Nicomedes.

CORTÉS, Hernán
547-Cartas de relación de la conquista de México. *

COSSÍO, Francisco de
937-Aurora y los hombres.

COSSÍO, José María de
490-Los toros en la poesía.
762-Romances de tradición oral.
1138-Poesía española. (Notas de asedio.)

COSSÍO, Manuel Bartolomé
500-El Greco. *

COURTELINE, Jorge
1357-Los señores chupatintas.

COUSIN, Víctor
696-Necesidad de la filosofía.

CROWTHER, J. G.
497-Humphry Davy, Michael Faraday. (Hombres de ciencia británicos del siglo XIX.)
509-J. Prescott Joule. W. Thompson. J. Clerk Maxwell. (Hombres de ciencia británicos del siglo XIX.) *
518-T. Alva Edison. J. Henry. (Hombres de ciencia norteamericanos del siglo XIX.)
540-Benjamín Franklin. J. Willard Gibbs. (Hombres de ciencia norteamericanos del siglo XIX.) *

CRUZ, Sor Juana Inés de la
12-Obras escogidas.

CUEVA, Juan de la
895-El infamador. Los siete infantes de Lara.

CUI, César
758-La música en Rusia.

CUNQUEIRO, Álvaro, y CASTROVIEJO, José María
1318-Viaje por los montes y chimeneas de Galicia. Caza y cocina gallegas.

CURIE, Eva
451-La vida heroica de María Curie, descubridora del radium, contada por su hija. *

CHAMISSO, Adalberto de
852-El hombre que vendió su sombra.

CHAMIZO, Luis
1269-El miajón de los castúos.

CHATEAUBRIAND, Vizconde de
50-Atala. René. El último Abencerraje.
1369-Vida de Rancé.

CHEJOV, Antón P.
245-El jardín de los cerezos.
279-La cerilla sueca.
348-Historia de mi vida.
418-Historia de una anguila.
753-Los campesinos.
838-La señora del perro y otros cuentos.
923-La sala número seis.

CHERBULIEZ, Víctor
1042-El conde Kostia. *

CHESTERTON, Gilbert K.
20-Santo Tomás de Aquino.
125-La esfera y la cruz. *
170-Las paradojas de míster Pond.
523-Charlas.
625-Alarmas y digresiones.

CHMELEV, Iván
95-El camarero.

CHOCANO, José Santos
751-Antología poética. *

CHRÉTIEN DE TROYES
1308-Perceval o El cuento del grial. *

DANA, R. E.
429-Dos años al pie del mástil.

DARÍO, Rubén
19-Azul...
118-Cantos de vida y esperanza.
282-Poema del otoño.
404-Prosas profanas.
516-El canto errante.
860-Poemas en prosa.
871-Canto a la Argentina. Oda a Mitre. Canto a Chile.
880-Cuentos.
1119-Los raros. *

DAUDET, Alfonso
738-Cartas desde mi molino.
755-Tartarín de Tarascón.
972-Recuerdos de un hombre de letras.
1347-Cuentos del lunes. *

D'AUREVILLY, J. Barbey
968-El caballero Des Touches.

DÁVALOS, Juan Carlos
617-Cuentos y relatos del Norte argentino.

DEFOE, Daniel
1292-Aventuras de Robinsón Crusoe. *
1298-Nuevas aventuras de Robinsón Crusoe. *

DELEDDA, Grazia
571-Cósima.

DELFINO, Augusto Mario
463-Fin de siglo.

DELGADO, J. M.
563-Juan María. *

DEMAISON, André
262-El libro de los animales llamados salvajes.

DÍAZ-CAÑABATE, Antonio
711-Historia de una taberna. *

DÍAZ DE GUZMÁN, Ruy
519-La Argentina. *

DÍAZ DEL CASTILLO, Bernal
1274-Historia verdadera de la conquista de la Nueva España. *

DÍAZ-PLAJA, Guillermo
297-Hacia un concepto de la literatura española.
1147-Introducción al estudio del romanticismo español. *
1221-Federico García Lorca. *

DICKENS, Carlos
13-El grillo del hogar.
658-El reloj del señor Humphrey.
717-Cuentos de Navidad. *
772-Cuentos de Boz.

DICKSON, C.
757-Murió como una dama. *

DIDEROT, D.
1112-Vida de Séneca. *

DIEGO, Gerardo
219-Primera antología de sus versos.

DIEHL, Carlos
1309-Una república de patricios: Venecia. *
1324-Grandeza y servidumbre de Bizancio. *

DINIZ, Julio
732-La mayorazguita de Los Cañaverales. *

INDICE DE AUTORES

DONOSO, Armando
376-Algunos cuentos chilenos. (Antología de cuentistas chilenos.)

DONOSO CORTÉS, Juan
864-Ensayo sobre el catolicismo, el liberalismo y el socialismo. *

D'ORS, Eugenio
465-El valle de Josafat.

DOSTOYEVSKI, Fedor
167-Stepantchikovo.
267-El jugador.
322-Noches blancas. El diario de Raskolnikov.
1059-El ladrón honrado.
1093-Nietochka Nezvanova.
1254-Una historia molesta. Corazón débil.
1262-Diario de un escritor. *

DROZ, Gustavo
979-Tristezas y sonrisas.

DUHAMEL, Georges
928-Confesión de medianoche.

DUMAS, Alejandro
882-Tres maestros: Miguel Ángel, Ticiano, Rafael.

DUNCAN, David
387-La hora en la sombra.

EÇA DE QUEIROZ, J. M.
209-La ilustre casa de Ramires. *

ECKERMANN, J. P.
973-Conversaciones con Goethe.

ECHAGÜE, Juan Pablo
453-Tradiciones, leyendas y cuentos argentinos.
1005-La tierra del hambre.

EHINGER, H. H.
1092-Clásicos de la música. *

EICHENDORFF, José de
926-Episodios de una vida tunante.

ELIOT, George
949-Silas Marner. *

ELVAS, Fidalgo de
1099-Expedición de Hernando de Soto a Florida.

EMERSON, R. W.
1032-Ensayos escogidos.

ENCINA, Juan de la
1266-Van Gogh. *

EPICTETO, TEOFRASTO, CEBES
733-Enquiridión o máximas. Caracteres morales. La tabla de Cebes.

ERASMO, Desiderio
682-Coloquios. *
1179-Elogio de la locura.

ERCILLA, Alonso de
722-La Araucana.

ERCKMANN-CHATRIAN
486-Cuentos de orillas del Rhin.
912-Historia de un recluta de 1813.
945-Waterloo. *

ESPINA, Antonio
174-Luis Candelas, el bandido de Madrid.
290-Ganivet. El hombre y la obra.

ESPINA, Concha
1131-La niña de Luzmela.
1158-La rosa de los vientos. *
1196-Altar mayor. *
1230-La esfinge maragata. *

ESPINOSA, Aurelio M.
585-Cuentos populares de España. *

ESPINOSA (hijo), Aurelio M.
645-Cuentos populares de Castilla.

ESPRONCEDA, José de
917-Poesías líricas. El estudiante de Salamanca.

ESQUILO
224-La Orestíada. Prometeo encadenado.

ESTÉBANEZ CALDERÓN, S.
188-Escenas andaluzas.

EURÍPIDES
432-Alcestis. Las bacantes. El cíclope.
623-Electra. Ifigenia en Táuride. Las troyanas.
653-Orestes. Medea. Andrómaca.

EYZAGUIRRE, Jaime
641-Ventura de Pedro de Valdivia.

FALLA, Manuel de
950-Escritos sobre música y músicos.

FARMER, Laurence, y HEXTER, George J.
1137-¿Cuál es su alergia?

FAULKNER, W.
493-Santuario. *

FERNÁN CABALLERO
56-La familia de Alvareda.
364-La gaviota. *

FERNÁNDEZ DE VELASCO Y PIMENTEL, B.
662-Deleite de la discreción. Fácil escuela de la agudeza.

FERNÁNDEZ FLÓREZ, Wenceslao
145-Las gafas del diablo.
225-La novela número 13. *
263-Las siete columnas. *
284-El secreto de Barba-Azul. *
325-El hombre que compró un automóvil.
1342-*Impresiones de un hombre de buena fe. (1914-1919.) *
1343-**Impresiones de un hombre de buena fe. (1920-1936.) *
1356-El bosque animado. *
1363-El malvado Carabel. *

FERNÁNDEZ MORENO, B.
204-Antología 1915-1947. *

FIGUEIREDO, Fidelino de
692-La lucha por la expresión.
741-Bajo las cenizas del tedio.
850-*História literaria de Portugal. (Introducción histórica. La lengua y literatura portuguesas. Era medieval: De los orígenes a 1502.)
861-**Historia literaria de Portugal. (Era clásica: 1502-1825.) *
878-***Historia literaria de Portugal. (Era romántica: 1825-actualidad.)

FLAUBERT, Gustavo
1259-Tres cuentos.

FLORO, Lucio Anneo
1115-Gestas romanas.

FORNER, Juan Pablo
1122-Exequias de la lengua castellana.

FÓSCOLO, Hugo
898-Últimas cartas de Jacobo Ortiz.

FOUILLÉE, Alfredo
846-Aristóteles y su polémica contra Platón.

FOURNIER D'ALBE, y JONES, T. W.
663-Efestos. Quo vadimus. Hermes.

FRANKLIN, Benjamín
171-El libro del hombre de bien.

FRAY MOCHO
1103-Tierra de matreros.

FROMENTIN, Eugenio
1234-Domingo. *

FÜLÖP-MILLER, René
548-Tres episodios de una vida.
840-Teresa de Ávila, la santa del éxtasis.
930-Francisco, el santo del amor.

ÍNDICE DE AUTORES

1041-¡Canta, muchacha, cantal
1265-Agustín, el santo del intelecto. Ignacio, el santo de la voluntad de poder.
1373-El gran oso.

GABRIEL Y GALÁN, José María
808-Castellanas. Nuevas castellanas. Extremeñas. *

GÁLVEZ, Manuel
355-El gaucho de los cerrillos. *
433-El mal metafísico. *
1010-Tiempo de odio y angustia. *
1064-Han tocado a degüello. (1840-1842.) *
1144-Bajo la garra anglofrancesa. *
1205-Y así cayó don Juan Manuel... 1850-1852. *

GALLEGOS, Rómulo
168-Doña Bárbara. *
192-Cantaclaro. *
213-Canaima. *
244-Reinaldo Solar. *
307-Pobre negro. *
338-La trepadora. *
425-Sobre la misma tierra. *
851-La rebelión y otros cuentos.
902-Cuentos venezolanos. *
1101-El forastero. *

GANIVET, Ángel
126-Cartas finlandesas. Hombres del Norte.
139-Idearium español. El porvenir de España.

GARCÍA DE LA HUERTA, Vicente
684-Raquel. Agamenón vengado.

GARCÍA GÓMEZ, Emilio
162-Poemas arabigoandaluces.
513-Cinco poetas musulmanes. *
1220-Silla del Moro. Nuevas escenas andaluzas.

GARCÍA ICAZBALCETA, J.
1106-Fray Juan de Zumárraga. *

GARCÍA MERCADAL, J.
1180-Estudiantes, sopistas y pícaros. *

GARCÍA MORENTE, Manuel
1302-Idea de la hispanidad. *

GARCÍA Y BELLIDO, Antonio
515-España y los españoles hace dos mil años, según la geografía de Strabon. *
744-La España del siglo I de nuestra era, según P. Mela y C. Plinio. *

GARIN, Nicolás
708-La primavera de la vida.
719-Los colegiales.
749-Los estudiantes.
883-Los ingenieros. *

GASKELL, Isabel C.
935-Mi prima Filis.
1053-María Barton. *
1086-Cranford. *

GELIO, Aulo
1128-Noches áticas. (Selección.)

GÉRARD, Julio
367-El matador de leones.

GIBBON, Edward
915-Autobiografía.

GIL, Martín
447-Una novena en la sierra.

GIRAUDOUX, Jean
1267-La escuela de los indiferentes.

GOBINEAU, Conde de
893-La danzarina de Shamakha y otras novelas asiáticas.
1036-El Renacimiento. *

GOETHE, J. W.
60-Las afinidades electivas. *
449-Las cuitas de Werther.
608-Fausto.
752-Egmont.
1023-Hermann y Dorotea.
1038-Memorias de mi niñez. *
1055-Memorias de la Universidad. *
1076-Memorias del joven escritor. *
1096-Campaña de Francia y Cerco de Maguncia. *

GOGOL, Nicolás
173-Tarás Bulba. Nochebuena.
746-Cuentos ucranios.
907-El retrato y otros cuentos.

GOLDONI, Carlos
1025-La posadera.

GOLDSMITH, Oliverio
869-El vicario de Wakefield. *

GOMES DE BRITO, Bernardo
825-Historia trágico-marítima. *

GÓMEZ DE AVELLANEDA, Gertrudis
498-Antología. (Poesías y cartas amorosas.)

GÓMEZ DE LA SERNA, Ramón
14-La mujer de ámbar.
143-Greguerías. Selección 1910-1960.
308-Los muertos y las muertas. *
427-Don Ramón María del Valle-Inclán. *
920-Goya. *
1171-Quevedo. *
1212-Lope viviente.
1299-Piso bajo.
1310-Cartas a las golondrinas. Cartas a mí mismo. *
1321-Caprichos. *
1330-El hombre perdido. *

GOMPERTZ, M., y MASSINGHAM, H. J.
529-La panera de Egipto y La Edad de Oro.

GONCOURT, Edmundo de
873-Los hermanos Zemganno.

GONCOURT, E., y J. de
853-Renata Mauperin.
916-Germinia Lacerteux. *

GÓNGORA, Luis de
75-Antología. *

GONZÁLEZ DE CLAVIJO, Ruy
1104-Relación de la embajada de Enrique III al gran Tamorlán. *

GONZÁLEZ DE MENDOZA, P., y PÉREZ DE AYALA, M.
689-El Concilio de Trento.

GONZÁLEZ MARTÍNEZ, Enrique
333-Antología poética.

GONZÁLEZ OBREGÓN, L.
494-México viejo y anecdótico.

GONZÁLEZ-RUANO, César
1285-Baudelaire. *

GORKI, Máximo
1364-Varenka Olesova. Malva y otros cuentos. *

GOSS, Madeleine
587-Sinfonía inconclusa. La historia de Franz Schubert. *

ÍNDICE DE AUTORES

GOSS, Madeleine, y HAVEN SCHAUFFLER, Robert
670-Brahms. Un maestro en la música. *

GOSSE, Philip
795-Los corsarios berberiscos. Los piratas del Norte. Historia de la piratería.
814-Los piratas del Oeste. Los piratas de Oriente. *

GRACIÁN, Baltasar
49-El héroe. El discreto.
258-Agudeza y arte de ingenio. *
400-El Criticón. *

GRANADA, Fray Luis de
642-Introducción del símbolo de la fe. *
1139-Vida del venerable maestro Juan de Ávila.

GUÉRARD, Alberto
1040-Breve historia de Francia. *

GUERRA JUNQUEIRO, A.
1213-Los simples.

GUERTSEN, A. I.
1376-¿Quién es culpable?

GUEVARA, Antonio de
242-Epístolas familiares.
759-Menosprecio de corte y alabanza de aldea.

GUINNARD, A.
191-Tres años de esclavitud entre los patagones.

GUNTHER, John
1030-Muerte, no te enorgullezcas. *

HARDY, Tomás
25-La bien amada.

HATCH, Alden, y WALSHE, Seamus
1335-Corona de gloria. Vida del papa Pío XII. *

HAVEN SCHAUFFLER, Robert, y GOSS, Madeleine
670-Brahms. Un maestro en la música. *

HAWTHORNE, Nathaniel
819-Cuentos de la Nueva Holanda.
1082-La letra roja. *

HEARN, Lafcadio
217-Kwaidan.
1029-El romance de la Vía Láctea.

HEBBEL, C. F.
569-Los Nibelungos.

HEBREO, León
704-Diálogos de amor. *

HEGEL, G. F.
594-De lo bello y sus formas. *
726-Sistema de las artes. (Arquitectura, escultura, pintura y música.)
773-Poética. *

HEINE, Enrique
184-Noches florentinas.
952-Cuadros de viaje. *

HENNINGSEN, C. F.
730-Zumalacárregui. *

HERCZEG, Francisco
66-La familia Gyurkovics. *

HERNÁNDEZ, José
8-Martín Fierro.

HERNÁNDEZ, Miguel
908-El rayo que no cesa.

HESSE, Hermann
925-Gertrudis.
1151-A una hora de medianoche.

HESSEN, J.
107-Teoría del conocimiento.

HEXTER, George J., y FARMER, Laurence
1137-¿Cuál es su alergia?

HEYSE, Paul
982-El camino de la felicidad.

HOFFMANN
863-Cuentos. *

HOMERO
1004-Odisea. *
1207-Ilíada. *

HORACIO
643-Odas.

HOWIE, Edith
1164-El regreso de Nola.
1366-La casa de piedra.

HUARTE, Juan
599-Examen de ingenios para las ciencias. *

HUDSON, G. E.
182-El ombú y otros cuentos rioplatenses.

HUGO, Víctor
619-Hernani. El rey se divierte.
652-Literatura y filosofía.
673-Cromwell. *
1374-Bug-Jargal.

HUMBOLDT, Guillermo de
1012-Cuatro ensayos sobre España y América. *

HURET, Jules
1075-La Argentina.

IBARBOUROU, Juana de
265-Poemas.

IBSEN, H.
193-Casa de muñecas. Juan Gabriel Borkmann.

ICAZA, Carmen de
1233-Yo, la reina. *

INSÚA, Alberto
82-Un corazón burlado.
316-El negro que tenía el alma blanca. *
328-La sombra de Peter Wald. *

IRIARTE, Tomás de
1247-Fábulas literarias.

IRIBARREN, Manuel
1027-El príncipe de Viana. *

IRVING, Washington
186-Cuentos de la Alhambra. *
476-La vida de Mahoma. *
765-Cuentos del antiguo Nueva York.

ISAACS, Jorge
913-María. *

ISÓCRATES
412-Discursos histórico-políticos.

JACOT, Luis
1167-El Universo y la Tierra.
1189-Materia y vida. *
1216-El mundo del pensamiento.

JAMESON, Egon
93-De la nada a millonarios.

JAMMES, Francis
9-Rosario al Sol.
894-Los Robinsones vascos.

JANINA, Condesa Olga
782-Los recuerdos de una cosaca.

JENOFONTE
79-La expedición de los diez mil (Anábasis).

JIJENA SÁNCHEZ, Lidia R. de
1114-Poesía popular y tradicional americana. *

JOKAI, Mauricio
919-La rosa amarilla.

JOLY, Henri
812-Obras clásicas de la filosofía. *

JONES, T. W., y FOURNIER D'ALBE
663-Hermes. Efestos. Quo vadimus.

JOVELLANOS
1367-Espectáculos y diversiones públicas. El castillo de Bellver. *

JUAN MANUEL, Infante don
676-El conde Lucanor. *

JUNCO, Alfonso
159-Sangre de Hispania.

JUVENAL
1344-Sátiras.

INDICE DE AUTORES

KANT, Emmanuel
612-Lo bello y lo sublime. La paz perpetua.
648-Fundamentación de la metafísica de las costumbres.

KARR, Alfonso
942-La Penélope normanda.

KELLER, Gottfried
383-Los tres honrados peineros y otras novelas.
1372-Leyendas suizas.

KEYSERLING, Conde de
92-La vida íntima.
1351-La angustia del mundo.

KIERKEGAARD, Sören
158-El concepto de la angustia.
1132-Diario de un seductor.

KINGSTON, W. H. G.
375-A lo largo del Amazonas. *
474-Salvado del mar. *

KIPLING, Rudyard
821-Capitanes valientes. *

KIRKPATRICK, F. A.
130-Los conquistadores españoles. *

KITCHEN, Fred
831-A la par de nuestro hermano el buey. *

KLEIST, Heinrich von
865-Michael Kohlhaas.

KOESSLER, Berta
1208-Cuentan los araucanos...

KOROLENKO, Vladimiro
1133-El día del juicio. Novelas.

KOTZEBUE, Augusto de
572-De Berlín a París en 1804. *

KSCHEMISVARA y LI HSING-TAO
215-La ira de Caúsica. El círculo de tiza.

LABIN, Eduardo
575-La liberación de la energía atómica.

LA CONDAMINE, Carlos María de
268-Viaje a la América meridional.

LAERCIO, Diógenes
879-*Vidas de los filósofos más ilustres.
936-**Vidas de los filósofos más ilustres.
978-***Vidas de los filósofos más ilustres.

LA FAYETTE, Madame de
976-La princesa de Clèves.

LAÍN ENTRALGO, Pedro
784-La generación del 98. *
911-Dos biólogos: Claudio Bernard y Ramón y Cajal.
1077-Menéndez Pelayo. *
1279-La aventura de leer.

LAMARTINE, Alfonso de
858-Graziella.
922-Rafael.
1073-Las confidencias. *

LAMB, Carlos
675-Cuentos basados en el teatro de Shakespeare.*

LAPLACE, P. S.
688-Breve historia de la astronomía.

LARBAUD, Valéry
40-Fermina Márquez.

LA ROCHEFOUCAULD, F. de
929-Memorias.

LARRA, Mariano José de
306-Artículos de costumbres.

LARRETA, Enrique
74-La gloria de don Ramiro. *
85-«Zogoibi».
247-Santa María del Buen Aire. Tiempos iluminados.
382-La calle de la Vida y de la Muerte.
411-Tenía que suceder... Las dos fundaciones de Buenos Aires.
438-El linyera. Pasión de Roma.
510-La que buscaba Don Juan. Artemis. Discursos.
560-Jerónimo y su almohada. Notas diversas.
700-La naranja.
921-Orillas del Ebro. *
1210-Tres films.
1270-Clamor.
1276-El Gerardo. *

LATORRE, Mariano
680-Chile, país de rincones. *

LATTIMORE, Owen y Eleanor
994-Breve historia de China. *

LEÓN, Fray Luis de
51-La perfecta casada.
522-De los nombres de Cristo.

LEÓN, Ricardo
370-Jauja.
391-¡Desperta, ferro!
481-Casta de hidalgos. *

521-El amor de los amores. *
561-Las siete vidas de Tomás Portolés.
590-El hombre nuevo.
1291-Alcalá de los Zegríes. *

LEOPARDI
81-Diálogos.

LERMONTOF, M. I.
148-Un héroe de nuestro tiempo.

LEROUX, Gastón
293-La esposa del Sol. *
378-La muñeca sangrienta.
392-La máquina de asesinar.

LEUMANN, Carlos Alberto
72-La vida victoriosa.

LEVENE, Ricardo
303-La cultura histórica y el sentimiento de la nacionalidad. *
702-Historia de las ideas sociales argentinas. *
1060-Las Indias no eran colonias.

LEVILLIER, Roberto
91-Estampas virreinales americanas.
419-Nuevas estampas virreinales: Amor con dolor se paga.

LÉVI-PROVENÇAL, E.
1161-La civilización árabe en España.

LI HSING-TAO y KSCHEMISVARA
215-El círculo de tiza. La ira de Caúsica.

LINKLATER, Eric
631-María Estuardo.

LISZT, Franz
576-Chopin.

LISZT, Franz, y WAGNER, Ricardo
763-Correspondencia.

LOEBEL, Josef
997-Salvadores de vidas.

LONDON, Jack
766-Colmillo blanco. *

LOPE DE RUEDA
479-Eufemia. Armelina. El deleitoso.

LOPE DE VEGA, F.
43-Peribáñez y el comendador de Ocaña. La Estrella de Sevilla. *
274-Poesías líricas. (Selección.)
294-El mejor alcalde, el rey. Fuenteovejuna.
354-El perro del hortelano. El arenal de Sevilla.

ÍNDICE DE AUTORES

MUÑOZ, Rafael F.
178-Se llevaron el cañón para Bachimba.
896-¡Vámonos con Pancho Villa! *

MURRAY, Gilbert
1185-Esquilo. *

MUSSET, Alfredo de
492-Cuentos: Mimí Pinsón. El lunar. Croisilles. Pedro y Camila.

NAPOLEÓN III
798-Ideas napoleónicas.

NAVARRO Y LEDESMA, F.
401-El ingenioso hidalgo Miguel de Cervantes Saavedra. *

NERUDA, Jan
397-Cuentos de la Malá Strana.

NERVAL, Gerardo de
927-Silvia. La mano encantada. Noches de octubre.

NERVO, Amado
32-La amada inmóvil.
175-Plenitud.
211-Serenidad.
311-Elevación.
373-Poemas.
434-El arquero divino.
458-Perlas negras. Místicas.

NEWTON, Isaac
334-Selección.

NIETZSCHE, Federico
356-El origen de la tragedia.

NODIER, Carlos
933-Recuerdos de juventud.

NOEL, Eugenio
1327-España nervio a nervio. *

NOVALIS
1008-Enrique de Ofterdingen.

NOVÁS CALVO, Lino
194-Pedro Blanco, el Negrero. *
573-Cayo Canas.

NOVO, Salvador
797-Nueva grandeza mexicana.

NÚÑEZ CABEZA DE VACA, Álvar
304-Naufragios y comentarios. *

OBLIGADO, Carlos
257-Los poemas de Edgar Poe.
848-Patria. Ausencia.

OBLIGADO, Pedro Miguel
1176-Antología poética.

OBLIGADO, Rafael
197-Poesías. *

OBREGÓN, Antonio de
1194-Villon, poeta del viejo París. *

O'HENRY
1184-Cuentos de Nueva York.
1256-El alegre mes de mayo y otros cuentos. *

OPPENHEIMER, R., y otros
987-Hombre y ciencia. *

ORDÓÑEZ DE CEBALLOS, Pedro
695-Viaje del mundo. *

ORTEGA Y GASSET, José
1-La rebelión de las masas. *
11-El tema de nuestro tiempo.
45-Notas.
101-El libro de las misiones.
151-Ideas y creencias. *
181-Tríptico: Mirabeau o El político. Kant. Goethe.
201-Mocedades.
1322-Velázquez: *
1328-La caza y los toros.
1333-Goya.
1338-Estudios sobre el amor. *
1345-España invertebrada.
1350-Meditaciones del Quijote: Ideas sobre la novela. *
1354-Meditación del pueblo joven.
1360-Meditación de la técnica.
1365-En torno a Galileo. *
1370-Espíritu de la letra. *

OSORIO LIZARAZO, J. A.
947-El hombre bajo la tierra. *

OVIDIO, Publio
995-Las hercidas: *.
1326-Las metamorfosis. *

OZANAM, Antonio F.
888-Poetas franciscanos de Italia en el siglo XIII.
939-Una peregrinación al país del Cid y otros escritos.

PALACIO VALDÉS, Armando
76-La hermana San Sulpicio. *
133-Marta y María. *
155-Los majos de Cádiz.
189-Riverita.
218-Maximina. *

266-La novela de un novelista. *
277-José.
298-La alegría del capitán Ribot.
368-La aldea perdida. *
588-Años de juventud del doctor Angélico. *

PALMA, Ricardo
52-Tradiciones peruanas (1.ª selección).
132-Tradiciones peruanas (2.ª selección).
309-Tradiciones peruanas (3.ª selección).

PAPP, Desiderio
443-Más allá del Sol... (La estructura del Universo.)
980-El problema del origen de los mundos.

PARDO BAZÁN, Condesa de
760-La sirena negra.
1243-Insolación.
1368-El saludo de las brujas.

PARRY, William E.
537-Tercer viaje para el descubrimiento de un paso por el Noroeste.

PASCAL
96-Pensamientos.

PELLICO, Silvio
144-Mis prisiones.

PEMÁN, José María
234-Noche de levante en calma. Julieta y Romeo.
1240-Antología de poesía lírica.

PEPYS, Samuel
1242-Diario. *

PEREDA, José María de
58-Don Gonzalo González de la Gonzalera. *
414-Peñas arriba. *
436-Sotileza. *
454-El sabor de la tierruca. *
487-De tal palo, tal astilla. *
528-Pedro Sánchez. *
558-El buey suelto... *

PEREYRA, Carlos
236-Hernán Cortés. *

PÉREZ DE AYALA, Martín, y GONZÁLEZ DE MENDOZA, Pedro
689-El Concilio de Trento.

PÉREZ DE AYALA, Ramón
147-Las máscaras. *
183-La pata de la raposa. *
198-Tigre Juan.
210-El curandero de su honra.
249-Poesías completas. *

ÍNDICE DE AUTORES

PÉREZ DE GUZMÁN, Fernán
725-Generaciones y semblanzas.

PÉREZ FERRERO, Miguel
1135-Vida de Antonio Machado y Manuel. *

PÉREZ MARTÍNEZ, Héctor
531-Juárez, el Impasible.
807-Cuauhtemoc. (Vida y muerte de una cultura.) *

PFANDL, Ludwig
17-Juana la Loca.

PIGAFETTA, Antonio
207-Primer viaje en torno del globo.

PLA, Cortés
315-Galileo Galilei.
533-Isaac Newton. *

PLATÓN
44-Diálogos. *
220-La República o el Estado. *
639-Apología de Sócrates. Critón o El deber del ciudadano.

PLOTINO
985-El alma, la belleza y la contemplación.

PLUTARCO
228-Vidas paralelas: Alejandro-Julio César.
459-Vidas paralelas: Demóstenes-Cicerón. Demetrio-Antonio.
818-Vidas paralelas: Teseo-Rómulo. Licurgo-Numa.
843-Vidas paralelas: Solón-Publícola. Temístocles-Camilo.
868-Vidas paralelas: Pericles-Fabio Máximo. Alcibíades-Coriolano.
918-Vidas paralelas: Arístides-Marco Catón. Filopemen-Tito Quincio Flaminino.
946-Vidas paralelas: Pirro-Cayo Mario. Lisandro-Sila.
969-Vidas paralelas: Cimón-Lúculo. Nicias-Marco Craso.
993-Vidas paralelas: Sertorio-Eumenes. Foción-Catón el Menor.
1019-Vidas paralelas: Agis-Cleomenes. Tiberio-Cayo Graco.
1043-Vidas paralelas: Dion-Bruto.

1095-Vidas paralelas: Timoleón-Paulo Emilio. Pelópidas-Marcelo.
1123-Vidas paralelas: Agesilao-Pompeyo.
1148-Vidas paralelas: Artajerjes-Arato. Galba-Otón.

POE, Edgard Allan
735-Aventuras de Arturo Gordon Pym. *

POINCARÉ, Henri
379-La ciencia y la hipótesis. *
409-Ciencia y método. *
579-Últimos pensamientos.
628-El valor de la ciencia.

POLO, Marco
1052-Viajes.

PORTNER KOEHLER, R.
734-Cadáver en el viento. *

PRAVIEL, Armando
21-La vida trágica de la emperatriz Carlota.

PRELAT, Carlos E., y ALSINA FUERTES, F.
1037-El mundo de la mecánica.

PRÉVOST, Abate
89-Manon Lescaut. *

PRÉVOST, Marcel
761-El arte de aprender.

PRIETO, Jenaro
137-El socio.

PUIG, Ignacio
456-¿Qué es la física cósmica? *
990-La edad de la Tierra.

PULGAR, Fernando del
832-Claros varones de Castilla.

PUSCHKIN, A. S.
123-La hija del capitán. La nevasca.
1125-La dama de los tres naipes y otros cuentos.
1136-Dubrovskiy. La campesina señorita.

QUEVEDO, Francisco de
24-Historia de la vida del Buscón.
362-Antología poética.
536-Los sueños. *
626-Política de Dios y gobierno de Cristo. *
957-Vida de Marco Bruto.

QUILES, S. I., Ismael
467-Aristóteles. Vida. Escritos y doctrina. *
527-San Isidoro de Sevilla.
874-Filosofía de la religión.
1107-Sartre y su existencialismo.

QUINCEY, Tomás de
1169-Confesiones de un comedor de opio inglés. *
1355-El asesinato considerado como una de las bellas artes. El coche correo inglés.

QUINTANA, Manuel José
388-Vida de Francisco Pizarro.
826-Vidas de españoles célebres: El Cid. Guzmán el Bueno. Roger de Lauria.
1352-Vidas de españoles célebres: El príncipe de Viana. Gonzalo de Córdoba.

RACINE, Juan
839-Athalia. Andrómaca.

RAINIER, P. W.
724-África del recuerdo. *

RAMÍREZ CABAÑAS, J.
358-Antología de cuentos mexicanos.

RAMÓN Y CAJAL, Santiago
90-Mi infancia y juventud. *
187-Charlas de café. *
214-El mundo visto a los ochenta años. *
227-Los tónicos de la voluntad. *
241-Cuentos de vacaciones. *
1200-La psicología de los artistas.

RAMOS, Samuel
974-Filosofía de la vida artística.
1080-El perfil del hombre y la cultura en México.

RANDOLPH, Marion
817-La mujer que amaba las lilas.
837-El buscador de su muerte. *

RAVAGE, M. E.
489-Cinco hombres de Francfort. *

REGA MOLINA, Horacio
1186-Antología poética.

REID, Mayne
317-Los tiradores de rifle. *

REISNER, Mary
664-La casa de telarañas. *

RENARD, Jules
1083-Diario.

RENOUVIER, Charles
932-Descartes.

REY PASTOR, Julio
301-La ciencia y la técnica en el descubrimiento de América.

INDICE DE AUTORES

REYES, Alfonso
901-Tertulia de Madrid.
954-Cuatro ingenios.
1020-Trazos de historia literaria.
1054-Medallones.
REYLES, Carlos
88-El gaucho Florido.
208-El embrujo de Sevilla.
REYNOLDS LONG, Amelia
718-La sinfonía del crimen.
977-Crimen en tres tiempos.
1187-El manuscrito de Poe.
1353-Una vez absuelto... *
RICKERT, H.
347-Ciencia cultural y ciencia natural. *
RIVADENEIRA, Pedro de
634-Vida de Ignacio de Loyola. *
RIVAS, Duque de
46-Romances. *
656-Sublevación de Nápoles capitaneada por Masanielo. *
1016-Don Álvaro o La fuerza del sino.
RODENBACH, Jorge
829-Brujas, la muerta.
RODEZNO, Conde de
841-Carlos VII, duque de Madrid.
RODÓ, José Enrique
866-Ariel.
ROJAS, Fernando de
195-La Celestina.
ROJAS, Francisco de
104-Del rey abajo, ninguno. Entre bobos anda el juego.
ROMANONES, Conde de
770-Doña María Cristina de Habsburgo y Lorena.
1316-Salamanca. Conquistador de riqueza, gran señor.
1348-Amadeo de Saboya. *
ROMERO, Francisco
940-El hombre y la cultura.
ROMERO, José Luis
1117-De Herodoto a Polibio.
ROSENKRANTZ, Palle
534-Los gentileshombres de Lindenborg. *
ROSTAND, Edmundo
1116-Cyrano de Bergerac. *
ROUSSELET, Luis
327-Viaje a la India de los maharajohs.
ROUSSELOT, Xavier
965-San Alberto, Santo Tomás y San Buenaventura.

RUIZ DE ALARCÓN, Juan
68-La verdad sospechosa. Los pechos privilegiados.
RUIZ GUIÑAZÚ, Enrique
1155-La tradición de América. *
RUSKIN, John
958-Sésamo y lirios.
RUSSELL, Bertrand
23-La conquista de la felicidad.
RUSSELL WALLACE, A. de
313-Viaje al archipiélago malayo.
SÁENZ HAYES, Ricardo
329-De la amistad en la vida y en los libros.
SAFO y otros
1332-Poetas líricos griegos.
SAID ARMESTO, Victor
562-La leyenda de Don Juan. *
SAINT-PIERRE, Bernardino de
393-Pablo y Virginia.
SAINTE-BEUVE, Carlos de
1045-Retratos contemporáneos.
1069-Voluptuosidad. *
1109-Retratos de mujeres.
SAINZ DE ROBLES, F. C.
114-El «otro» Lope de Vega.
1334-Fabulario español.
SALINAS, Pedro
1154-Poemas escogidos.
SALOMÓN
464-El Cantar de los Cantares. (Versión de fray Luis de León.)
SALTEN, Félix
363-Los hijos de Bambi.
371-Bambi. (Historia de una vida del bosque.)
395-Renni «el salvador».
SALUSTIO, Cayo
366-La conjuración de Catilina. La guerra de Jugurta.
SAMANIEGO, Félix María
632-Fábulas.
SAN AGUSTÍN
559-Ideario. *
1199-Confesiones. *
SAN FRANCISCO DE ASÍS
468-Las florecillas. El cántico del Sol. *
SAN FRANCISCO DE CAPUA
678-Vida de Santa Catalina de Siena. *
SAN JUAN DE LA CRUZ
326-Obras escogidas.

SÁNCHEZ-SÁEZ, Braulio
596-Primera antología de cuentos brasileños. *
SANDERS, George
657-Crimen en mis manos. *
SANTA CRUZ DE DUEÑAS, Melchor de
672-Floresta española.
SANTA MARINA, Luys
157-Cisneros.
SANTA TERESA DE JESÚS
86-Las moradas.
372-Su vida. *
636-Camino de perfección.
999-Libro de las fundaciones. *
SANTILLANA, Marqués de
552-Obras.
SANTO TOMÁS DE AQUINO
310-Suma teológica. (Selección.)
SANTO TOMÁS MORO
1153-Utopía. *
SANZ EGAÑA, Cesáreo
1283-Historia y bravura del toro de lidia. *
SARMIENTO, Domingo F.
1058-Facundo. *
SCOTT, Walter
466-El pirata.
877-El anticuario *
1232-Diario.
SCHIAPARELLI, Juan V.
526-La astronomía en el Antiguo Testamento.
SCHILLER, J. C. F.
237-La educación estética del hombre.
SCHLESINGER, E. C.
955-La zarza ardiente. *
SCHMIDL, Ulrico
424-Derrotero y viaje a España y las Indias.
SCHULTEN, Adolf
1329-Los cántabros y astures y su guerra con Roma. *
SÉNECA
389-Tratados morales.
SHAKESPEARE, William
27-Hamlet.
54-El rey Lear.
87-Otelo. Romeo y Julieta.
109-El mercader de Venecia. Macbeth.
116-La tempestad. La doma de la bravía.
127-Antonio y Cleopatra.
452-Las alegres comadres de Windsor. La comedia de las equivocaciones.

INDICE DE AUTORES

488-Los dos hidalgos de Verona. Sueño de una noche de San Juan.
635-A buen fin no hay mal principio. Trabajos de amor perdidos. *
736-Coriolano.
769-El cuento de invierno. *
792-Cimbelino.
828-Julio César. Pequeños poemas.
872-A vuestro gusto. *

SHAW, Bernard
615-El carro de las manzanas.
630-Héroes. Cándida.
640-Matrimonio desigual.*

SHEEN, Monseñor Fulton J.
1304-El comunismo y la conciencia occidental. *

SHELLEY, Percy B.
1224-Adonais y otros poemas breves.

SIBIRIAK, Mamin
739-Los millones. *

SIENKIEWICZ, Enrique
767-Narraciones. *
845-En vano.
886-Hania. Orso. El manantial.

SIGÜENZA Y GÓNGORA, Carlos de
1033-Infortunios de Alonso Ramírez.

SILIÓ, César
64-Don Álvaro de Luna y su tiempo. *

SILVA, José Asunción
827-Poesías.

SILVA VALDÉS, Fernán
538-Cuentos del Uruguay.*

SIMMEL, Georges
38-Cultura femenina y otros ensayos.

SIMÓNIDES DE CEOS y otros
1332-Poetas líricos griegos.

SLOCUM, Joshua
532-A bordo del «Spray». *

SÓFOCLES
835-Ayante. Electra. Las traquinianas.

SOFOVICH, Luisa
1162-Biografía de la Gioconda.

SOLALINDE, Antonio G.
154-Cien romances escogidos.
169-Antología de Alfonso X el Sabio. *

SOLÍS, Antonio
699-Historia de la conquista de Méjico. *

SOPEÑA, Federico
1217-Vida y obra de Franz Liszt.

SOREL, Cecilia
1192-Las bellas horas de mi vida. *

SOUBRIER, Jacques
867-Monjes y bandidos. *

SOUVIRON, José María
1178-La luz no está lejos.*

SPENGLER, O.
721-El hombre y la técnica y otros ensayos.
1323-Años decisivos. *

SPINELLI, Marcos
834-Misión sin gloria. *

SPRANGER, Eduardo
824-*Cultura y educación. (Parte histórica.)
876-**Cultura y educación. (Parte temática.)

STAËL, Madame de
616-Reflexiones sobre la paz.
655-Alemania.
742-Diez años de destierro. *

STARK, L. M.; PRICE, G. A.; HILL, A. V., y otros
944-Ciencia y civilización. *

STARKIE, Walter
1362-Aventuras de un irlandés en España. *

STENDHAL
815-*Historia de la pintura en Italia. (Escuela florentina. Renacimiento. De Giotto a Leonardo. Vida de Leonardo de Vinci.)
855-**Historia de la pintura en Italia. (De la belleza ideal en la antigüedad. Del bello ideal moderno. Vida de Miguel Ángel.) *
909-Vida de Rossini.
1152-Vida de Napoleón. (Fragmentos.) *
1248-Diario.

STEVENSON, Robert L.
7-La isla del tesoro.
342-Aventuras de David Balfour. *
566-La flecha negra. *
627-Cuentos de los mares del Sur.
666-A través de las praderas.
776-El extraño caso del doctor Jekyll y míster Hyde. Olalla.
1118-El príncipe Otón. *

1146-El muerto vivo. *
1222-El tesoro de Franchard. Las desventuras de John Nicholson.

STOKOWSKI, Leopoldo
591-Música para todos nosotros. *

STONE, I. P. de
1235-Burbank, el mago de las plantas.

STORM, Theodor
856-El lago de Immen.

STORNI, Alfonsina
142-Antología poética.

STRINDBERG, Augusto
161-El viaje de Pedro el Afortunado.

SUÁREZ, S. J., Francisco
381-Introducción a la metafísica. *
1209-Investigaciones metafísicas. *

SWIFT, Jonatán
235-Viajes de Gulliver. *

SYLVESTER, E.
483-Sobre la índole del hombre.
934-Yo, tú y el mundo. *

TÁCITO
446-Los Anales: Augusto-Tiberio. *
462-Historias. *
1085-Los Anales: Claudio-Nerón. *

TAINE, Hipólito A.
115-*Filosofía del arte.
448-Viaje a los Pirineos. *
505-**Filosofía del arte. *
1177-Notas sobre París. *

TALBOT, Hake
690-Al borde del abismo. *

TAMAYO Y BAUS, M.
545-La locura de amor. Un drama nuevo. *

TASSO, Torcuato
966-Noches.

TEJA ZABRE, A.
553-Morelos. *

TELEKI, José
1026-La corte de Luis XV.

TEÓCRITO y otros
1332-Poetas líricos griegos.

TEOFRASTO, EPICTETO, CEBES
733-Caracteres morales. Enquiridión o máximas. La tabla de Cebes.

TERENCIO AFER, Publio
729-La Andriana. La suegra. El atormentador de sí mismo.

INDICE DE AUTORES

743-Los hermanos. El eunuco. Formión.
TERTULIANO, Q. S.
768-Apología contra los gentiles.
THACKERAY, W. M.
542-Catalina.
1098-El viudo Lovel.
1218-Compañeras del hombre. *
THIERRY, Agustín
589-Relatos de los tiempos merovingios. *
THOREAU, Henry D.
904-Walden o Mi vida entre bosques y lagunas. *
TICKNOR, Jorge
1089-Diario.
TIEGHEM, Paul van
1047-Compendio de historia literaria de Europa. *
TIMONEDA, Juan
1129-El patrañuelo.
TIRTEO y otros
1332-Poetas líricos griegos.
TOEPFFER, R.
779-La biblioteca de mi tío
TOLSTOI, León
554-Los cosacos.
586-Sebastopol.
TORRES BODET, Jaime
1236-Poesías escogidas.
TORRES VILLARROEL
822-Vida. *
TOVAR, Antonio
1272-Un libro sobre Platón.
TURGUENEFF, Iván
117-Relatos de un cazador.
134-Anuchka. Fausto.
482-Lluvia de primavera. Remanso de paz. *
TWAIN, Mark
212-Las aventuras de Tom Sawyer.
649-El hombre que corrompió a una ciudad.
679-Fragmentos del diario de Adán. Diario de Eva.
698-Un reportaje sensacional y otros cuentos.
713-Nuevos cuentos.
1049-Tom Sawyer, detective. Tom Sawyer, en el extranjero.
UNAMUNO, Miguel de
33-Vida de Don Quijote y Sancho.
70-Tres novelas ejemplares y un prólogo.
99-Niebla.
112-Abel Sánchez.
122-La tía Tula.
141-Amor y pedagogía.
160-Andanzas y visiones españolas. *
179-Paz en la guerra. *
199-El espejo de la muerte.
221-Por tierras de Portugal y de España.
233-Contra esto y aquello.
254-San Manuel Bueno, mártir, y tres historias más.
286-Soliloquios y conversaciones.
299-Mi religión y otros ensayos breves.
323-Recuerdos de niñez y de mocedad.
336-De mi país.
403-En torno al casticismo.
417-El caballero de la Triste Figura.
440-La dignidad humana.
478-Viejos y jóvenes.
499-Almas de jóvenes.
570-Soledad.
601-Antología poética.
647-El otro. El hermano Juan.
703-Algunas consideraciones sobre la literatura hispanoamericana.
781-El Cristo de Velázquez.
900-Visiones y comentarios.
UP DE GRAFF, F. W.
146-Cazadores de cabezas del Amazonas. *
URABAYEN, Félix
1361-Bajo los robles navarros.
URIBE PIEDRAHÍTA, César
314-Toá.
VALDÉS, Juan de
216-Diálogo de la lengua.
VALLE, R. H.
477-Imaginación de México.
VALLE-ARIZPE, Artemio de
53-Cuentos del México antiguo.
340-Leyendas mexicanas.
881-En México y en otros siglos.
1067-Fray Servando. *
1278-De la Nueva España.
VALLE-INCLÁN, Ramón del
105-Tirano Banderas.
271-Corte de amor.
302-Flor de santidad. El marqués de Bradomín.
415-Voces de gesta. Cuento de abril.
430-Sonata de primavera. Sonata de estío.
441-Sonata de otoño. Sonata de invierno.
460-Los cruzados de la Causa.
480-El resplandor de la hoguera.
520-Gerifaltes de antaño.
555-Jardín umbrío.
621-Claves líricas.
651-Cara de Plata.
667-Águila de blasón.
681-Romance de lobos.
811-La lámpara maravillosa.
1296-La corte de los milagros. *
1300-Viva mi dueño. *
1307-Luces de bohemia.
1311-Baza de espadas. *
1315-Tablado de marionetas. *
1320-Divinas palabras.
1325-Retablo de la avaricia, la lujuria y la muerte. *
1331-La marquesa Rosalinda.
1337-Martes de Carnaval. *
VALLERY-RADOT, René
470-Madame Pasteur. (Elogio de un librito, por Gregorio Marañón.)
VAN DINE
176-La serie sangrienta.
VARIOS
319-Frases.
1166-Relatos diversos de cartas de jesuitas. (1634-1648.)
VASCONCELOS, José
802-La raza cósmica. *
961-La sonata mágica.
1091-Filosofía estética.
VÁZQUEZ, Francisco
512-Jornada de Omagua y Dorado. (Historia de Lope de Aguirre, sus crímenes y locuras.)
VEGA, El inca Garcilaso de la
324-Comentarios reales. (Selección.)
VEGA, Garcilaso de la
63-Obras.
VEGA, Ventura de la
484-El hombre de mundo. La muerte de César. *
VELA, Fernando
984-El grano de pimienta.
VÉLEZ DE GUEVARA, Luis
975-El Diablo Cojuelo.
VERGA, G.
1244-Los Malasangre. *

INDICE DE AUTORES

VERLAINE, Paul
1088-Fiestas galantes. Romanzas sin palabras. Sensatez.
VICO, Giambattista
836-Autobiografía.
VIGNY, Alfredo de
278-Servidumbre y grandeza militar.
748-Cinq-Mars. *
1173-Stello. *
VILLALÓN, Cristóbal de
246-Viaje de Turquía. *
264-El crotalón. *
VILLA-URRUTIA, Marqués de
57-Cristina de Suecia.
VILLEBOEUF, André
1284-Serenatas sin guitarra. *
VILLIERS DE L'ISLE-ADAM, Conde de
833-Cuentos crueles. *
VINCI, Leonardo de
353-Aforismos.
650-Tratado de la pintura. *
VIRGILIO
203-Églogas. Geórgicas.
1022-La Eneida. *
VITORIA, Francisco de
618-Relecciones sobre los indios y el derecho de guerra.
VIVES, Luis
128-Diálogos.
138-Instrucción de la mujer cristiana.
272-Tratado del alma. *
VOSSLER, Carlos
270-Algunos caracteres de la cultura española.
455-Formas literarias en los pueblos románicos.
511-Introducción a la literatura española del Siglo de Oro.
565-Fray Luis de León.
624-Estampas del mundo románico.
644-Jean Racine.
694-La Fontaine y sus fábulas.
771-Escritores y poetas de España.
WAGNER, Ricardo
785-Epistolario a Matilde Wasendonk.

1145-La poesía y la música en el drama del futuro.
WAGNER, Ricardo, y LISZT, Franz
763-Correspondencia.
WAKATSUKI, Fukuyiro
103-Tradiciones japonesas.
WALSH, William Thomas
504-Isabel la Cruzada. *
WALSHE, Seamus, y HATCH, Alden
1335-Corona de gloria. Vida del papa Pío XII.*
WALLON, H.
539-Juana de Arco. *
WASSILIEW, A. T.
229-Ochrana. *
WAST, Hugo
80-El camino de las llamas.
WATSON WATT, R. A.
857-A través de la casa del tiempo o El viento, la lluvia y seiscientas millas más arriba.
WECHSBERG, Joseph
697-Buscando un pájaro azul. *
WELLS, H. G.
407-La lucha por la vida. *
WHITNEY, Phyllis A.
584-El rojo es para el asesinato. *
WILDE, José Antonio
457-Buenos Aires desde setenta años atrás.
WILDE, Óscar
18-El ruiseñor y la rosa.
65-El abanico de lady Windermere. La importancia de llamarse Ernesto.
604-Una mujer sin importancia. Un marido ideal. *
629-El crítico como artista. Ensayos. *
646-Balada de la cárcel de Reading. Poemas.
683-El fantasma de Canterville. El crimen de lord Arturo Sávile.
WILSON, Mona
790-La reina Isabel.

WILSON, Sloan
780-Viaje a alguna parte. *
WISEMAN, Cardenal
1028-Fabiola. *
WYNDHAM LEWIS, D. B.
42-Carlos de Europa, emperador de Occidente. *
WYSS, Juan Rodolfo
437-El Robinsón suizo. *
YÁÑEZ, Agustín
577-Melibea, Isolda y Alda en tierras cálidas.
YEBES, Condesa de
727-Spínola el de las lanzas y otros retratos históricos. Ana de Austria. Luisa Sigea. Rosmithal.
ZAMORA VICENTE, Alonso
1061-Presencia de los clásicos.
1287-Voz de la letra.
ZORRILLA, José
180-Don Juan Tenorio. El puñal del godo.
439-Leyendas y tradiciones.
614-Antología de poesías líricas. *
1339-El zapatero y el rey. *
1346-Traidor, inconfeso y mártir. La calentura.
ZUNZUNEGUI, Juan Antonio de
914-El barco de la muerte. *
981-La úlcera. *
1084- * Las novelas de la quiebra: Ramón o La vida baldía. *
1097-** Las novelas de la quiebra: Beatriz o La vida apasionada. *
1319-El chiplichandle. (Acción picaresca.) *
ZWEIG, Stefan
273-Brasil. *
541-Una partida de ajedrez. Una carta.
1149-La curación por el espíritu. Introducción. Mesmer.
1172-Nuevos momentos estelares.
1181-La curación por el espíritu: Mary Baker-Eddy S. Freud. *